文物保护研究

王 蕾 种法义 ◎ 著

中国纺织出版社有限公司

内 容 提 要

本书对不同类别文物保护的相关技术及我国针对文物保护的立法问题和经费供给问题进行分析，梳理出了我国在文物保护发展过程中曾经出现的一些不足，并有针对性地提出了建议，尤其是为如何解决文物保护和地方经济发展两者之间的矛盾，还有我国文物保护经费供给制度的有效拓展及文物保护和后续的文物利用两者之间，应该如何有效地衔接等内容，提供了全新的思路和应对方式。针对依托不可移动文物构建景点景区，利用现代化的信息技术和数字化技术，对文物衍生品及文创产品进行市场赋能进行了相应规划。此外，本书对文物保护、文物管理、文物修复做了深入论述，通过分析总结相关文献，指出了现阶段制约文物保护的主要因素，有利于提升当前文物保护水平。本书研究内容对于文物保护事业的发展具有重要意义。

图书在版编目（CIP）数据

文物保护研究 / 王蕾，种法义著 . -- 北京：中国纺织出版社有限公司，2022.8
ISBN 978-7-5180-9876-7

Ⅰ.①文… Ⅱ.①王… ②种… Ⅲ.①文物保护－研究－中国 Ⅳ.① K87

中国版本图书馆 CIP 数据核字（2022）第 170872 号

责任编辑：邢雅鑫　　责任校对：江思飞　　责任印制：储志伟
中国纺织出版社有限公司出版发行
地址：北京市朝阳区百子湾东里 A407 号楼　邮政编码：100124
销售电话：010—67004422　传真：010—87155801
http://www.c-textilep.com
中国纺织出版社天猫旗舰店
官方微博 http://weibo.com/2119887771
天津千鹤文化传播有限公司印刷　各地新华书店经销
2022 年 8 月第 1 版第 1 次印刷
开本：710×1000　1/16　印张：12.75
字数：210 千字　定价：89.90 元

凡购本书，如有缺页、倒页、脱页，由本社图书营销中心调换

Preface 前言

自中华人民共和国成立以来，我国政府保护古代文物价值的意识正在逐渐深化，针对不同类别文物的调查"挖掘"保护和修复技术也随之提高。尤其是改革开放之后，越来越多的专家学者以及公众都认识到了文物自身的不可再生性，以及其代表的历史价值和艺术价值。随着文物保护认识和体系的逐渐形成，文保领域的工作也变得更加复杂，再加上由于我国的文保事业结构是直接由各地方政府负责，因此文物保护工作的实际落地情况和最终效果也成了衡量各级政府基本职能的一个有效标识。自改革开放以来，党中央、国务院和文物保护部门对于文保工作进行了一次全新的梳理。尤其是作为一个文化大国、文明古国，我们必须要响应把我国建设成为世界文物保护强国而奋斗的号召。基于此，本书尝试在新时期新形势下，针对文物保护领域中涉及的不同类别以及当前我国在文物保护方面的发展状态和存在的部分问题进行深入分析，希望能够为我国文物保护事业贡献一份力量。

因此，本书回顾了我国各个阶段在文物保护过程中的发展历程，并通过横向和纵向的对比，对不同类别文物保护的相关技术以及我国针对文物保护的立法问题和经费供给问题进行分析，梳理出了我国在文物保护发展过程中曾经出现的一些不足，并有针对性地提出了意见。尤其是在如何解决文物保护和地方经济发展两者之间的矛盾这一课题，还有我国文物保护经费供给制度的有效拓展以及文物保护和后续的文物利用两者之间，应该如何有效地衔接等方面构建的全新方式和思路。针对依托不可移动文物构建景点景区，利用现代化的信息技术和数字化技术，对文物衍生品以及文创产品进行市场赋能规划了新的方式。

文物保护领域的相关工作需要理论与实践有效结合，并且相关工作人员对于文物保护这项工作的具体理解也关乎着最终工作质量的好坏。尤其是在过去一段时间中，部分地区和文物保护部门对于文物保护在实践工作中仍然存在大修大补或者以旧换新的问题。这一现象不仅违背了我国中央和政府对于各地方文物保护管理部门的要求和期许，同时也不利于我国文物保护工作的开展，不利于人民群众通过文物回看历史，感受艺术之美。究其原因，一部分是由于文物保护行业内部的部分工作者对于文物保护这项工作的认知程度不够，或者存在一定偏差。另一部分也是由于社会层面的原因，文物保护工作本身缺少公众参与，缺少透明公开的诉讼平台，缺少足够透明的监督管理制度。结合上述内容，需要在全社会范围内形成准确而统一的文物保护认知，让广大人民群众有机会参与到我们的保护工作中来，并且各级政府和相关部门各司其职，充分地发挥自身职能才能延长文物保存的寿命，使文物发挥自身历史和文化价值，这是一项功在当代、利在千秋的伟大事业。

本书由王蕾，种法义共同编写，具体编写分工如下：王蕾编写了第四章至第八章（共计11万字），种法义编写了前言、参考文献、第一章至第三章（共计10万字）。全书由王蕾负责统稿。

由于编者水平有限，书中不足与疏漏之处难免，恳请广大读者批评指正。

著　者

2022 年 5 月

Contents 目录

第一章 文物和文物保护的概述 ······ 001
- 第一节 文物的概念和特性 ······ 001
- 第二节 文物的价值 ······ 004
- 第三节 文物保护的概念和分类 ······ 008
- 第四节 中西方文物保护理念的发展 ······ 017
- 第五节 我国文物保护理念的行程与路径 ······ 023
- 第六节 我国文物保护事业发展历程 ······ 028

第二章 不同类别文物的保护 ······ 033
- 第一节 古墓的保护 ······ 033
- 第二节 古建筑的保护 ······ 039
- 第三节 大遗址的保护 ······ 048
- 第四节 壁画类文物的保护 ······ 054
- 第五节 石窟石刻的保护 ······ 060
- 第六节 纺织品文物保护与修复 ······ 066
- 第七节 金属类文物保护与修复 ······ 072
- 第八节 陶瓷器文物保护与修复 ······ 077
- 第九节 纸质文物保护与修复 ······ 083

第三章 文物保护的法律研究 ······ 089
- 第一节 文物法律保护的分类和原则 ······ 089
- 第二节 中华人民共和国文物保护法律制度的形成 ······ 092
- 第三节 我国现行文物保护法的制度现状分析 ······ 094
- 第四节 文物保护领域立法发展方向与趋势 ······ 097

第四章　文物价值的研究对文物保护的影响 ... 101
第一节　文物价值的研究 ... 101
第二节　我国文物保护规划的发展 ... 105
第三节　文物价值研究对文物保护规划的重要作用 ... 117

第五章　文物保护的开发和利用 ... 120
第一节　文物保护的重点内容 ... 120
第二节　文物保护在文旅发展方面的价值 ... 125
第三节　文物的可持续发展战略 ... 128

第六章　文物保护的经费研究 ... 132
第一节　文物保护经费概述 ... 132
第二节　文物保护经费供给理论和历程的研究 ... 133
第三节　文物保护经费供给的国际化比较 ... 136
第四节　文物保护经费供给改进措施 ... 138

第七章　虚拟技术在文物保护的应用 ... 149
第一节　虚拟技术的概述 ... 149
第二节　虚拟技术在文物保护中的作用和应用 ... 151
第三节　虚拟技术在文物保护和展示中的未来发展 ... 154

第八章　文物保护规划与文物保护宣传教育 ... 160
第一节　文物保护规划研究 ... 160
第二节　文物保护宣传教育的必要性 ... 169
第三节　文物保护宣传教育的特点 ... 177
第四节　文物保护宣传教育的困境 ... 180
第五节　文物保护宣传教育的有效策略 ... 185

参考文献 ... 196

第一章 文物和文物保护的概述

第一节 文物的概念和特性

"文物"在日常生活中的定义有广义和狭义两种。"文物"这一广义概念的含义范围很广,它是现代考古学中的一门跨学科概念。人们通过科学挖掘、断代等方法来获得古代遗迹,从而对人类的历史、文化进行科学恢复,因此,人们将这种具有独特意义的古代遗迹称为"文物"。它的出现是现代科学发展的产物,是人类认识历史上的重大进步。

"文物"这个概念自诞生至今,其内涵与外延已有较大的改变。在我国,"文物"一词最早出现在《左传》中。《左传·桓公二年》中:"夫德,俭而有度,登降有数。又物以纪之,声明以发之;以临照百官,百官于是乎戒惧而不敢易纪律。"《后汉书·南匈奴传》中写道:"制衣,器物。"上述的"文""物"指的是当时的"礼乐""典章",而非近代"物"。唐朝时,骆宾王曾作过一首诗:"文物俄迁谢,英灵有盛衰。"杜牧也有一首诗:"六朝文物草连天,天淡云闲今古同。"此处所说"文物"是指上一代的文物,其含义与近代文物的含义十分接近。在北宋中期,以青铜器和石刻为主要研究对象的金石学兴起,后来逐步扩展到研究其他种类的古器,这些器物被称为"古物""古器物"。"古董""骨董"是明清早期较为常用的名称。到了清朝,"古玩"这个名词才被采用。古玩、古董等指的是书画、碑帖以外的古代文物。"文物""古玩""古物""古董",在当时人们更多的是关注它的经济和观赏性[1]。

中华民国时期,文物的内涵和特征较以前更为宽泛。1930年,民国政府颁布的《古物保存法》中明确指出:"古物系指考古学、历史学、生物学及其他与文化相关之文物。"在这里,"古物"的内涵已经远远超越了以往所谓的"古玩""古物"和"古董"。直到20世纪30年代初,"文物"这个概念又重新出现,人们从文化的角度去了解这些文物,并探索它们的历史、科学和艺术价值。《旧

---

[1] 刘爱河.概念的演变:从"文物"到"文化遗产"[J].山西师大学报(社会科学版),2008(5):91-93.

都文物略》于 1935 年由北平市政府编辑、出版，并于同年设立"北平文物整理委员会"（现中国文化遗产研究院）。从此，我国的文化遗产保护工作正式拉开了帷幕。

《现代汉语词典》将文物界定为："具有一定历史意义的建筑、碑刻、工具、武器、生活用品，以及各类艺术作品。"《辞海》将文物界定为：在社会中或埋于地下的历史和文化遗产，通常是指：①具有历史意义的建筑物、遗址、纪念物等，涉及重大历史事件、革命运动和人物；②古文化遗址、石刻等具有历史、艺术和科学价值；③不同时期的珍贵艺术品、工艺美术品；④革命文献和具有历史、艺术、科学价值的古籍资料；⑤具有代表性的实物，反映了各个时代的社会制度、生产和社会生活。谢辰生先生在《中国大百科全书文物博物馆卷》中将文物界定为："文物是指在历史发展的进程中，产生的人类的遗物。"中华人民共和国成立后，中央人民政府政务院、国务院先后出台了一系列文物保护条例。"文物"一词是在 1982 年人大常委会颁布《中华人民共和国文物保护法》后，以法律的形式确立的。

《中华人民共和国文物保护法》第 2 条对文物保护的范围作出了明确的规定：①中华人民共和国境内具有历史、艺术、科学价值的古文化遗址、古墓、古建筑、石雕；②与重大历史事件、革命运动、名人相关的建筑物、遗址和纪念物，具有重要的纪念、教育和历史价值；③珍贵的艺术品、工艺美术品以及各个时期的历史文物；④革命文献、历史、艺术、科学价值的手稿、古籍等；⑤具有代表性的实物，能反映各时期、各民族的社会制度、社会生产和社会生活。

"文物"包含了可动、不可动两类，其时代也不局限于古代，而是涵盖了近代与近现代。

从文物的性质上讲，历史实物是最主要的特征，也是最基本的特征。回顾过往，一是文字记录（短期的历史还可以根据在世的当事人的记忆），二是非文字的遗物，也就是文物。如前所述，文物并非普通物件，也非单纯的"古玩"，而是具有一定形态的文化遗迹，具有一定的文化遗迹，是人类社会发展状况的体现，是文明发展的结果。每一件文物都或多或少地承载着它所处的时代的文化气息。因此，有人把文物比喻成"无字天书"，从中可以看到自然与社会发展演变的时间与空间的轨迹。与海量的文字史书相比，文物属于"物品史籍"，是"过去"的人与人的环境。

文物的历史实物证据并非单纯地将实物与时代相结合。文物的实质是历史的实物证据。"时代性"并非文物的专属特征，古今的人、宗教、思想、社会制度，甚至语言都带着时代的印记，承载着许多时代的信息。然而，一切人、宗教、社会制度、语言，都没有任何的物质证据。以实物为依据，以历史为依据，并不是为了强调文字，也不是为了追求新奇。事实上，这个词语是一种在世界文化圈中普遍使用的习语。正如《国际博物馆协会章程》中对博物馆的定义所述："博物馆是为社会和发展服务的，为公众开放的，为研究、教育、欣赏的目的，而征集、保护、研究、传播和展示人类和人类环境的特征。"很明显，除一些有关的标本征集、保护、研究、传播和展示之外，博物馆的展品以文物为主。这里"物"是指"物"的概念[1]。文物最大的特征就是它的真实性。

文物同其他非遗物一样，是由工匠们的劳动成果凝结而成，既有观赏价值，又有实用价值。但是，它的价值、用途与普通商品的价值、使用价值是有区别的。无论是瓷器、字画、玉器、青铜器，抑或其他一些具有特别意义的古代建筑，都是由制作者的心血结晶而成。即他们包括了具有对应价值的普通人力劳动。青铜鼎是用来祭祀的，青铜刀是用来战斗、当兵器的，瓷器是用来盛饭的，字画是用来装饰的。当这些普通物件变成特定的历史遗迹时，它们的使用价值就会随之改变。

首先，它在补史、纠史、证史等方面都有很大的作用。中国的历史源远流长，灿烂的文化是通过大量的史书流传下来的，但是也有一些错误或者是含糊不清的。文物作为"物品史籍"，在考证方面起着很大的作用。其次，它对学生的教育意义重大。具有深厚的文化底蕴的文物是思想教育、知识教育和审美教育的活灵活现的主题；通过视觉的艺术作品，可以使学生感悟人生、净化心灵，达到学校课堂教学不可替代的作用。最后，文物在推动世界、民族间的交流与融合时，能够加深民族间的了解与友谊，有些手工艺品还具有政治意义。文物是我国的一项重要旅游资源，在这个意义上，文物是可以创造和增长财富的一种财产。当有使用价值的文物进入流通领域后，就会像普通物品那样表示出其价值，但它的价格却是超值的，这种价值是无法用物质来衡量的。

文物是历史的见证，是历史的象征，是真正的历史遗迹。但是，我们不能说这种东西一旦被破坏，就会永久地丧失一种历史见证和象征。事实上，这些文物可以被大规模地重复使用，而真实的复制品也会产生与真品同样的宣传和教育作用。

现代技术的进步，让人类的技术水平得到了极大地提升，想要仿制出和文物

---

[1] 付莹."文物"概念的法律界定刍论[J].中国文物科学研究，2018（1）：48-55.

一模一样的东西，并不是什么难事。

文物可以复制，法律对此提出了明确的规定。《中华人民共和国文物保护法》中规定：文物复制品的复制品，由国家文物局负责。《中华人民共和国文物保护法实施细则》第4条规定：国家文物保护机构在获得国家文物局同意后，可以对其珍藏的一级文物进行复制❶。

事实上，除一些珍贵的文物之外，它的价值更多地体现在其内涵上。人们涌向韶山去瞻仰伟人的故居，不管它的砖瓦是不是都是原来的，它始终是一种精神，一种生命的体悟。历史上的人是有自己的生活轨迹的，后人不可能把他们的事情原封不动地写出来，但他们的大部分东西都是可以被复制和利用的。经过大浪淘沙、历史性选择的大批古代珍贵艺术品、工艺美术品供现代人参观，既能丰富现代人的生活，又能推动文化产业的发展，还能缓解文物的来源短缺，且不会降低其原作的价值，对现代人来说，只有好处没有坏处。

第二节　文物的价值

文化遗产价值是凝聚在历史遗迹、遗物（包括精神遗物）中的普通人力劳动，它是人类智力和历史发展的象征，它具有鲜明的有形与无形两种属性。那些留下的遗迹，都是历史的产物，被烙上了时代的印记。从这一角度看，历史遗迹和遗物都具有一定的历史价值，而这些都是文物的主要价值。任何一处历史遗迹所处时代的科技水准都反映了当时的科技水准，从一定程度上折射出社会政治、经济、军事、文化的状况。因此，从总体上讲，文物是具有历史、艺术和科学意义的历史遗迹。这三种价值是一个不可分割的整体，它们互相渗透、互相制约。一处遗迹、一件遗物，并不是所有的三种价值都是一样的，但它们往往具有历史、艺术和科学的价值。

随着时代的发展，人们的生活也在发生着变化，人们对文物的价值有了重新的认识。因为文物是人类文明在传承过程中积累的精华，是一个民族的文化基因、一个民族的回忆、民族认同的一张名片。

随着社会经济的发展，人民的生活水平不断提高，文物与社会生活的联系

---

❶ 付莹.从立法视角审视"文物"概念——以《文物保护法》的修订为契机而展开[J].中国文物科学研究，2014（1）：4.

也日益紧密。这是一个很大的趋势，也是一个很好的前景。但是，这里面也存在着一些问题。比如，最近一段时间很多媒体都在讨论如何鉴定宝物。各种鉴宝师的表演，很多人都看得津津有味。在鉴定的时候，专家也会对文物进行一些历史和艺术的评价，但是最后的结果还是要看它的价值。再如，随着文化旅游的兴起，商家也开始关注文化遗产的开发和利用，这是一件好事，但有时却会让人觉得有些功利，认为单纯地用能不能吸引更多的游客作为目的，其本质是发生了改变。

如果一个文物的价值在于它的价格，一个景点的价值取决于它能吸引多少游客，那么随着时间的推移，它会影响人们对文物的看法，从而影响我们对文物的保护、管理和利用。所以，这些文物的价值到底在什么地方，就值得我们深思了。从整体上看，文物具有货币价值、旅游价值和投资价值。但更重要的是，人类历史、社会生活的各个层面，都是透过文物来储存的；另外，由于保存并承载着人类历史发展的结晶，因此，文物具有多方面的社会价值。在价值形式上，文物具有经济、政治、文化、社会、生态等方面的价值。

文物是很有艺术价值的。经过历史长河的洗礼，很多精美的文物留了下来，它们具有很高的艺术价值。虽然那个时代大部分的文物都是以日用品的形式出现，但它们在满足了人民基本需求的同时，也更加注重审美性。比如：日常生活中的一些用具，如盘子、碗、酒壶、车辇、庙宇、宫殿等，都有精致的花纹，既实用，又有美感。它使人们的精神生活得到充实，使人们得到审美的愉悦和启发。

文物的政治价值具有广泛的政治意义，如政治体制、政治历史等；民族融合与宗教演变的历史事实；领土、领海、王权等。许多文物都是珍贵的，因为它们是迄今为止所能看到的真正的、重要的史实资料。中国古代首都长安、洛阳等，还有北京、故宫、直隶总督府、霍州衙门、平遥县衙等，对各个历史阶段的行政网络系统进行了比较全面的描绘。湖北云梦睡虎地出土的战国秦简，从官员任免、赋役、封爵等大量的法律文件中，都能清楚地反映出当时的政局。西藏境内保存有大量自元、明以来中央政府敕封西藏地方长官的诏书、印鉴、金册。此外，还有历届西藏各级地方政权和头目的奏折、历史公文、信函等。海洋无疑是我国领土的一个重要部分。这些年来对水下文物的研究，向世界展现了中国悠久的历史和文化。

文物的经济价值不仅包含了金钱，而且包含了不同历史阶段人们在处理组织生产、交换、分配等方面的知识。文物是一项独特的财富，它的特殊价值既在于它因无价而驰名天下，也在于它因优美而让人流连驻足。文物是人类跨越时间与空间的历史长河中的幸运儿，是历史形式、文化体系与社会经济制度发展的有力佐证。例如，生产资料通常是衡量一个社会生产力发展程度的重要指标。

长期以来，西方学者都认为，非洲是第一个使用手斧的国家。像中国这样的东亚国家，被划入了"砍砸器"文化的范畴，由此得出东亚的旧石器文明远比地中海、非洲还要落后。可是后来的考古发掘证明：我们旧石器时代的手斧发展速度比欧洲的石斧发展快得多，这也就导致了西方专家对研究成果进行了调整。在湖北云梦睡虎地出土的《大秦律法》，上面有秦始皇二十六年的《度量衡》，这既表明秦王嬴政在统一六国以后，随着经济社会的快速发展逐渐改变了制度，又表明了秦始皇对统一度量衡制度的伟大功勋。又如山西的平遥"日升昌钱庄"，是中国历史上专门负责银票买卖和存取等业务的主要金融机构，表明了清代中后期，在中国复杂的市场经济发展环境下，经营行为发生了巨大变化。特别是日升昌票号所坚持的经营理念，至今仍闪耀着睿智的光辉。

文物是一种文化、历史、一块活化石，它既向人们展现了人类从原始时代到文明时期的生活足迹，也展现了人们在各个历史发展阶段的生产、生活、娱乐方式，甚至还有宗教信仰方面的文化特征。基于此，器物的文化价值又可以在不同的文明层次上有所反映，具体如下。

第一个层次是工具。准确地说是元素层次。无论是活动的，还是不动的，大部分都是文物的造型，能直接地反映出那个时代的文化痕迹。例如，元代的青花瓷器，明永乐、宣德的鎏金佛像，明晚期的黄花梨木家具，清代宫廷的玉器，都以其精致的外形体现了所处时代的文化。

第二个层次是文化层次，也可以说是结构层次。文化的元素是节点与节点，而文化的脉络则是脉络与脉络。这些文物不但从实物形态上反映了各个历史时期的文化成分，而且以文字、图画、碑刻、造型等形式来表现不同时期的文化活动。例如，山西出土的《侯马盟书》，涉及盟誓、财产、买卖、占卜等，详细地记录了晋国先秦社会的基本情况。

第三个层次是艺术与宗教，也可以说是内容层次。艺术与宗教是超越有限空间、超越极限的桥梁。几乎所有的文物都是艺术的精华，不管是建筑、壁画、彩绘等，都体现了人们对真善美的宣扬，以及对虚伪、丑恶的鞭挞。很多古迹都是庙宇、道观、天坛、地坛等宗教文化遗产。所有这些遗迹，包括各种祈求吉祥的器物都反映了人们的宗教情感和精神信仰。

第四个层次是文化，是核心层次。价值观是指人生观、世界观、价值观，也就是人的精神支柱。对出土文物的客观评价，更关键的是要将其当作中华民族的基本价值观，把中国人的传统文化与精神世代相传、发扬光大、与时俱进。而人们对神圣、尊崇、不朽的情感脉络，在一定意义上归功于对出土文物的记录、传播与展示。而对文物的敬畏也正是对先人的尊敬，对历史人物的尊敬，对历史事件的尊敬，对文化传统的尊敬。

总而言之，文物是神圣的，必须得到充分的尊重。很多古物都是独一无二的，要想尽一切办法去保护。文物的价值是多方面的，要用更为全面、平和的心态来评价。文物承载着历史与文化的知识与智慧，需要用心去研究，文物古迹具有很强的吸引力，必须加以合理地开发与永续使用。

人类社会是由自然演变而来，与自然息息相关。在人类的发展历程中，人们对人与自然的关系产生了许多思考。中国哲学所崇尚的"天人合一"，尤其是老庄对"天人合一"的论述，至今仍给我们以启示。中国古代的历史文化遗产中，有很多人类与自然和谐相处的例子。比如都江堰，这个中国古代著名的水利工程。都江堰是秦国蜀郡的李冰主持修建的，至今仍在使用，是世界上最古老、唯一保存下来的工程，以无坝引水为特色，被称为"世界水利之祖"。千余年来，大运河一直贯穿着我国最具活力的南北经济带与经济圈，在航运、排洪、灌溉、输水等领域中扮演着举足轻重的角色。

文物本身的价值决定了其教育、参考、引导等功能。

一是由于这些文物所具备的高科技和艺术水准，能够让我们了解到我们国家在历史上取得的辉煌成绩。看见它们，我们就会产生一种骄傲之情，能够激发我们对祖国的热爱。因而，利用文物进行爱国主义教育尤为适宜。同时，中华传统的礼仪、习俗等"精神文物"也是我国古代文明的重要组成部分。文物是一种很有艺术价值的文化遗产，通过对其进行鉴定可以增强人们的审美情趣，提高人们的艺术素养。因此，我们也可以通过文化遗产对学生进行美术教育。

二是对文化遗产的借鉴。这些文物具有很强的艺术性，技术含量也很高。古代的绘画、石刻、瓷器等艺术表现与制作技艺，都已达到极高的水准，要使其得以发扬，就必须不断地学习，汲取其优秀的技艺，并不断地改进现代工艺。同时，我们也应该认识到，在文物利用过程中存在的历史局限，并从中汲取教训。

三是对科研工作的引导。文物能引导科学的发展主要体现在两个方面：①文物是由当时人类所拥有的技术和物质制造而成，因此，从这些文物中我们可以看到当时人类生产力的发展程度。例如，我国出土了大量的商周青铜器、战国铁器，这充分体现了当时生产力和科技的差异；②文物作为一种客观存在，对历史的研究更具有说服力。出土的文物能够证明或者纠正一些历史记载偏差，对科研工作有一定的指导意义。

第三节 文物保护的概念和分类

文物是祖先留给我们的珍贵历史文化遗产，文物保护工作是一项十分重要的工作，为了全面地提升文物保护工作的效率和水平，我国政府也制定了一系列相应的政策法规和保护措施。随着人口素质的提高和社会文明的推进，人们的文物保护意识得到了提升，文物保护工作也得以更好地开展。

一、以"是否可移动"作为标准

在我国，文物分为"可动文物"与"非移动文物"两大类。《中华人民共和国文物保护法》第三条规定：各时期的重要实物、艺术品、文献、原稿、图书、代表性物品等；古代文明遗址、古墓、石窟、石刻、壁画、重要的近代古迹、地标，由于可移动和不可移动的两种不同的物理特性，需要区别对待，制定保护制度，以达到更细致、更合理的保护目的。

较为著名的微山可移动文物中瓷器类有汉船形拱形火门三眼瓷灶（图1-1）、汉敛口双兽耳平底凸弦纹瓷瓿（图1-2）、汉双系弦纹瓷罐（图1-3）、金元敛口双系饰黑枝叶纹圈足瓷罐（图1-4）、宋方座桃面瓷枕（图1-5）、唐喇叭口鼓腹双耳黄釉瓷注（图1-6）、西汉侈口平唇鼓腹弦纹圈足双耳青瓷壶（图1-7）、西汉敛口溜肩双耳绿釉青瓷瓿（图1-8）、西汉绿釉直口平唇溜肩鼓腹平底三足双耳青瓷瓿（图1-9）等。

图1-1 汉船形拱形火门三眼瓷灶

图1-2 汉敛口双兽耳平底凸弦纹瓷瓿

图 1-3　汉双系弦纹瓷罐

图 1-4　金元敛口双系饰黑枝叶纹圈足瓷罐

图 1-5　宋方座桃面瓷枕

图 1-6　唐喇叭口鼓腹双耳黄釉瓷注

图 1-7　西汉侈口平唇鼓腹弦纹圈足双耳青瓷壶

图 1-8　西汉敛口溜肩双耳绿釉青瓷瓿

图 1-9　西汉绿釉直口平唇溜肩鼓腹平底三足双耳青瓷瓿

陶器类有东汉双层两檐九洞四阿顶瓦垄灰陶仓楼（图1-10）、汉彩绘陶盒（图1-11）、西汉弧形盖喇叭口束颈溜肩鼓腹圈足彩绘红陶壶（图1-12）、西汉弧形盖长方形耳柱蹄足彩绘红陶鼎（图1-13）、西汉九斗半文盘口圆唇溜肩折腹细纹灰陶罐（图1-14）、西汉墙上饰瓦垄两面坡顶方形陶猪圈（图1-15）、西汉束颈鼓腹平底彩绘陶壶（图1-16）、西汉子母口深腹圈足彩绘红陶盒（图1-17）、西汉站立抱手彩绘侍女陶俑（图1-18）等。

图1-10　东汉双层两檐九洞四阿顶瓦垄灰陶仓楼

图1-11　汉彩绘陶盒

图1-12　西汉弧形盖喇叭口束颈溜肩鼓腹圈足彩绘红陶壶

图1-13　西汉弧形盖长方形耳柱蹄足彩绘红陶鼎

图1-14　西汉九斗半文盘口圆唇溜肩折腹细纹灰陶罐

图1-15　西汉墙上饰瓦垄两面坡顶方形陶猪圈

图 1-16　西汉束颈鼓腹平底彩绘陶壶　　图 1-17　西汉子母口深腹圈足彩绘红陶盒

图 1-18　西汉站立抱手彩绘侍女陶俑

此外，微山县还有许多不可移动文物，如大运河——利建闸（图 1-19）、大运河——南阳新河（图 1-20～图 1-24）、大运河——南阳闸（图 1-25）、大运河——乾隆御碑（图 1-26）、伏羲庙——大殿（图 1-27）、伏羲庙——大门（图 1-28）、伏羲庙——院落（图 1-29）、吕公堂（图 1-30）、南阳古建筑群——皇帝下榻处（图 1-31）、南阳古建筑群——皇宫所（图 1-32）、南阳古建筑群——皇粮殿（图 1-33）、南阳古建筑群——娘娘庙（图 1-34）、南阳古建筑群——钱庄大门（图 1-35）、南阳古建筑群——钱庄后门（图 1-36）、南阳古建筑群——钱庄正房（图 1-37）、南阳古建筑群——清真寺（图 1-38）、南阳古建筑群——堂房（图 1-39）、微山岛古墓——目夷君墓（图 1-40）、微山岛古墓——微子墓（图 1-41）、微山岛古墓——微子墓大门（图 1-42）、微山岛古墓——微子墓微子像（图 1-43）、微山岛古墓——张良墓（图 1-44）、仲子庙大殿（图 1-45）、仲子庙大门（图 1-46）、仲子庙仲子像（图 1-47）。

图 1-19　大运河——利建闸

图 1-20　大运河——南阳新河 1

图 1-21　大运河——南阳新河 2

图 1-22　大运河——南阳新河 3

图 1-23　大运河——南阳新河 4

图 1-24　大运河——南阳新河 5

图1-25 大运河——南阳闸

图1-26 大运河——乾隆御碑

图1-27 伏羲庙——大殿

图1-28 伏羲庙——大门

图1-29 伏羲庙——院落

图1-30 吕公堂

图1-31 南阳古建筑群——皇帝下榻处

图1-32 南阳古建筑群——皇宫所

图1-33 南阳古建筑群——皇粮殿

图1-34 南阳古建筑群——娘娘庙

图1-35 南阳古建筑群——钱庄大门

图1-36 南阳古建筑群——钱庄后门

图 1-37 南阳古建筑群——钱庄正房

图 1-38 南阳古建筑群——清真寺

图 1-39 南阳古建筑群——堂房

图 1-40 微山岛古墓——目夷君墓

图 1-41 微山岛古墓——微子墓

图 1-42 微山岛古墓——微子墓大门

图 1-43 微山岛古墓——微子墓微子像

图 1-44 微山岛古墓——张良墓

图 1-45 仲子庙大殿

图 1-46 仲子庙大门

图 1-47 仲子庙仲子像

二、以"价值高低"为标准

在将文物分为"可动"与"非可动"两类后,我国还按其价值将其分类。《中华人民共和国文物保护法》第三条、第十三条将文物分别划分为"珍贵文物"和"普通文物",而"珍贵文物"则划分为"一级文物、二级文物、三级文物";还将保护单位分为国家文物保护单位、省级文物保护单位、县级文物保护单位。这样,可以让国家和有关的文物单位在文物保护工作中有优先次序,可以根据不同级别的文物采取不同的保护措施,从而使文物保护工作更有条理。

三、以"是否通过法律认证"为标准

文物可以分为"文物"与"准文物"两类。"文物"是"符合文物概念、符合法律认定标准、经过法律认定的文物";"准文物"是"符合文物概念,符合法律认定条件,但尚未经过法律认定的文物"。"准文物"并不属于"文物",虽然符合我国文物的定义,也符合法律上的保护价值,但由于还没有通过法定的程序,不能算是真正意义上的"文物"。根据我国现有的相关立法规定,对"准文物"的保护基本处于空白状态。所以,"准文物"在被确定为"文物"之前,很可能就会遭到破坏,导致出现"通过了鉴定"却发现"文物"已经不复存在的悲剧。

第四节　中西方文物保护理念的发展

20世纪后期,世界各国越来越重视文物保护,保护理念逐渐成熟,国外对文物保护理念发展历程的研究,可归纳为文物保护理念发展历程、文物保护理念形成背景及文物价值三个方面。其中,以尤嘎·尤基莱托的《建筑保护史》最为典型,他是世界著名的文化遗产保护学者,第一次从历史的角度,全面、客观地梳理了西方建筑文物保护理念与技术的发展历程,并结合各个时代的历史文化背景、技术发展情况分析现代文物保护理念的形成根源和演变规律,是建筑文物保护领域的经典之作。与龙嘎不同,维姆登斯拉根集中研究了18世纪英国、法国、德国等西欧国家的文物保护个案,寻找其合理的来源,从而创作了《西欧的建筑修复：辩论与延续》。之后，他在现代语境下对传统的保护理论进行了批判性思考，同时也将一些新的保护理念加以整合，以加深对现代保护理论演进的认识。在文化遗产保护观念的形成背景下，盖提保护研究院的尼古拉斯·斯坦利普莱斯、荷兰文化和旅游部艺术史学家基尔比·塔利、罗马中心修复学院的考古学家亚历山大·梅卢克科·瓦卡洛共同编写了《文化遗产保护中历史和哲学问题》，这本书以专题的形式收录了对文物保护思想产生的文化、哲学、艺术背景的研究，并对"修复与反修复""古意（patina）"等颇具争议的文化保护观念进行了讨论，以期能更好地了解保护对象。

另外，在文物价值的研究上，伯纳德·费尔登（Bernard Feilden）是世界著名的文物保护专家，他在《历史建筑保护》一书中，既从实用技术的角度探讨了古代建筑的材质和损坏的成因，也从文物价值的角度探讨了建筑师的价值观和伦理观在文物保护工作中的作用。关于建筑艺术的特点变化，弗朗索瓦丝·萧伊（Francoise Choay）从15世纪开始，从不同的文化环境中探讨了"历史纪念品"的观念与价值，以及在现代都市与科学技术飞速发展的今天，人们对建筑遗产的保护问题进行了探讨。

与欧美国家相比，我国的文物保护观念发展相对来说比较晚，虽然我们拥有悠久的历史，但是在这段时间里并没有一套能够指导和规范文物保护的观念和标准。因此，我国的文物保护观念研究工作远远落后于保护实践。而我国文物保护观念研究的兴起，一方面得益于一批优秀的海外学者对国内文物的修复思想的探索。梁思成在提出"保留或复原"的原则后，逐步形成"整旧如旧"的思想，建立起我国近代文物和古建筑的保护思想，并由此拉开了对文物保护思想的研究。另一方面，也是由于引进了国外对文物保护得比较成熟的观念。罗哲文在20世纪50年代曾翻译过两部关于苏联建筑保护的经典著作，他将严格遵循"保存原状"的原则，以及从历史、艺术和科学角度全面评价苏联文物的保护思想。20世纪80年代以后，以《威尼斯宪章》为代表的西方文化遗产保护理念的引入，使我们在认识到国外文化遗产的同时，也引起了人们对文化遗产保护理念研究的关注。唐方周、程建军、吴晓等人在20世纪后期，从文物保护的角度讨论了保护观念和原则，中国的文物保护观念研究也因此步入了一个新的阶段。

在研究文物保护思想的发展历程上，同济大学国家历史文化名城研究中心主任阮仪三第一个对世界遗产的保护与发展进行了全面梳理，重点对文物保护和法制建设的发展，而不是对基本概念和原则的发展脉络加以剖析。同时利用19世纪罗马大竞技场三次修缮历史作为切入点，挖掘出18~19世纪欧洲文化遗产保存观念变迁的历程。另外，天津大学建筑学院教授王其亨还对我国历史文化遗产保护的历史与观念做了一次全面梳理；吴瑞则从 18 世纪起，对中外文物古迹的保护思想的形成与发展历程进行了全面的论述。前期研究多集中于对文物保护的理论和实践活动的整理，对文物保护思想的专门化、系统化的研究还不够深入。后来，同济大学和天津大学建筑学系先后出版了一套有关建筑文物保护的专著，以弥补系统理论的不足。林佳和王其亨通过对中国古代建筑文物的考察，对中国近代以来的建筑文化遗产的保护思想和实践过程进行了比较全面的总结，对解决文物保护理论和实践中的争议问题、正确吸收外来观念具有重大的现实意义。薛林平在《建筑遗产保护概论》一书中，从保护实践与时代背景出发，对中外建筑遗产的保护过程进行了详尽的阐述，并初步建立了一个研究体系。

在中外文化遗产保护观念对比研究中，有学者对比分析了中西文化遗产和文物保护观念的差异及其成因。李树民从西方的宗教和东方儒学的"重道抑器"的角度，对东西方文物保护观念产生和发展的差异进行了剖析，并从中西建筑文化、哲学思想两个层次来分析其不同之处。在这一背景下，学者就我国文物保护思想在多元文化冲击下的发展和归宿进行了讨论。陈蔚对文物的保护思想进行了梳理，并对其成因进行了深刻的剖析，同时对其今后的研究方向进行了深入的剖析。陆寿麟认为，应该把中国传统工艺和传统观念文化有机地结合起来，建立具有自己民族特色的文物保护理念和方法，以提高我国在文物保护工作中的地位。吴铮针对中西文化遗产保护思想的发展历程及其差异进行了阐述，并对西方文化遗产保护原则的适用问题进行了研究。陈曦探索了在国际保护实践紧密交流的大背景下，在我们的语境中，如何将"修复"这个概念转化为本土化的特点。

从国内外研究的情况来看，国外对于文物保护理念发展过程的研究比较丰富和系统，侧重于依托西方思辨传统分析其演变的哲学基础，而我国概念研究起步较晚，理论成果相对薄弱，主要集中在对国内外文物保护理念发展历程及形成背景的研究，并以国外保护理念为参考，结合我国文化环境探讨增强国际文物保护理念特殊性的可能性。当前，我国文物保护观念在不同立场、不同文化背景的争论中得到了发展和完善，但对当前国内外有关文物保护理念的研究多集中于依照时间顺序进行梳理，并对发展历程进行背景分析，其研究视角较为单一，缺乏对文物保护理念争议与共识的专题研究，也鲜有人对文物保护理念共识的形成机制和推动共识形成的路径进行探讨。

从文艺复兴时代保护意识的萌芽开始，西方文化遗产及文物保护观念的发展是一个漫长的历程，文物保护观念的发展也是由观念碰撞到达成共识的过程，

"文想象"与"物保护"理念争论的出现,对现阶段成熟文物保护理念的形成具有重要意义。在文物保护观念的构建中,"保护什么"一直是保护思想发展的一条重要线索,而研究对象的研究则是人们对文物价值判断与保护工作范畴界定的一个过程。研究文物保护观念,先要明确"保护对象"的内涵,在人类对保护界限的探索中,其内涵、特征不断丰富,最终形成今天的"文物"。从历史发展的角度来看,历史发展限制了人们对保护行为的认识,"保护对象"这一概念在各个时期都有不同的解释。"纪念物"是希腊语中"文物"最早的一种说法,意思是提醒和警告。"纪念物"是对古代文物的缅怀,是政权的标志,只有具有国家和民族特征的纪念物才值得保存,而"纪念物"的本体,如材料、形式等却很少受到重视,以至于对建筑的破坏、重建等现象时有发生。

早期的文物保护对象是古建筑、雕塑、钱币等,在文艺复兴时代,人们意识到了现实与历史的距离,更多地关注着现实,而人文学者对传统文化的渴望促使他们去收集和整理这些古老的艺术品。中世纪的贵族们会在自己的庄园里设立"珍品收藏室",收集各种珍贵的自然和人造物品。"珍品收藏室"里的收藏品很多,主要是当代雕像、货币、珠宝、陶器碎片等,还有一些古董。15世纪开始第一次大规模收集古代艺术品,艺术爱好者们开始建立专门的文物存放地点,并向公众开放,具有博物馆的典藏、陈列和展览的意味。与此同时,莱昂·巴蒂斯塔·阿尔伯蒂认为,由于其美学上的牢固和具有历史意义的作用,这些建筑应该被保留下来,因为他们对此漠不关心。在人文学者的努力下,尽管对历史建筑的保存引起了人们的注意,但是在这个时期,人们却常常会看到以保护为名,贪婪地使用古老的遗迹来建造罗马的新建筑物❶。

与西方文物保护发展不同的是,中国的传统文物保护观念从利用精湛的技艺到对文物进行仿造,再到对文物的修复,现代的文物保护观念在中西文化的碰撞中出现了许多实用性的冲突。

早在商周时期,我国就有对文物重视的记录,以使其代代相传。我国对文物的重视已经形成了国家的传统工艺,工艺传承到现在已经有一千多年了。最早可以追溯到文物仿造技术,我国的文物仿造技术主要是铜器仿造、书画临摹为主,早在先秦时期文物仿制技术便已出现。春秋时期,齐国征讨鲁国,鲁国造一尊仿制品来向齐国求和,结果被齐国发现。商周是我国青铜铸造的黄金时期,精美的青铜制品被视为"礼器",在社会和文化中占有无可取代的位置,而发掘出珍贵的器物则是吉兆的象征,人们对古代器物的崇拜推动了文物仿制品的发展。北宋

---

❶ 刘萌. 文物保护的新型理念与策略［J］. 赤子,2019(25):59.

是文物仿制的最高潮时期，宋朝专门设立了制器局，仿造青铜作为祭品，一直到元明清，清朝设立内务府造办处负责仿制大批金石玉器，力求仿制得与汉、宋器物不相上下，文物仿制由此进入一个高峰期。古物的研究热潮推动了清代金石学的鼎盛发展。在历代政府的大力推动下，文物仿制品技术日趋成熟，仿制品行业已初具规模，长期以来，我国的文物"仿制"和"修复"常常被混淆，主要是由于我国的传统观念忽略了文物的真实性，没有认识到这些文物在漫长的岁月中所具有的独特性和不可复制性，再加上中国人有"天衣无缝"这一说法，不管是在修复的时候故意生锈，还是在仿造的过程中，又或者是真器上的假铭都证明了这件艺术品的完美。从当代复原的角度审视文物仿制品技术，我们可以看到，早期的仿制品大多是出于对古董的热爱和实际用途的需要，根据古物的造型创作大量的仿制品，而随着明清商品经济的发展，一些古董商人为了谋取私利，甚至为了迎合雇主的要求，将文物的原型进行改装，这种以假乱真的仿制品与文物的真伪背道而驰，这同以延长文物的使用寿命为目标的修复方式是完全不同的。随着西方史学、考古等学科的引进，我国的现代文物保护意识逐渐形成，对文物保护的认识也逐渐明朗，从"文物仿制"发展进步到满足博物馆陈列、研究等特殊需要的一种保护方式。

自 20 世纪 80 年代起，由于世界各国间的关系越来越密切，文物保护观念的发展也逐渐趋于融合，但由于东西方在传统工艺与观念上的差异较大，因而引起了国内关于"最小干预"理论的探讨，出现了两种不同的修复态度：一是对原作的"最少干涉"，以达到延续现状、减少保护性损害的目的；二是按照我们国家的文化传统和理念，对损坏的文物进行恢复、重建，最大限度地发挥其价值。

我国历来崇尚保存完好的古建筑是一种美，古建筑的整修和改建比比皆是，因此在古庙、陵墓、书院等古建筑中，也有不少的重修碑刻。滕王阁始建于唐代，历经千年风雨、火灾等灾害，数千年中历经二十九次修缮。梁思成对中国古代的建筑思想作了如下的概括："中原是产木之区，中国的建筑以木材为主，而宫殿的寿命则局限于木制的耐久，而更深究其故，实在于不着意于原物长存之观念。中国从一开始就没有像埃及那样追求永恒，他们希望人类和自然的东西能长久地存在下去，并且遵循着新陈代谢的规律，遵循着自然的规律；视其建筑，如衣裳、马匹，时不我待。"余鸣谦也赞同，适当地修复可以增加历史建筑的价值。

但是，由于新的历史意识与哲学观念的发展，切萨雷·布兰迪认为，保存并不是对艺术进行翻修，也不是出于对其最初的设想，而是要保证这种传达艺术意象的物质得以延续。切萨雷·布兰迪在《修复理论》中正式提出了"最少干涉"

的概念，认为"最少干涉"的原则应该尽可能地保留被保护的客体的本质，而不应该做任何的改变。《威尼斯宪章》对古代建筑的干涉程度有了更高的规定，它强调了对文物的适当贡献，同时也要避免大规模的重建。《威尼斯宪章》干预的先决条件是尊重客观的史实，并强调要保护每一个时期的历史遗迹，在保存的时候要控制其范围和限制，不能凭空想象干涉，尽量减少介入，确保文物的历史真实性，这是国际上公认的一项纲领性的保护标准。日本伊势神宫的"造替"体系，每二十年在一处基址上进行重建，抑或是我国利用古代建筑材料对岳阳楼进行的整修，都与《威尼斯宪章》中"最小干预"的基本原理相违背。虽然《威尼斯宪章》对我国古代建筑的保护作用逐步扩大，但在原有的保护思想的指引下，经过了近半个多世纪的时间，人们对《威尼斯宪章》的新规定的认识和辩论也是相当漫长的。

一些学者认为，20世纪七八十年代的"全面恢复"的修复方式，会造成文物的历史资料的失真，损害了其真实性和完整性，如滕王阁、黄鹤楼、胡雪岩故居、赵州桥、独乐寺等的恢复和重建工作，彻底否定了我国的传统建筑保护方式。特别是近几年出现的古建筑复兴热潮，表面上是要恢复昔日的辉煌，但实际上，"假文物"往往会造成一些与历史真相不符的误导。另外，还有学者提出，"复兴"与"重建"是维系国家与民族情感需要、文化认同的桥梁。第二次世界大战期间，大量的文化遗产被洗劫一空，一些古老的建筑也受到了不同程度的破坏。战后，随着工业文明与都市建设的迅速发展，一些古老的建筑也面临着拆毁重建的问题，德国和波兰等国为了保存民族文化、振奋民族精神，对一些重要的古迹进行重建。2000年，故宫的修缮工程有序开展，在充分了解重建后的建福宫遗址的基础上，重建了建福宫花园，使其恢复了原来的面貌，恢复了昔日的辉煌，并保持了故宫的完整。

我国的文物保护思想起步较晚，虽然在漫长的历史进程中没有形成系统的保护思想，但是通过几千年的历史，我们可以看到它所蕴含的思想和价值观。我国早期文物的复原工作与文物造假、仿造技术有很大关系，文物仿造技术在经济利益的驱动下日趋成熟，甚至出现了仿造文物的现象。这种以假冒伪劣为目的的商业修复，明显是人们对文物认识的偏离，从而引发了有关"真与假"的争论。由于中西文化交流的不断深入，文化遗产保护观念的差异不可避免，《北京文件》《曲阜宣言》等文献的产生，也成了这场争论的受益者。文物保护的观念并不是一成不变的，而是要结合文物本身的特点，取长补短，发挥科技的作用，缓解两者之间的矛盾。

第五节　我国文物保护理念的行程与路径

在我国，文物保护是一项非常重要的工作。通过大量的实践，我们可以看到，要对古代人民的生活条件和发展水平有一个更深入的认识，就需要对这些文物进行科学的保护。文物保护项目的实施，不但能为国家或区域的旅游、商贸活动带来重大影响，还能丰富我国的文化内涵，为我国的文物保护事业作出重大贡献。因此，在文物保护理念发展中应当注意以下几个方面。

在保护工作中，要突出文物本体与原始生态的保护，大力推广、重点关注，这是保护历史文化遗产健康发展的必然要求。纵观中国的文化遗产保护状况，其实其保护的作用并不明显，虽然在申报、施工等方面取得了积极进展，但在申报完成后，相关的保护工作却难以贯彻实施。在实际工作中，文物的保护并未得到切实的保障。要明确保护与使用的关系，坚持"一统"与"反"的关系，坚持"尊重"的理念。在文化遗产的保护中，要充分认识到有关部门在这一环节中所发挥的重要作用。

"抢救第一"既是对文物保护的一种补充，又是由于文物不能再利用。在市场经济快速发展的今天，我国的文化遗产保护工作也受到了很大的冲击与挑战。在实际开发中，要充分认识到文物的抢救与保存的重要性，并将其作为一种重要的保存方式。在文物的抢救工作中，要注重日常的延续性，而不是片面地抢救，因为单边的维修会造成严重的问题，影响到文物的使用寿命。

我们要做好保护文物的工作，要对文物进行科学管理，防止对文物进行干预。因为任何干涉文物的行为，都有可能对文物及其价值产生一定的损害，所以，维护和抢救都是在最危急的情况下进行的。比如在遇到危险的时候，文物不能正常地保存，或者为了挽救而进行的。但不能一概而论地看待"最小干涉原则"，在必要的时候，应采取最可靠、最有效的方式，使其得以长久地保护，并使其损失最小化。

对文物的合理、高效地使用，是对文物进行安全、高效保护的先决条件。在发展的进程中，要使文物的利用最大化，使文化遗产的保护工作逐渐规范化，充分利用文物的保护与抢救的合理性与有效性。"合理"是指在合理使用的同时，要把握好一定的尺度，如果超过了合理的限度，就会对文物的保护产生消极的影响，这样的保护是不合理的。同时，文物的利用也包括了文物的经济价值与社会教育价值。在这两种方法的并行中，后一种方法的重要性尤为突出，前者只不过是后者的一种延伸，只有当二者能够真正地结合在一起时，才能达到真正的合理和高效。

与此同时，应当注意文物保护发展理念中存在的问题，并及时解决。当前，文物保护理念存在着以下这些问题。

1. 人才培训不到位

在文物保护部门，大部分的工作人员对文物的保护知识都非常匮乏，严重地影响到了文物的保护工作。一些基层文物管理人员的整体素质有很大的差距，对文物的保护意识也有很大的不同。文物保护者在新的历史条件下，因缺乏专业训练和专业技能，不能适应新时期文物的保护工作❶。

2. 文物保护意识薄弱

文物保护是文物管理部门的基础性工作，它能有效地防止自然和人为的破坏。文物管理部门要对其进行必要的管理，并予以高度的关注。随着社会、经济的发展，文物管理与经济发展之间的矛盾日益尖锐，导致了文物管理工作的滞后。由于文物是一种不可再生的资源，一些博物馆工作人员对文物的保护意识不强，未将其作为重点，导致了一些违规行为，造成了难以挽回的损失。部分单位对文物的保护法律、法规不够重视，导致很多文物被破坏。由于部分居民对文物的保护意识不强，导致文物被盗、盗窃等不法行为频频发生，文物数量锐减。

3. 文物犯罪

一些人在利益的诱惑下，从事盗墓、偷盗文物等非法行为，致使文物数量锐减。在文物毁坏和失窃问题上，一些部门对文物犯罪的打击力度不够，或者处理不力，没有达到打击犯罪的目的，加之刑事处罚不力，使文物犯罪活动越来越猖獗，严重影响了文物保护工作的开展。

4. 资金不足

资金短缺，对文物的保护工作造成了很大的影响，因为文物是一种不可再生的资源，一旦不能进行有效维护，很有可能造成文物的损坏。目前，一些地方出现了文物保护工作经费严重不足，仅靠员工的工资和日常工作经费，文物的保护工作难以进行，对文物科学研究的管理也产生了很大的影响。

目前，我国的文物保护制度还没有形成一个完整的理论框架，文物保护队伍建设和学科发展也不健全。我国拥有文物保护规划资质的单位很多，但是从事文物保护工作的人员大多是大学教师、学生、城市规划设计师和建筑设计师，仅有

---

❶ 张忠勇. 文物保护存在的问题及解决策略 [J]. 文物鉴定与鉴赏，2020（7）：3.

少量的文物保护专家。一方面，由于知识背景、专业知识的不同，在规划过程中所关心的问题以及对文物的保护观念的理解不一，导致一次通过的文物保护计划的成功率很低。根据国家文物局的统计，全国重点文物保护计划的一次通过率不到30%；另一方面，由于规划成果中存在着大量的"复制""设计目标""内涵"等问题，以及对"历史文物"保护工作的"专业素养"等问题，都会使"规划结果"的价值导向发生重大偏差。正是由于我国文物保护规划的专业技术人员短缺、文物保护规划的理论体系不健全等问题，严重制约了我国城市规划与建设的整体质量。针对这些问题，必须找出合理的发展策略和路径，并及时地改善当前文物保护发展的现状。具体措施如下。

1. 重视人才培育

有关部门要加强对文物的保护。博物馆要加强专业技术人才的培养，要积极地招募有文物保护工作经验的专业人士。在招录过程中，充分掌握被录用人员的基本信息，并对其进行持续的培训，使之能够更好地服务于文物保护工作。通过对文物保护工作的经常性培训，不断地提升文物保护工作者的整体素质。组织新来的文物保护人员到遗址中去考察、研究，以增进他们对文物的了解，提高他们的理论水平，为以后的"老带新"工作打下了坚实的基础。"老带新"是指对新员工进行文化知识的直接培训，提高整体文化素养，培养符合新时期发展要求的专业人才，确保文物保护工作的规范化和科学化。加强对文物保护人员的培训，能够为文物的保护输送充足的人才，促进文物保护工作的顺利进行❶。

2. 加强文物管理

对文物的保护要加强管理和监管，并要安排专人进行保护，如有文物被破坏或被盗，要立即向上级机关报告。国家工商、公安等部门应积极配合，共同打击非法文物犯罪。按照有关法规，对文物犯罪案件实行专门的领导和监督，以确保对文物犯罪的及时、有效的打击。一些不可移动文物的分布比较零散，仅依靠工商、海关等部门的力量是远远不够的，可以鼓励民众积极参与到文物的保护中来，通过多种渠道进行举报，以最大限度地保护文物，防止其受到损坏。同时，还可以鼓励民众积极捐赠，由政府有关部门负责对捐赠文物的管理，促进文物的保护工作步入良性发展的轨道。文物保护主管机关要与社会各界共同努力，推动文物保护工作的顺利进行。

3. 改善文物展示方式

各级文物主管机关要加大对文物管理体制的研究，以适应社会主义建设的需

---

❶ 梁伟. 文物保护规划的现状与发展研究 [J]. 遗产与保护研究，2018，3（7）：14-19.

要。要把文物保护工作摆在第一位，把文物保护与社会主义经济发展有机地结合起来，要创新文物陈列形式，为满足上述需求开辟一条新兴的途径。许多地方设立了大量的"流动博物馆"，可以充分地发挥博物馆的教育功能，增强公众对文物的认知。有关部门可以运用现代技术把文物信息做成短片，或者建立一个文物保护网站，把文物的资料和数据通过互联网进行传送，让人们可以随时查阅，让地方博物馆的文物资源更好地融入社会，最大限度地发挥其社会效益和特殊作用，保证保护工作的顺利进行，从而提高社会效益。通过对文物陈列的创新，可以加深人们对文物保护工作的认识，认识到文物保护的重要性和对文物犯罪的危害，从而对各种文物犯罪进行有力打击。

4.拓宽资金渠道

建立文物保护资金保障制度，地方政府可以将其直接列入当地的经济发展计划，以保证其正常运行。当前，仅靠国家财政的支持很难适应文物事业的发展，必须积极寻求其他的融资途径。当地博物馆可以联合当地政府成立一个文物保护基金，并通过各种形式的组织来募集资金。要把募集的经费进行合理的统筹安排，运用到文物的保护之中，以保证文物的安全。当前，我国文物保护面临着资金短缺的问题，政府应该把文物保护作为重点，并将其列入专项财政预算。在加大财政投入的同时，要积极开拓思路，扩大融资渠道，积极出台一些有关文物保护的优惠政策，以吸引投资，鼓励企业和个人积极参与，推动文物保护事业发展。以文物保护为核心，进行文化遗产的开发，开发旅游文化创意产品，以吸引游客。可以设立一个文化遗产基金机构，设立一个捐赠平台，以确保文物保护工作有足够的经费。在这一进程中，必须建立一个文物基金的使用机制，确保每项经费都能用于文物的保护。通过举办各种形式的活动吸引公众积极参与到文物保护资金的建设中，保证文物保护工作的顺利进行。

5.做好文物保护与经济发展协调工作

经济发展与文化遗产保护存在着矛盾，要及时处理好这两个问题，必须加强与当地政府的配合，积极协调。要强化对文物工作者的再教育，改变一些人的传统文化观念，使之形成一种观念上的统一，使他们更加重视社会文化遗产的保护。在文物保护工作中，要主动承担起责任，把工作中的每一个细节都搞清楚，区分出不同的人的职责，以最大限度地保证经济和环境的协调和统一。要尽快解决文物保护与经济发展的矛盾，既能促进文物保护工作的正常进行，又不会影响经济发展，保障人民生活水平，提高文物利用的科学性、合理性。对一些执法不力的人和部门进行处罚，提高文物保护者的工作水平，确保文物保护工作的顺利进行。要正确处理好文物和经济发展的关系，把文物保护工作列入当地发展计划。可以积极参与地方旅游发展，在具有一定历史价值的区域开展旅游资源的开发，不仅可以促进地方经济的发展，还可以为地方文物的保护提供一定的经费，促进文物的保护。

6. 加大打击犯罪力度

加强对文物保护工作中的违法行为的查处。大部分的文物犯罪都是群体性的，而且往往是隐蔽的，很难发现。一些部门过分关注经济、社会问题，往往忽视了文物的保护，致使文物犯罪案件呈上升趋势。所以，要提高工作人员对文物的保护意识，加强对违法行为的打击。要对文物犯罪进行积极的剖析，对文物犯罪现场进行调查，查明其作案动机和现场可能留下的犯罪证据，对各种文物犯罪活动进行针对性打击，确保文物保护工作顺利进行。对文物保护者实行巡查制度，及时发现违法行为。此外，还可以鼓励公众参与到打击文物犯罪的工作中，并设立举报制度，以促进文物犯罪的举报，提高公众对文物保护的热情。

在文物保护规划中，要强化科技支持，在科技创新中起到带头作用。探讨运用云计算、大数据等现代信息技术，加强规划技术研究，加强多学科合作，加强在规划编制中的运用，加强规划的执行和管理。在规划的研究与实施过程中，要从认识文物的价值、保护与修复、传统工艺的科学化、遗址展示、文物预防性保护等方面进行技术攻关、技术创新，并将研究成果转化为规划编制本身，提高文物保护规划相关专项措施的制定水平。要抓紧制定分级、深度的保护方案，并进一步细化编制成果的要求，加快制定不同遗产类别，将重要和亟须的标准修订和编制。加强对文物的保护，对文物保护的技术标准和行业规范进行宣传和规划，使科学化水平不断提高。

对文物保护规划的实施是贯彻规划要求、落实规划任务的重要内容。实际执行情况下，文物保护规划实际执行率不到30%，而且在规划发布后，往往会被搁置一旁，重规划而轻执行。我国现行的城市建设项目规划执行状况评价工作存在很长一段时间，这不仅影响着城市规划的实施，也影响着城市规划的执行和管理者对城市建设的认识和判断。规划实施评估是规划编制与实施中的一个关键环节，其实施评估具有较强的实践性和探索性，对规划编制与实施过程进行全面的回顾与系统的梳理，有利于及时吸取教训、调整保护方法与措施，为下一步规划的深化、编制提供切实的依据❶。

数百年来，随着保护对象的扩大，保护的范围从传统保护转向了现代保护。

---

❶ 梁伟. 文物保护规划的现状与发展研究 [J]. 遗产与保护研究，2018，3（7）：14-19.

2015年出台的相关规章制度将历史文化名城、名镇、名村等列入历史文化遗产范围，逐渐将名城与历史文化体系的研究对象进行整合。城市规划理论逐渐体现出真实性、完整性、可持续发展的保护理念。同时，文物保护规划也逐步借鉴了历史文化名城的研究视角和工作方法，但这种"双轨制"的状况对工作的推进不力，这就必然要求名城规划与文物保护规划的进一步融合。同时，文物保护规划也必将朝着更全面的多学科协作发展，并与名城系统规划一道作为一种综合的公共行政政策，将其整合到历史文化遗产的保护计划之中。要达到这一目的必须突破行政障碍，并需要文物工作者、规划师和管理人员的共同努力。

第六节 我国文物保护事业发展历程

人类对文化遗产的研究并不是从现代开始的。几千年的历史文化遗产可以被保留，这表明了文物的保护技术已经有了很长的历史。远古时代的人们在制作和使用器具和艺术品时，也曾有过修复的过程。新石器时代的彩陶出土有损坏后的修补痕迹，虽然修补的方法很粗糙，但是却是最原始的文物修复技术。我国的传统文化修复技术有着悠久的历史渊源和辉煌的成就，为中华文化的保存做出了不可磨灭的贡献。但是，民间手工艺都是通过一代代的传承来维持的，文献中的记载很少。各民族均以其独特的优良传统技艺来保存自己的文化遗产，而我国在青铜器修复、书画装裱、古籍防蛀等方面也取得了很好的成绩。

在文物修复技术领域，应首先推动青铜器的修复和书法的装裱。青铜修复技术起源于春秋时期，在北宋盛行，到了清朝已有了专门的产业。从鲁国仿造的古鼎到齐国的典籍，证实了春秋时期已经存在仿造青铜的情况。北宋徽宗崇尚复古，推动了古代文物的修复和仿造。目前，在博物馆收藏的宋式青铜仿制品，证明了宋代青铜仿制技术的存在。乾隆时期，朝廷提倡对青铜器的收藏和欣赏促进了民间古董的发展。青铜仿制品开始流行，各地的民间工场都有自己的风格，青铜修复技术日趋成熟。书画装裱是我国特有的一种传统工艺，它不仅是一种装饰性的艺术品，同时也是一种对书法材料进行保护的手段。湖南楚墓、长沙马王堆1号汉墓出土的绢画装饰，反映了中国书画装裱技术在两千多年前的萌芽时期的发展。唐代张彦远的《历代名画记》是一部关于书画装裱工艺的早期文献。书法和装裱经过几千年的磨砺才能保持原汁原味，而那些破损、千疮百孔、腐朽不堪的字画，一旦重新装裱就能焕发出原有的艺术魅力，这些都是书画和装裱大师的巧手，展现了中国书法的勃勃生机。

封建社会时期，中国古代文化遗产的保护还处于起步阶段，在这一过程中，国家对文物的保护大多是以国家为主体的，因此，尽管采取了一系列的行政措施来保护这些传统的文化遗产，但其初衷并非为了维护国家的统治，而是为了加强对文化的专制。民间乃至朝廷官员对文化遗产的保护意识不强，王朝更迭、政权更迭，都对文化遗产的保护环境产生重大影响。在这个时期，文物的保护以古代文物为中心，注重政治性、延续性和趣味性。

文物保护工作是由政府官员开展的，而文物的保存和统治者的统治理念息息相关，它的繁荣和毁灭都是必然的。在君王推崇儒家思想的时候，他们就积极地修缮孔庙、举办宴席，提升孔氏子孙为官；君王在实施残酷的统治时，就会烧掉书籍；在帝王重视文化发展的同时，文化的繁荣和保护也得到了迅速的发展；在专制文化、搞"文字狱"的情况下，文化遗产的保护就只能是对古迹的研究。皇帝虽然不能直接决定文物的保护，但是他的统治观念会对文物的保护产生巨大的影响。

中国传统文化遗产的保存观念有二：一是物质的延续性，先民热衷于继承先辈留下的物什、宗教、建筑，比如帝王多采取修缮孔庙、整修佛像、修葺庙宇等方式，以强化文化建设，主宰文化统治，尽管其宗旨并非保护古建筑，却也为中国古建筑的薄弱之处起到了很好的保护作用。长安城和洛阳城的城市变迁史，都是为了保存先人的物质遗产而进行的，而在考古中发现，开封的"城摞城"就是这一现象的直接佐证。二是心理上的延续。古代先民在保护文物时所表现出的重视保存的精神多于对其自身的保护，这种观念在古代建筑修缮中尤其明显，古人对古建筑的增修提倡"焕然一新"，提倡"修旧如新"。明朝永乐时期，政府对武当山的建筑进行了严格的保护，在建筑质量出现问题后，皇上下令："凡是有漏水的宫殿都要立即修复。"另外，"看家本领""祖传技艺"等民间非物质文化遗产，也是对先辈精神文化传承延续的一个重要标志。

清末，随着西方列强入侵，中国文化传统面临空前的危机，中国有志青年从危机中清醒过来，并着手探寻中国的文化传统。现代博物馆理念的引入，使文物保护工作的效率和强度得到了很大的提升，对文物的价值有了全新的认识。国外的学者以科学研究为名涌入中国，偷窃大量的珍贵文物，并把西方的地质学和人类学结合起来的科学考古和现代测绘技术引入中国。在悲痛屈辱的同时，国内的学者们也开始清醒过来，他们决定要保护祖国的文化遗产，并采取多种措施，鼓励国家建立专门的文物和古迹保管机构，并借鉴西方的田野考古方法和理论上加以完善，从而发展出中国的现代考古学。这一时期涌现了一大批杰出的考古学家，为中国考古学的建设和保护打下了良好的基础。

中国文物保护意识在危急关头苏醒，所以在这一时期，保护文物是文化遗产的第一要务。西方势力在中国大肆掠夺中国文物，而所谓的"文化考察团"则以科学研究的名义偷盗文化遗产，文物保管员的"看守"行为激起了知识分子对文物的保护热情。因此，文物保护工作也具有了爱国的色彩。自那以后，民间盗墓风尚大行其道，中国稀珍文物如洪水泛滥纷纷涌入他国。所以，虽然当时战火纷飞、动荡不安，但老一辈的文物保护者仍然坚持在文物保护的第一线，组建了中国文物保管会，独立开展考古发掘工作，维护中国的考古发现。

中国近现代文化遗产的保护工作十分艰巨和紧迫，中国学者在借鉴西方的研究成果和实践经验的基础上，对中国的文物进行了研究。这就造成了中国的文物保护工作与考古学的结合，文物部门的收藏也以考古发掘为主，因此，在这个时候，文化遗产的保护与考古学的发展有着很大的关系。大部分文物的保管、整理和陈列工作都是围绕着考古的原理展开的。

自从1949年中华人民共和国成立以来，我国建立了文物的主权，内部的安定使得文化遗产的保护工作终于迎来了一个新的春天。我国的文物保护制度日趋完善，国家和地方政府先后出台了相关的法律法规，保护机制日趋成熟。国家文化遗产的保护意识大大提高，与国际组织的交流与合作日益加深，科学技术和保护技术的应用越来越广泛。

随着中国特色社会主义经济的发展，我国的文物保护工作也步入了一个特殊的阶段。中国文化广博，各地大大小小的城镇和村落都有遗迹，随着大型基建工程的推进，地下文物的保护也越来越迫切，开发商为了赶工连夜开挖，导致建筑工地发现文物被毁的事件时有发生。考古发掘现场多数是与市政基础设施相结合的，属于被动跟进式的抢救挖掘。除人类对文化遗产的破坏外，也存在着天然的破坏，风吹、日晒、雨淋对文物（石刻造像、古建筑）造成的伤害是不可逆转的，因此需要科学的保护。

近年来，人们的文化素质和对文化遗产的保护意识都有了极大提升，在民众的积极配合下，我们成功地抓获了许多盗墓贼，保存了中华民族的珍贵遗产，为中国古史的研究提供了珍贵的实物资料。人们越来越重视文化遗产，这在某种意义上也是一种监督，在客观上推动了文物保护的发展。这说明，保护文化遗产的工作，不仅是政府、文物部门和专业人士的职责，更需要社会各界人士的积极参与。由于人民是文化遗产的创造者、使用者和保护者，是其真正的拥有者。唯有每个老百姓都用心去保护文化遗产，才能让文化遗产得到真正的保障和尊重。

当前，国内和国外的文物保护机构的合作已经很广泛，"一带一路"倡议不仅对周边城市的经济发展起到了积极的推动作用，而且对文化遗产的保护起到了积极的作用。"一带一路"倡议和洛阳的隋唐大运河相连，而这条运河把中国广阔的区域和海上丝绸之路联系起来。"人类共同体"的兴起促进了世界人民对中国文化的了解。世界各国对文化遗产的保护历史源远流长，保护经验丰富，保护机制完善，策划与运作较为完善。中国迫切需要借鉴国外优秀的文化遗产保护经验。许多国外城市都利用自己的文化资源，吸引着全球各地的旅游者，一年就有几百万人次，这一举措不但给本地带来了可观的经济利益，更把自己的"文化名片"传播到了全世界，而文化遗产的保护也得益于这一点，比如法国的巴黎和意大利的罗马。这些宝贵的文物保护经验对中国的文物保护工作具有重要的参考价值。

文化遗产的保护不能一成不变，必须与世界接轨。长期以来，世界遗产的保护主要由西方主导，而忽略了其客观条件与现实需要，中国的文化遗产在国际舞台上的位置一直没有得到应有的重视。因此，要加快建立适合中国遗产保护的理论和标准体系，推动国际遗产保护理念、方法和技术进步，充分发挥中国在国际遗产保护理念上的积极作用，提高中国在世界遗产保护领域的影响力，让全世界都认识到中国文化遗产的魅力。

中国传统文化遗产的一个重要特征就是：我们注重保存核心历史资料的真实性，而非欧洲国家注重对载体的真实性保留。纵观中国古代文物的历史，我们可以看到，与其作为物质载体的文化载体相比，古人更注重保存历史信息的真实性。但是，在中国引进了西方文化遗产的观念后，中国开始注重物质载体的保存，我国将两者有机地结合在一起，形成了一套适合我国国情的文物保护思想——最小干预、最大程度地修复、可识别和可逆性，突出文物材料、形制、工艺、结构等方面最原始、最真实的面貌。这些原则都是为了维护文化遗产的物质和精神的真实性。在具体的文化遗产保护实践中，不可避免地存在着不能完美结合的问题，注重物质的真实性和精神上的真实性，这就需要文物保护者慎重考虑并做出选择。

中国是一个拥有丰富的文化遗产的国家，具有丰富的类型和数量，因此，我们必须加强对文化遗产的保护。从保护物质文化遗产到保护非物质文化遗产，从静态和动态两方面进行保护，从单一的文化遗产保护到整体的保护，保护范围更广，视野更开阔，更有效地防止了文物的流失。文物藏品的保管和修复设备不断改进，对文物的环境进行了科学、准确地管理，避免了因光线、环境、温度、湿度、病虫等因素的破坏。数字博物馆的建立为学术研究提供了便利，同时也保证了文物的真实性,是一种有效的防范手段。文化遗产是脆弱和珍贵的,文化遗产的保护不能在事后加以弥补,只有在预防的同时保护,才能最大限度地减少文化遗产的损失。

改革开放以后,受商品经济思潮的影响,人们对都市生活的向往,使繁荣了千年的乡村渐渐变得冷清,年轻人的大量流失也使得传统的村庄变得不再有生气。城市版图的扩展使许多优秀的传统文化成了一片废墟,似乎在经济发展和文化遗产保护中存在着无法调和的矛盾。安徽西递宏村的实践成功就证明了这一点。西递宏村充满了皖南的徽派风格建筑,每年都能吸引众多的外地游客,在为当地居民创造经济利益的同时,也让他们认识到了自身的文化价值,从而增强了他们的自豪感和归属感。文化遗产不但没有成为阻碍经济发展的障碍,反而对经济发展起到了积极的推动作用。

人类从放任自己的文化遗产,到自觉地进行自我保护,再到发展全球合作保护,从物质文化遗产的保护到非物质文化遗产的保护,这是一个非常漫长的过程。文化遗产的保护经过长期的摸索,已经形成了一套符合中国实际的保护思想,但是从长远看它还存在着许多问题。中国拥有数量庞大、门类众多、分布广泛的传统非物质遗产、近现代工业遗产、农业遗产等,这些传统遗产的保护工作还很薄弱。在今后中国的文化遗产保护中,"抢救为主"依然是重中之重。

文化遗产的保护队伍不能只满足保护的要求,还要大力培养专门的人才;书店、图书馆中不乏考古、文物、博物馆等方面的书籍,但有关文物的保护方面的书籍却寥寥无几。这就造成了民众和文化遗产的保护差距进一步拉大,再加上"创新"的伪文化、伪民俗、伪传统的过度开发,致使民众对文化遗产的认知和文化遗产保护意识有所偏差。今后要加大对文物的宣传和教育,使公众"自觉保护"意识得到提高。

文化遗产的保护是一个现代概念,但是中国已经有5000多年的历史了,它的保护观念已经从几千年的单纯保存到如今,经过了多年的探索,它已经进入了一个完整的发展阶段,并且将会一直保持着对文化遗产的保护。文化遗产的保护对象从个人到整体,从有形的视角到无形的,从历史的文化遗产到现代的文化遗产,从单一的文化遗产的保护延伸到文化的整体保护及文化景观的保护。在历史和现代、传承与发展的交汇点上,文化遗产是一个既有吸引力,又有让人深思的课题。随着时代的发展、科技的进步、人们观念的不断更新,人们对传统的文化遗产的保护观念也会不断地得到改善,在这条道路上,我们还有很长的路要走。

第二章 不同类别文物的保护

第一节 古墓的保护

古代墓葬在我国文物保护领域有着极为特殊的地位，同时也有着极高的史学价值，甚至还有学者将古代墓葬评价为中国文物的集大成者。由于我国古代墓葬制度和体系有着严格的标准，因此与全世界范围内其他国家相比，我国的古墓文物显得古老而奇特。对于古墓的研究，保护和修复利用不仅可以推动对古代历史、文化、艺术、经济等多方面的深入学术研究，同时对古代墓葬的保护和开发也有着潜在且重要的学术价值。

古代墓葬，尤其是在我国历史上曾经留下过名号的历史名人，包括皇家墓葬，都是一个又一个埋藏在地下的悠久文物宝库。墓葬这种形式使得中国各个历史时期的政治文化经济以及当时的社会发展状况得到了生动形象的记录，可以称得上是历史文物的集大成者。从某种意义上来讲，对古代墓葬的研究就是对中国历史的一种参照，而其中出土的大量带有文字的墓志铭以及石刻都具有极高的历史参考价值。在我国考古历史中，前有秦汉时期的古墓，后有清朝末年的古墓，前后共1800余年，形成了一整套异常珍贵的历史文物资料集。根据不完全统计，我国已面世的历代名人和皇家古墓超过万余方，具有极其重要的学术价值和研究价值。

从艺术角度进行分析，古代墓葬是一种综合艺术形式，它是中国古代工艺美术外在美和内在美的高度结合。近年来，随着我国对文物考古工作的重视，越来越多的考古遗址被发掘出来，大量出土的文物不断进入公众视野，尤其是以"三星堆"为代表的文化遗址和古墓挖掘，更是受到了全国人民的关注。因此，深入研究古墓挖掘以及保存的相关问题和技术，不仅关联着古墓出土相关文物的完整性，同时对于历史和文化价值的研究也会极大影响。而古墓保护存在的诸多问题也与古墓保护工作的相关流程有着紧密联系。[1]

---

[1] 董延寿.论洛阳古代墓葬的价值和作用[J].洛阳大学学报，2004，19（3）：32-37.

一、古代墓葬保护存在的各种问题

首先，古代墓葬想要得到有效保护，就需要根据其实际情况进行挖掘。除众所周知的几位皇帝陵寝由于多种原因而无法挖掘，选择了就地保护以外，很多古墓想要充分发挥自身在历史和学术方面的价值，第一要务就是要对其进行考古发掘。而在发掘过程中，所涉及的保护问题也是古代墓葬文物保护的关键所在。由于古墓保护涉及多个环节，有可能与很多部门形成关联，同时还需要投入大量的人力、物力和财力，因此是一个极为烦琐的过程。

在以往的古墓发掘工作中，有些部门往往过度重视对古墓的开发，却在细节上忽视了古墓的保护工作。很多古墓在发掘前具有较强的隐蔽性，这也和我国古代墓葬制度有着一定联系。虽然部分墓葬遭受过非法盗掘，但是仍然有一大部分文物保存较为完整，没有遭到人为破坏。但是一旦进入发掘环节，那么古墓本身的防护措施以及稳定结构就必然会遭到破坏。因此衡量古墓挖掘工作，平衡古墓遭到破坏的程度，就是保护古墓的第一环节。想要实现这一目标，即平衡两边的条件，就需要有专业人士对古墓挖掘进行价值评估，制订出详细的发掘计划，有条不紊地开展考古工作。其中需要着重考量的环节，包括文物在发掘工作中是否会遭到机械或人为破坏，如果覆盖在古墓表面的泥土以及各种掩盖措施遭到破坏，那么古墓在未完全发掘之前就会受到天气以及所在地区气候等因素的影响。根据以往的考古经验可以了解到，在古墓的挖掘过程中，经常会遇到因为天气条件而影响古墓周围泥土松垮或者内部结构被破坏的情况，而这种情况又极有可能导致古墓内部的文物遭受挤压发生变形。而且，随着互联网时代信息传播速度的高速发展，使盗墓者有了一定的可乘之机，当这些盗墓者探听到有关古墓发掘的消息之后，就会选择在古墓周围随机蹲点，并趁机偷盗被挖掘出来的文物。

其次，就是古墓发掘后的相应保护问题。我国的考古工作流程会选择将古墓进行发掘，之后由相关单位和考古工作者将发掘设备以及发掘出的文物进行转移，而此时的古墓通常会处于一种失去保护的状态。有些地方政府和相关部门在对待价值较低的古墓时，通常会在考古现场竖起警示牌并附上举报电话，但是这样的保护措施对于盗墓贼而言缺乏足够的震慑力，他们甚至还会在考古工作者转移之后再次进入墓葬中，将遗落在其中的文物盗走。另外，我国古代墓葬选址依靠风水学和堪舆学，在地形的选择上有着一定的规律，这也导致了很多墓葬会紧紧相连，甚至形成较为庞大的墓葬群。而在古墓的发掘过程中，由于技术和专业限制，往往会存在一些隐藏较深的古墓没有被发现。这也为盗墓贼留下了可乘之机，有一些江湖术士利用家传的专业知识，选择在考古现场附近寻找其他未被挖掘的墓葬，这种情况都会导致古墓保护不力或者遭到破坏。甚至还有一些古墓在发掘后，当地文物管理部门为了能够拓展文物保护经费供给渠道，而选择将古墓改造成为开放式的旅游景点。游客只需要购买门票就可以进入古墓中游玩。而个别素质较低的游客还会在古墓里乱写乱画，这种行为不仅会破坏文物，同时也不利于文物保护工作的开展❶。

二、部分古墓失去正常保护的缘由

很多文物之所以会失去正常的保护，主要原因是在经济和利益的驱动下不法分子进行的盗掘。正所谓乱世的金银，盛世的古董，在当今收藏行业发展的大背景下，文物不仅蕴藏着巨大的文化价值，同时也有着极大的经济利益，很多人都希望能在文物行业中牟取暴利，因此就会有一些不法分子将希望寄托于盗掘古墓。而有了这样的动机，盗墓者的作案工具和盗墓技术也随之更新，从以往的专业盗掘装备洛阳铲再到今天的炸药爆破，甚至还有一些专业的盗墓团队会使用卫星定位以及夜视仪等先进的科学仪器。从盗墓手段上来讲，不仅融合了各种先进技术，同时盗墓方式也变得越来越严密，对于古墓的破坏性也越来越大。另外，还有一些盗墓团伙会选择拉拢考古工作者，许以重金让其为盗墓团伙出谋划策。在这种里应外合的模式下，盗墓团伙往往可以获得古墓发掘的第一手信息，利用信息差和时间差，避开考古团队的作业地点深入古墓中盗取文物。

由于我国历史悠久，从上古时期到清朝末年，中国各个社会阶层均有大量的古墓埋葬在地下。朝代的频繁更迭以及文化和价值取向的进步，使中国这片广袤的土地上拥有数量极为庞大的古代墓葬群。而想要对这些古墓进行有效的保护，就需要花费极大的人工成本。纵观我国对古代墓葬保护工作的开展不难发现，由于我国地域广博，而古墓的分布又较为零散，这就导致了古墓保护工作的战线非常漫长，在保护工作开展过程中，难免会出现诸多疏漏。对于其中一部分古墓而言，保护工作出现空当也是常有的情况。同时还有一些地方政府和文物保护机构，只能选择雇佣看护人员来保护古墓和相关遗迹，但是这些看护人员因为工作待遇较低，同时工作性质较为特殊，因此普遍都存在工作积极性不高的问题。可想而知，相关部门没有多余的精力保护文物，而执行具体工作的看护人员又没有足够的积极性，因此，古墓保护工作的结果可想而知。此外，随着我国现代化建设和城市化建设的进程不断加快，有许多新的古墓被考

---

❶ 祝延峰.新时期古墓保护策略研究——从山东春秋古墓遗址发掘谈起[J].丝绸之路，2012（18）：2.

古部门发掘出来，而数量庞大的古墓和古墓群，又使得很多地区的政府相关部门已经没有余力对这些古墓采取完善的保护措施。对于一部分文保领域的工作人员和政府部门的官员而言，古墓太多或者文物太多本身就是一种幸福的烦恼，越来越多的古墓被发现，发掘古墓保护这项工作的战线也会被越拉越长，因此如何妥善地安置文物，并且构建有效的保护措施，也成了相关部门需要深入研究的课题之一。

由于社会环境的消极影响，很多节目在大谈特谈文物的时候，往往不会重视文物自身所具备的历史和文化价值，而通常会以其经济价值来进行评定。这就导致人们在提起文物时只会关注文物本身价格多少，并能为自己带来多少经济利益，而这样重视金钱的价值观念会无形中激发人们对于文物的占有欲。再加上一些有关盗墓摸金的小说和影视作品所宣扬的价值观，也会在一定程度上刺激不法分子的贪婪之心，而这也是当前社会上对于很多历史文物以及古墓的普遍价值观。

三、针对古代墓葬的保护策略

想要更好地保护古代墓葬，首先就要从法律层面着手。法律不仅是国家的强制实施力，同时对于绝大多数国人而言都有着一定的约束力。目前我国针对文物保护所实行的相应法律法规，包括《公安部、国家文物局关于严厉打击盗掘古墓葬犯罪活动的意见》《最高人民法院、最高人民检察院关于办理盗窃盗掘、非法经营和走私文物的案件具体应用法律的若干问题的解释》《中华人民共和国考古涉外工作管理办法》等。虽然上述内容对于古代墓葬的保护起到了一定正向的影响，但是由于这些内容都是在20世纪80年代末制定的，已经无法与我国现有的诸多法律法规有效衔接。同时这些内容还存在规定落后，或者包含条件不足等问题，已经无法满足日益发展的文物保护实际需求。许多专业的盗墓专家经常会选择游走在灰色地带挑战法律的权威，在盗掘文物的过程中打着各式各样的幌子来实现自身目的，侵害国家公共资源。目前针对古代墓葬保护主要依托的是文物保护的相关法律，但是由于文物保护相关法律法规在我国法律体系当中普遍位阶较低，大多数是以条例办法或者暂行办法存在，很难在严峻的古墓保护需求面前发挥足够的作用。因此，针对我国当前古墓发掘的实际情况，核对古代墓葬保护的相应需求来制定更加完善的法律法规，已经成为文保领域立法需求刻不容缓的问题。

在立法的基础上，文物保护单位还需要充分利用舆论监督的力量。近些年，我国文保领域发生了一件轰动全国的事件：一篇新闻监督稿件保护了一个千年古县。该事件发生在山西省的一个千年古县，当时为了经济发展便破坏当地的各种古建筑和古遗迹，但是一位新闻撰稿人听闻此事后，选择利用舆论的力量进行呼吁，最终使这个千年古县得以保存。随着新媒体技术的飞速发展，此类事件不胜枚举，而这也充分说明了，利用舆论导向和舆论监督来唤醒国人心中对文物保护的正确理解，是一件非常重要的事情，正向的舆论引导可以使群众不自觉地加入文物保护的行列和行动中。不仅如此，国人的文物保护意识得到增强，就会形成一种相互监督和相互督促的正向发展态势，一旦发现有不法分子企图盗掘文物，就会选择立刻报警或者通知相关单位。这种行为和监督体系可以有效地保护古代墓葬，使文物的损失降低。另外，由于国家的法律法规制定需要一定的周期，同时也需要根据前人的经验和教训进行总结和完善，因此对于普通老百姓而言，法律法规的约束能力有时远远不及舆论导向的制约。从法律角度来讲，惩戒罪犯需要足够的证据和犯罪事实，而舆论的监督则能将犯罪扼杀在摇篮中，甚至还能够有效地杜绝此类案件的发生，使文物保护机制变得更加高效完善，减少古代墓葬的盗掘现象。同样，舆论导向和舆论监督的作用还可以避免考古工作人员监守自盗的情况发生。

另外，科学的古代墓葬发掘方式也是保护墓葬文物的重要环节。由于我国考古发掘领域的起步时间较晚，很多挖掘思路和挖掘方法都只能一边实践一边改进，而这也对古代墓葬文物保护工作的推进造成了诸多不便。而且我国的地理环境较为特殊，古代墓葬数量又极为庞大，墓葬中的文物类别多如繁星，这也对墓葬的发掘工作提出了更加严格的考验，因此即便是国内的考古工作者或者文物研究人员，想要借鉴其他国家的工作经验也存在极高的难度。其中比较有代表性的案例就是在发掘古墓后，由于古墓的主体会暴露在环境中，古墓周围的土壤会随着发掘工作而变得松动，这就会导致古墓的主体结构发生形变，古墓内部的各种文物也有可能遭到破坏。

再如，在发掘过程中，如果考古工作者对古墓周边的环境没有进行详细探查，就会在发掘过程中无意识地损害周边隐藏较深的其他古墓，而这种做法造成的古墓文物损害往往异常严重。因此在优化发掘技术方面，我国相关部门以及考古专业的大学，近年来尝试引进了众多先进的科学仪器和考古发掘技术，从而可以确保发现古代墓葬后，能够快速地形成应对之法，经过科学且严谨的环境探查之后，再循序渐进地进行发掘。

为了更好地保护古墓文物，还需要建立古墓文物保护试点单位。由于目前我国对古墓文物的保护力度正在逐渐增大，因此一旦暂时考察得知有巨大价值的古墓，相关部门就会不遗余力地将他们通通转移到附近的博物馆进行特殊保护。而对于一部分经过考证之后发觉并不重要的文物便会减少保护措施。但是这样单纯地保护所谓的珍宝级文物，在一定程度上忽略了其他文物存在的文化和历史价值。因此有关部门应当结合我国的文物保护现状，尝试性地建议古墓文物保护试点单位。其目的既是能够逐步探索一套完整的对待重点文物和非重点文物的保护机制，同时也要在古墓保护领域建立起全新的需求和标准。可以说，只有建立古墓文物保护试点单位，才能够有效地提高相关部门的重视程度以及积极性，才能让工作人员更加慎重地对待发现的古墓和内部文物。同时，建立文物保护试点单位之后，各级地方政府有机会响应上级部门的号召，做到一体化统筹协调，对于相关文件以及法律条款内容进行完善，使得我国古墓文物保护工作更加妥善合理。此外，相关考古团队和项目所在的文保机构还需要针对发现的古墓构建合理的项目预算评估，并对古墓挖掘之后可能产生的社会效益、生态效益和经济效益进行有效评价。

在古墓发掘过程中，相关部门还需要注重消防安全以及古墓发掘过程中的安全卫生问题。古墓发掘工作本身就是在和自然环境、人文环境打交道，因此在改变古墓周边环境时，还需要注重公共卫生环境的管理。比如在发掘古墓或者根据古墓遗址建立文物景区时，应当创造一个与总体环境整治和生态保护治理相适应的清洁卫生、方便舒心的游览环境，这样才能为工作人员引导游客提供良好的服务内容。而在实际工作中，消防安全和卫生安全又是环境管理工作的重中之重，在古墓文物发掘工作推进时，还需要设置专门的环境卫生管理岗位，具体负责发掘工作周边环境的相应消防和卫生管理。同时对工作开展过程中可能产生的各类垃圾进行统一管理，设置公共卫生间和垃圾处理区域，对于日常生活垃圾以及粪便应当做到无害化处理。

古墓文物的发掘工作现场往往环境较为偏远复杂，因此还对日常的能源和电力使用有着一定的需求。而在项目推进过程中，为了充分地发挥节能减排的理念，还需要根据《中华人民共和国节约能源法》以及《国家节能技术大纲》等相关要求，对项目推进和发掘施工进行有效的能源管理和环保管理。

在考古发掘中涉及建筑节能以及土建工程环保等环节，需要优先选择环保材料，避免对古墓周围环境造成破坏或污染。可以说古代墓葬的文物保护体系是所有文物类别当中最为严格、要求最多、技术最复杂的一项。而为了更好地保护古代墓葬这一中华民族的文化瑰宝，就需要相关部门和工作人员能够严格地按照相应法律法规，构建完善的文物保护制度和体系。

第二节　古建筑的保护

古建筑属于不可移动文物的范畴，我国有着明确的文物保护办法，其要求是针对建筑类文物，要在原地加以保护。建筑类文物不仅是我国历朝历代历史演变进程的珍贵文化见证，同时也具有极高艺术价值和重要科学价值，因此对于此类文物的保护和修复工作必须要科学且严谨。在开展相应保护工作之前，相关工作人员要进行科学、严谨且细致的前期调研，这是制定建筑后续保护工作具体方案的重要前提，目前我国的建筑类文物保护修复工作对于前期调研工作重视程度还不高，以至于形成了很多不合理、不科学、不利于实地开展的修复方案，甚至还有一些方案对建筑类文物形成了一定的破坏和安全隐患。

建筑类文物和其他文物类别最大的区别在于，其本身是一个包含众多学科以及专业领域的综合文物类别。因此，对建筑类文物的保护工作，也需要充分考量不同专业领域之间存在的交叉问题，比如历史考古领域、文物修复领域、环境保护领域，以及灾害防治领域等。与很多可移动文物相比，建筑类文物作为一种不可移动的文物，不仅需要针对其本体规划有效的保护措施，同时还需要考虑周边环境的地质结构是否稳固，周边草木是否存在火灾隐患及周边环境的卫生条件等因素，这些都属于建筑类文物的保护和修复工作内容之一。不同信息要素的相互收集、分析、整合与相互叠加可以使各种历史信息资料能够进行更加立体完整且充分真实的信息展现。文物建筑保护或修复过程的各种前期综合调查的研究与工作流程中，都需要同时运用文物考古学知识和社会历史学中的科学方法。对相关历史信息材料进行全面收集处理和对比分析，完成对整个文物建筑本体特征的全面调查时，则更要注重使用社会测量学上的方法。在建筑修复工艺设计前及建筑实际构件的设计修复工作过程实践中，必须对文物修复施工的有关技术措施方法和工程具体应使用何种建筑修复装饰材料的工艺性，都有充分正确的理论分析了解和系统认识，才能最终保证文物建筑结构修复装饰的质量。

一、建筑类文物保护和后续修复工作的基本原则

建筑类文物保护和修复的最根本目的是能够有效地加强建筑类文物的保护机制，并且根据此类文物自身所具有的鲜明特点，选择保护和修复的有效方式。在

《威尼斯宪章》中指出，当难以对此建筑有一更加完整明确与详细具体的概述，不应遑论它到底是那些在特定自然环境条件中所构成起来的某一城市与居住性建筑群落，还是由那些被一个大城市中心或人口稠密地区建筑集中区等所共同包围起来组成的完整或仅局部而形成的大型市中心、街区聚落或建筑群，这些大型或历史性城市建筑群聚落和城市中心街区聚落已面临着随时失去自身城市结构形式本身的相对稳定完整性、凋敝化倾向，以及将遭受着彻底被毁坏或者破损化的潜在重大破坏危险，这将势必或者间接地导致对它们自身及其所反映出来的现代城市价值取向与现代社会文明价值内涵的全面丧失。

为了能够强化对这些宝贵文化资产的保护，使其价值得到有效保留，2011年的《瓦莱塔原则》中也明确表述了。原则和策略是为了维护历史城镇及其环境的价值，以及融入我们时代的社会、文化和经济生活。这些干预措施必须确保对有形及无形的遗产价值，以及居民生活质量的尊重。因此，我国针对建筑类文物保护修复的基本原则包括真实性原则。与该历史性城市本身及周围区域建筑的历史真实性直接有关，对它的艺术价值与其他一切足以决定它未来真实面貌的所有物质因素加以保存。

在现代西方国家，针对历史文物建筑保护的历史真实性原则，其主要概念基础和理论方法的核心也会随着将来人们对这些建筑类遗产价值范畴的新的认知方式而重新定义。在当今不断变化的诸多真实性原则概念框架中，文化背景历史和地域文脉、功能组合和空间使用、形式选择和细部设计、传统建造工艺传统和建筑技术、材料使用和建筑实体形态的历史真实性原则等概念，一直以来都是研究真实性原理的核心内容，并且这些也成为当前评价传统建筑类遗产及其保护价值和重建修复的主要依据标准。从另外一个层面来讲，坚持真实性原则就是在尊重不同地区建筑类文物的文化情感，是一种本土价值观的体现❶。

二、建筑类文物的保护修复派生原则

该原则是在文物保护的真实性原则基础上得到的一种发展和完善，其内容是指在开展具体的保护以及修复工作过程中需要相应的保护原则，对干预措施进行规范，这样才能确保建筑类文物的保护和修复工作更加科学合理。比如，其中提到的建筑可识别性原则，就是指将建筑物在需要修缮保护各种传统建筑类文物资料时，所可以替换的和补缺上使用的装饰材料，以及建筑物结构件，在制作材质、工艺、颜色形式等或其他功能方面都和原有建筑或保存流传下来

---

❶ 刘江涛.《文物保护法》的规范、严谨和系统化［J］.中国文化遗产，2018（6）：22-26.

的传统文物要有一定区别。其目的就是能够识别出文物的本体和后来修复的部分，这样既可以保留文物自身的时代特征和时代属性，同时也避免了完全刻意模仿，甚至新老混淆等问题。再比如，可逆性原则在文物的保护工作过程中应用也非常普遍，干预的可行性及对建筑遗产可能发生的损坏都不能被确定或是不能接近。为了尽量避免对即将受到损毁影响的主体结构有进一步影响，采取这些紧急的保护修复措施虽然是没有必要进行的，但是采取这些防护措施对于主体建筑及其本身受损的部分结构进行修复就应该具有一定程度的可逆性。这条原则的根本逻辑同样在于：在特殊的条件下，文物保护和文物修复技术在持续不断地发展，因此，很多当时采取的临时性加固措施，对文物保护和其本体结构而言并非最完美的解决方法，因此，就需要在采取相应措施的过程中，选择一种既便于识别又便于恢复原状的方式，这样才能为后续的保护修缮留有空间和余地。

另外，最小干预原则同样适用于建筑类文物，根据《建筑遗产分析、保护和结构修复原则》，干预措施应根据安全目标进行设置，从而保证干预的最小化、安全性和耐久性，以及对遗产价值的最小破坏。尽量减少干预，尽量避免破坏建筑类文物本体结构。凡是在最近这一段时间范围内都不可能出现任何重大的危险情况，除了需要日常进行保养外，更不应进行过多的干预。最后，建筑类文物属于不可移动文物。在采取保护和进一步修复措施时，还是要遵照原址保护原则。

原址异地保护能达到最大限度地保证原有文物建筑遗址的基本原真性，由于遭受不可抗拒的外来自然灾害因素或者是面临国家恢复建设和重大修缮工程中的现实需要，使遗址迁原地保护成为唯一可行、有效合法的保护手段时，才能进行原状址迁建，异地恢复保护。异地保护要按规定经过严格依法地逐地调查报批，获得政府批准意见后方可继续实施。例如，三峡大坝的修建使三峡库区内的水位上升，许多古镇及重要的文物建筑都将处于水位线以下，因此部分古镇及文物建筑采用了整体搬迁、异地重建的方式。云阳张飞庙在选址及前期的调查研究都做了大量的工作，最终迁建的环境选择的是与原有环境相似的位置，这是经过研究和方案比较之后确定的。再比如"旧修如旧"原则，也是为了最大限度地保存建筑类文物的历史信息，营造其历史范围而存在的。通常来讲，我国大多数建筑的文物是以木质结构为主，而木质结构的修缮过程中使用传统工匠和传统工艺，也可以归纳为修旧如新。其本质是使用新材料替换旧材料，而并不对文物本身结构造成破坏或者改变。

随着建筑类文物保护工作的不断发展，新老原则的交替也在相应的国际保护宪章中得到了体现，而全新的保护修复原则更加适用于新时代文物的发掘和保护工作，也更加体现了对文物保护和社会层面、经济发展之间两者共存的和谐性。完整性原则在国际文化遗产保护委员会宪章中得到第一次提及是在《威尼斯宪章》中。2011年的《瓦莱塔原则》中提出，代表城镇历史时期或发展阶段的任何一个部分，都是受保护的城市区域，包括纪念碑和真实的城市结构，这些建筑表达的是保护区域的文化价值。保护也包括城市历史的发展以及支撑它的城市特色、宗教和社会功能。把一些单个而独立存在的城市街区历史建筑群体分别放入城市历史街区的整体设计过程中进行分析考虑，建筑个体之间也应密切注意到与整个城市及整个城市历史街区建设中出现的区域历史风貌、历史环境特点及相互联系协调，所有的这些独立建筑单体均应考虑到其使用场所、设计、周边区域的文化环境、建筑材料、工艺技术、情感、关联性等这些基本要素方面具有完整性。

在园林或建筑组群的保护中，完整性就显得尤为重要。再比如针对建筑类文物所提出的安全性原则，在《建筑遗产分析、保护和结构修复原则》指出，传统技术或新技术的选择权衡具体的情况应优先考虑那些具有最小干预和最符合遗产价值的技术，并满足其安全性和耐久性的要求。古建筑大部分都已有近百年及以上的建筑历史，即使都是泥石构件也做不到完整坚固如初，必定是有不同程度的风化。如果以建筑完全可以恢复到原状貌为规划原则，不但会白白花费大量无谓的人力物力，还极大可能降低该建筑应有的文化价值。因此，可以将建筑是否安全作为修缮原则之一。

三、建筑类文物的主要保护方式和有效措施

首先，修复措施是直接作用于文物建筑的保护方法，修复措施的正确选择将保证文物建筑保护修复工作的顺利进行。《威尼斯宪章》中对修复措施也有相应的要求，保护计划应该规定对建筑物或建筑群要进行细致的防护，包括在一定条件下的防护，在特殊的、有详尽记录的环境下的防护以及拆除。历史性城市或地区的保护包括经常不断地维护和修理，而为了使它适应当代的生活，需要细致地设置或者改进公共设施。《建筑遗产分析、保护和结构修复原则》中也强调，采取的干预措施必须证明是不可或缺的。

其次，包括间接保护方式。在文物建筑的保护中，间接被动的保护方式就是不采取任何干预措施或者维持文物建筑的现状。这是文物建筑保护修复中最基本的措施。在《建筑遗产分析、保护和结构修复原则》的修复技术措施设计及缺陷

控制准则第 2 条规定中指出，最佳有效的缺陷修复的措施方法是采用预防性缺陷维修方式和进行定期检修。由此可见，对于建筑类文物的日常保护处理方式主要包括对其中有危险隐患的部分进行实时连续动态监测、记录与存档、按有关规范定期实施文物日常修复保养加固工程，同时博物馆工作有关人员可能还需要控制博物馆开放时间容量，进行一般性的环境控制，协调与周边保护关系，建立保护网络，提高展览陈摆质量。

日常维修保养一般由当地文物和保管相关部门全面负责，是城市管理相关事务制度中一项最重要的管理内容，重点工作是日常灾害修复、文物损伤和多发易发损坏部位的日常保养。维持好文物良好的使用现状并且可以不直接进行维修干预，最基本的一点是要做好文物日常管理维护，这也是文物保护最重要的一个保护措施，对受损文物直接造成损伤的直接干预成本也最小。日常的维护主要包括定期对建筑遗产存在重大破坏与隐患危险的部分进行定期监测分析并及早采取相关预防修复措施，以及随时对已施加相应技术措施恢复后受损的部分建筑遗产的正常保存和状态变化进行持续监测。对某些保存和现状条件较好者的建筑遗产，只要及时做好各项日常保养维护管理工作，就极可能在短期内使其长时间保持处于状态良好的原始状态，这无疑能大幅度减少政府部门对这些遗产所有者的经济干预。日常的维护还可以被用于保护经过保护技术措施或干预后形成的建筑遗产。日常的维护尽量不盲目添加新技术构件设备和各种新材料，必须每月定期并有计划地严格按照有关技术规范程序进行。

建筑类文物的直接保护方式则是在文物建筑中采取直接主动的保护方式，必须最大限度保护地保护文物建筑，在实际操作过程中不对其真实的价值和历史信息造成破坏。保护措施必须根据文物建筑的实际情况进行科学合理的选择。确定建筑类文物古建筑的实际维护工作与修缮中，最主要的安全保护技术方式是通过修缮加固手段，采用现代文物保护工程技术中常用的修缮加固、支撑、稳定、补强、防护等措施，对易出现较大机械损坏或存在严重技术安全隐患的重要构件进行修缮保护，以确保文物建筑的整体安全。加固中所必须使用到的各种现代的构件形式和结构材料必须做到尽可能地用在较隐蔽安全的适当位置，以免其对加固保护工程建设对象整体的技术外观特征和内部结构特征都造成严重破坏。但是作为古代文物建筑真实存在状态的一种真实反映，刻意隐藏和施加保护措施也是没有必要的。不过现在我们必须强调，首先应该对现代文物艺术构件的装饰材料类别、色彩比例等进行更科学、严格的控制，避免与古代文物建筑构件及我国原有历史建筑构件的颜色产生任何较大范围内的反差。防护或隔离性措施一般是对建筑物在所受保护之文物对象位置范围上存在的或直接地所能施加作用的各种防护、遮蔽性建筑物、构筑物设施等，是文物设计者们为了该建筑物本身创造出的、使建筑物能够长期相对安全稳定存在下来的、免受任何其他外界因素直接侵扰及影响的空间环境。

大型历史文化名城里的其他一些基本完整的建筑遗址、残存较为完好的城市文化遗址局部建筑构件或者只是局部建筑物，甚至可能仅只是有少量局部建筑构件等，这些都是需要格外注意和保护的工作对象，如石柱础、残水墙遗迹、建筑基址。也可以理解成，人类对于需要经过多次重大考古发掘、需要具备公开考古展示历史价值空间的一些重要史前地下文明遗址，需要专门建造出一种可以保护性永续利用价值的新型地下建筑物群或大型地下空间构筑物，即古遗址博物馆。就现有的考古研究技术水平经验积累来说，这类遗址博物馆可能是目前最好的选择。现代大型建筑物中的超大跨度结构材料和超轻质结构材料都适合为我们建造新型遗址博物馆群提供有力的材料技术支持。

遗址博物馆工程的完成建造需要对保护遗址建筑的建筑外观形象设计和周围环境面貌进行严格的环境控制性设计，博物馆建筑的外观形式、体量结构应能够集中体现遗址文化的整体特点，与保护遗址时所依处的环境空间的各构成性要素本身的共同特点要求相适应协调，以尽可能直接有效的、简洁直接的表现方式来满足遗址博物馆的实际功能需要。

另外，表面补强的自我保护处理方式经常被用于现代文物建筑构件中某些易发生破坏损伤的特殊材料部位或建筑构件表面，如通过在建筑彩绘、壁画、石质制品或者其他木质构件表面等物体表面上喷涂特殊防护装饰材料以用于保护防止被风化、剥落、腐蚀变质等应力破坏，或是直接在已发生应力破坏损害的构件部分孔隙中再注入可以提高装饰材料强度能力的表面补强材料。特别是对于一些目前无法采取物理化学修复性措施进行化学保护作用的、重要的、价值突出的机械构件或高分子材料，正确的保护选择可能是采取化学防护。

总的来说，无论其使用物理加固的方式还是使用化学加固的方式加固，防护措施本身都会直接对其保护的对象造成一定程度的有害影响，在其可逆性程度上，虽然物理防护加固措施可能比采用化学加固防护措施的性能相对稳定性较好，但是因在物理力学性能特征上，现代发展的许多新材料性能与其原有使用的新材料性质相比往往差异幅度很大，所以被保护结构对象自身的结构整体结构受力破坏情况必然会直接产生破坏性改变，由此将会导致其他一些潜在较大的建筑结构整体性安全问题。其他化学措施则完全改变了保护材料原来的某些性能，在保护外观形态虽然没有直接显现出来，但是它们实际上也已经对其保护对象材料原来的物理原保真性质造成影响。

在研究及保护优秀传统建筑文物活动方式的三项重要研究工作基础意义点上，展示活动利用价值与文物保护资源利用价值也应当同样都应当认为是现阶段我国建筑文保领域发展研究重点的另外两项重要核心内容，在其《文化遗产地诠释与展陈宪章》专题研究结论中，将目前我国建筑文化遗产地开发利用中出现的公众文化展示利用行为价值定义为，一切具有现实可能价值的可以通过提高广大社会公众意识、增强我们一般普通公众社会成员对中国历史文化遗产形象更好地认识保护价值理解利用的展示活动。

展示是对价值和意义的明确，也反映了保护的观念、方法与技术措施。展示工作必须符合体现藏品真实性和结构完整性的设计原则，包括表现文物建筑本身的一切物质形态方面与所有非物质形态方面相关的技术要素。展示组织者必须尽可能面向社会不同年龄文化层次特点和相关社会背景需要的广大受众，提供完整有组织结构的参观展示旅游路线、展示场馆设施、展示标识设施和有关视听技术资料、出版物书籍等，并可由一名专业水平的陪同导游现场介绍展出有关内容的当地历史文化信息，保证参观展示内容在传递有形文化和沟通无形旅游信息通道上具有的多重便捷可达性。展示活动必须认真考虑到对区域自然资源和生态人文环境构成的直接影响，要真正以展示遗产地周边的经济社会、文化生态和自然环境建设的科学可持续健康发展成效为重要目的。

需要注意的是，我国现阶段针对物质文化遗产本体的保护展示工作最早时主要形式是对文物建筑本体原貌的保护展示，随着人类社会科技的日益发展，展示的手段和方法也在不断演进和拓展。这些建筑要素必须完整统一地呈现在公众面前，才能准确反映人类文化遗产中所具有的科学价值和思想文化。此外，还应该同时包括其他一些可能具有重要文献性质档案内容的某些重要的内容：一是有关文字史料相关工作方面掌握的，以诸如其他各类重要文字史籍、志书、碑铭手稿、文学作品手稿资料等或者其他档案形式来记载内容的重要有关历史文献档案信息记录；二是指收集的与古代绘画、壁画、彩绘、雕刻和其他图案纹样、照片、影片资料等相关的艺术文献档案。此外，我们还应积极创造条件，通过广泛运用宣传方式和配套的社会宣传活动手段，实现寺院文物建筑群在整个人类历史进程中经历的多次拆除、改建、迁建、损毁修复或大规模易地迁移重建与拆除复建等复杂形式的变化，尽量集中展示已遗失的历史信息。对于古代建造过程技术内容的实物展示内容也是另外一个特别关注的重要方面。非物质活动层面实物的展示技术内容：一是展示发生的在各种文物建筑周围和它直接关联事物的物质环境条件中人们的其他各种生产行为、活动，包括日常生活、社会人际交往、劳动、休息及娱乐、商业活动、宗教仪式等；二是一种由构成文物建筑结构的有关各方面要素相互作用和由发生作用在建筑构件及其内部相关联空间环境结构中发生的上述各种物质行为、活动而共同相互作用形成的建筑场所氛围、空间视觉感受环境及景观。

建筑类文物的展示活动的主要组织方式是内容与形式手段的紧密结合，必须严格根据实物展示活动的要求进行策划设计。这些活动可能与文物建筑本身的保护或修复工作相关，也可能是通过对场所的利用实现的。通过日常的保养、防护的加固、现状的整修等的多种修复展示措施方式对原有文物建筑遗迹进行综合保护，从而可实现博物馆对历史文物建筑最大限度上的完整保护，并且文物在野外一般开放情况前提下还可选择直接对外进行露天保护展示，对原文物建筑遗址及其他周围生活环境资源的人为干预风险较小，能够做到充分全面展示维护其自然原真状态。

这些历史文物从保护修复制度建设和日常陈列和展示宣传活动方式设计等多方面都已经丝毫不打算为了应对这些历史文物建筑原貌的保护史料真实性等因素造成破坏。而这同时也对于我们的一些重要历史建筑类文物来说是和它们自身及外部历史建筑文化环境也是都有着一个高度和紧密程度地联系了起来的，还同样需要我们重点来注意，并加强其内部与自身外部文化建筑环境信息之间的相互沟通及展示，环境文化建设同样是影响整个城市文物建筑环境发展建设的一个很重要的一组养成性部分，通过进一步加强的环境信息综合与整治，对一些重要文物建筑环境本身就缺失了的一些相关文化历史信息都进行到了重塑，同时要继续强化相关文化场所历史文化的传统文化内涵。通过设置这些具有文物场所精神气质的园林小品、雕塑，目的是要更好发挥这些文物建筑自身的潜在现实价值，赋予其某种新形式的利用功能，是一次以保护文物建筑自身为核心资源要素的有偿服务利用活动。一方面它是进一步恢复、延续文物和尽量发挥古代文物建筑结构所必须具有的特殊使用保护功能，另一方面它是进一步赋予其新的保护使用功能。

具体细致一些准确地说，对于我国现在的已经开始逐渐地失去了一些适合原有文物保护建筑的使用需要的某些功能结构但还很明显有必要重建发展可能、有必要逐步得到合理恢复或发展改善的那些现有的文物建筑，利用其实主要就是为了通过利用对能够保留或其部分功能结构建筑的部分重新予以复原或者发展；那么对于这些利用原有的建筑功能到现在为止仍是还能继续有效和继续合理地继续使用与发展起来的，利用既有建筑对充分发挥其部分功能作用的部分功能进行延续再发挥原有的利用功能基础上而又使之将对之再进行一个更好地再延续的发挥起来的。在当时物质层面结构形态上，已经逐渐显得已经很难能再次与我们当时今天的人类生活的那种正常的社会生活方式上再一次地建立了某种的内在的关联，实用价值方面的这些重要的意义功能对于在那时今天的生活当中的人们而言也就是已经渐渐变得已经基本完全失去其效用性质了，不再真正具有使用价值。

而在其展示利用方式选择上，我国在古代传统的建筑木结构体系上和现在以居住院落群为使用单元的物质空间结构组织利用方式中对于空间大多数物质的功能使用功能要求也都是完全能够获得满足的，也就是说在物质使用的功能方面，古代我国的传统木结构体系物质空间功能构成比较具有普适性。所以，在整个古代商业社会这个共同的商业文化背景系统中，一般建筑不会同时出现新旧功能建筑物的功能前后的替换或者不适用功能的转换问题，原使用功能、新功能与原有建筑结构的主要物质的组成关系和原有结构建筑的物理相容性才是一个比较好回答的问题。

从功能原真性的角度来看，我们今天关注的问题是前后功能的内在关联性，如果在继承性和关联性上，建筑后来所置换的使用功能与原有的使用功能之间具有一定的联系，比如原住宅用作旅馆、原园林用作游园、原书院用作学校等，由于在一定程度上后来置换的使用功能继承了原使用功能，我们可以把这视为使用功能的延续，并且这也可以延续建筑具有的文化意义。而且在使用的过程中，有的使用功能由于已经置换了相当长的时间，又给文物建筑加入了新的物质及非物质的内容，并与原有的内容融为一体。假设不考虑物质内容上的改变对文物建筑原真性的影响，使用功能如果能够满足保护的各项内容的要求，尤其是展示的要求，那么这样的功能置换是可以接受的，也就是说可以继续"占用"。当然，只有在满足保护的要求和遵守各项保护管理规定的基础上，这种使用才能继续。如果使用功能的置换与文物建筑的物质组成和结构的相容性不好，在文化意义方面也存在较大的差异，对于保护和展示造成影响，那么就有必要调整后来置换的功能，再经具体分析、研究，确定是对原有功能进行恢复还是赋予新功能，又或者是二者皆有兼顾。

第三节 大遗址的保护

文物大遗址，是一种极为特殊的文物形式，按照我国针对文物存在形态的分类方法，大遗址属于不可移动类别的文物。但是不同的人和组织对文物的定义有着一定的差别，仅仅在《中国大百科全书·考古学》中，就有多种不同的说法和概念。比如遗址是指古代人类活动遗留下来的城堡、村落、作坊和寺庙等。或者遗迹，是古代人类通过各种活动遗留下来的痕迹，包括遗址、墓葬、灰坑、岩画、窖藏以及游牧民族所遗留下来的活动痕迹等。其中遗址又可以细分为城堡遗址、宫殿遗址、村落遗址、住宅遗址、作坊遗址、寺庙遗址等。还包括当时一些经济属性的建筑遗址，比如山地洞穴、采石坑、地窖仓库、水渠、水井等，还有防卫性的设施，如壕沟遗址、栅栏遗址、围墙遗址、边塞封隧遗址、长城遗址。另外，在《中国文物考古词典》中，对遗址和遗迹做出了不同概念的区分。遗址是指古代人类居住过的或曾经从事过生产活动和战斗过的地方，比如古城遗址、宫殿遗址、洞穴遗址、村落遗址、工厂作坊遗址、矿山冶炼遗址、道路桥梁遗址以及古代战场遗址。

在考古学层面，上述内容都可以统称为遗址，而实际上遗址只不过是遗迹的一部分，并且是其中规模较大的一部分。而遗迹则通常是指古代人类在生产生活以及其他活动中留下来的痕迹。比如居住、遗址、墓葬、遗址、宫殿遗址、矿井遗址、走访遗址城堡遗址、都市遗址以及地窖遗址等。凡是不能搬动的，我们都可以称为"遗迹"❶。

一直到 1982 年《中华人民共和国文物保护法》出台之后，相关政府部门和专家委员会才针对其概念进行了明确表述：在中华人民共和国境内下列文物受国家保护，具有历史、艺术、科学价值的古代文化遗址，古墓葬、古建筑、石窟寺，与重大历史事件、革命运动或者著名人物有关的，以及具有重要纪念意义或历史价值的近代现代重要史迹、实物、代表性建筑。

在这一层面，国家对遗址和遗迹的概念进行了区分，但是涉及实际情况时，在众多的有关遗址的定义和后续的保护工作中，其文字表述形式上仍然具有较大

---

❶ 陈稳亮.大遗址保护与区域发展的协同——基于《汉长安城遗址保护总体规划》的探索 [D].西安：西北大学，2010.

差别。但总的来讲，遗址就应该是古代文化遗址，因此需要该文物具备相应的文化属性。从广泛的民族学意义上来讲，这一文化层面的内涵包括了知识信仰、艺术、道德、法律习俗，以及任何人作为一名社会成员而获得的能力和习惯在内的复杂整体。

古遗址的本质是一种文化和精神的财富，是一种精神化的物质。其主要是指在历史维度上存在过的面积较大的文化遗存，比如占地数十平方公里甚至以上的古代都市或古代陵墓，都属于大遗址的范畴。而在另一维度来讲，也可以将占地5平方公里以上的、范围较大的、有居民生活痕迹、具有较高历史文化价值的不可移动文物，统称为大遗址。

大遗址文物的特性，因为其面积较大，因此会具有一定的区域文化效应，这一效应会体现在经济、社会、政治、文化、军事、环境等多个方面。简单来讲，大遗址就是由中华民族祖先通过大量人力物力共同营造出来的，具有长期从事各种活动的空间，但是由于历史演变过程中，受到各种因素的影响而最终被放弃，成了一种独属于历史和文化的遗存形式。从学术价值和历史价值上来讲，大遗址体现着中华民族古代先民的智慧与创造力，并且综合体现了中华民族和中华文明的起源以及后续的发展历程。

一、大遗址的保护和利用

从国家政策角度来讲，我国作为一个历史悠久的国家，对于大遗址的保护和利用极为看重。因为大遗址能够代表某一时期、某一地区中国古代先民为人类社会进步所作出的巨大贡献，同时也为后人留下了丰富的物质和非物质文化遗产。虽然近代时中国的综合国力及经济水平与一部分发达国家相比还比较落后，但是放眼历史，中华民族在长达几千年的历史进程中，在世界范围内一直处于领先地位，挖掘出的大遗址文物项目能够有力地证明中华民族在不同历史阶段的繁荣程度，因此，中国政府非常重视对文化遗址的挖掘和保护。

在对待文化遗产以及文物大遗址时，中国政府通常所使用的基本方针是物质文化遗产保护要贯彻"保护为主，抢救第一，合理利用，加强管理"的方针。而非物质文化遗产的保护则要贯彻"保护为主，抢救第一，合理利用，传承发展"的方针。虽然一个是加强管理，另一个是传承发展，但是两者之间进行比对不难看出，我国政府对于传承中华优秀传统文化非常重视。自中华人民共和国成立以来，我国政府就一直非常重视文物的保护工作，尤其是对文物大遗址的挖掘和保护，更是被放在了文保领域工作的首要位置。但是由于我国境内的大遗址分布较广,并且体量巨大,因此相关单位和部门在推动文保工作时,经常会遇到很多经费、技术、人力等方面的困难。因此,我国政府首先采取了较为严格的法律保护政策。1982年通过的《中华人民共和国文物保护法》中就声明了:古代文化遗址、古墓葬、石窟寺属于国家所有。国家指定保护的纪念建筑物、古建筑、石刻、壁画、近代现代代表性建筑等不可移动文物,除国家另有规定的以外,均属国家所有。国有不可移动文物的所有权,不因其所依附的土地所有权或者使用权的改变而改变。

从上述内容不难看出,针对古文化遗址这种文物类别而言,国家拥有其所有权,并且不会因为任何情况而转交他人,而在开展文物保护工作的过程中,针对文化大遗址相关部门也作出了明确指示:文物保护单位的保护范围内,不得进行其他建设工程或爆破、钻探、挖掘等作业。但是因特殊情况需要在文物保护单位的保护范围内进行其他建设工程,或者爆破、钻探、挖掘等作业,必须保证文物保护单位的安全,并经核定公布该文物保护单位的人民政府批准,在批准前应征得上一级人民政府文物行政部门同意。而在全国重点文物保护单位的保护范围内,进行其他建设工程或者爆破、勘探、挖掘等作业的,必须经省、自治区、直辖市人民政府批准,在批准前应征得国务院文物行政部门同意❶。

中华人民共和国成立初期,我国的首要任务是恢复生产、发展经济,即便在如此困难的时期,我国政府仍然没有放弃和放松对文物大遗址的保护工作。不仅及时出台了相关条例,同时也安排了专项保护资金,对这些文物进行了及时有效的保护,并且取得了喜人的成绩。经过一段时间的探索和实践之后,我国文保部门针对大遗址文物的保护方式、保护理念和保护规划,逐渐形成了较为完善的体系。由于数量体量和其他外部因素的影响,迄今为止,我国针对大遗址的保护思路和保护内容仍然没有最终完善。甚至还有一部分地区的文保部门对文物大遗址的保护思路仍然有着明显的局限性,要么就一味地考虑文物保护,而无法兼顾该地区经济发展,要么就缺少整体的保护规划思路,而导致保护效果不佳❷。

当前,我国仍然没有一项研究涉及大遗址保护与区域经济开发等问题的结合,而这也代表目前为止,我国针对大遗址保护和当地经济发展之间的矛盾仍然没有得到有效解决。即便各级政府每年都会花费大量的人力物力来保护这些大遗址,但是当地居民却因为对这些大遗址的绝对保护而影响了自身的生产和生活活

---

❶ 王虎.含山县凌家滩遗址保护规划研究[D].合肥:安徽建筑大学,2019.
❷ 中国博物馆学会考古与遗址博物馆专业委员会,秦始皇兵马俑博物馆.中国博物馆学会考古与遗址博物馆专业委员会成立大会论文集[M].西安:西北大学出版社,2010.

动，在一定程度上限制了该地区的经济发展和国民生活水平。从另一个层面来讲，正是由于这些地区国民生产生活水平还不够发达，也因此限制了对这些文物的保护工作，甚至还有不法分子由于消极对待，甚至蓄意破坏这些文物对其造成了严重损伤。

二、大遗址文物保护存在问题

首先，大遗址文物主要承受着来自外部自然环境以及人文活动两个方面的安全隐患。但是相比于风吹雨打或者地质变化等自然因素的影响，人为活动或者故意破坏，才是这些文物面临的最大威胁。根据以往的工作经验进行总结，人为因素通常可以包括在遗址附近地区的人民群众所进行的生产生活活动，对于遗址文物所造成的破坏，比如平整土地、修建道路、宅基地的改建扩建等。近年来，随着我国现代化建设和城市化建设节奏的不断加快，各种基础设施工程建设，如高速公路，铁路等对于大遗址文物的影响尤为明显。这些体量巨大的土木工程施工，通常会对施工地区的地质结构造成一定影响，而大遗址文物最怕的就是这种地质结构上的变化。再如，有很多人民群众在无意识的状态下会选择在这些遗址的附近乱搭乱建，这些违章建筑不仅会对大遗址文物的外貌造成不良影响，同时也会对其本体形成一定破坏。我国出土的很多文物大遗址，在结构上都属于土遗址，国外的很多大遗址则是石头遗址。相比之下，土遗址在抗风化能力和抗腐蚀能力上明显较差，面对成百上千年的风吹雨打，其结构和外观很容易遭到破坏。因此，采取绝对保护的方针使这些遗址以最原始的状态存在，甚至不存在任何的保护痕迹。在没有任何保护措施的状态下，这些遗址一直处于露天状态，以至于这些土遗址风化和腐蚀情况异常严重，即便相关部门进行了一定程度的保护，但是由于这些遗址的规模过大，所能采用的保护手段单一，因此保护效果并不明显。

近年来，虽然我国文物保护部门在大遗址保护工作方面积累了一定经验，但是由于保护手段、保护方式、保护技术等方面的原因，导致保护效果并不理想。为了能够提高保护效果，政府又不得不增加保护费，这就使部分经济本来就相对落后的地区为了保护遗址而消耗了过多财力，进一步限制了其经济发展水平。一般来讲，一些大遗址文物，特别是在城市化进程更加明显的区域，这些大遗址通常会与所在地区的经济发展形成较大矛盾。城市人口逐渐增长，但遗址又限制了城市规模的发展，这就会使遗址保护和地方经济二者之间形成不可调和的矛盾。虽然在"二战"之后，世界很多国家都签署了相关的保护法和条例，但是绝大多数的内容都是针对某一具体遗址的保护手段展开的，在一定程度上存在着保护绝对化的问题。

另外，由于我国的文物保护机制及经费供给来源几乎完全依靠政府拨放这种单一且死板的经费供给模式，使得中央和地方政府在财力有限的情况下，无法增加大遗址文物的保护经费，同时也无法对遗址所在地区的人民群众给予更多的资金扶持。这就导致了经济发展、人民收入水平提高同大遗址文物保护之间形成了一种对立局面，但是即便是这种政府拨款形式，对于一部分大遗址文物而言也并不稳定，并不是每年都有。一方面由于国家在大遗址文物保护方面并没有设立专门的经费，同时每年都在增长的精确需求，也使得政府相关部门难以支持。同时由于一部分大遗址文物自身并无法提供更多的文物考古发掘和文物价值。因此相关部门只能将有限的经费优先拨给已经明确知道具备较高文物价值的大遗址项目。另一方面，一部分地区的政府在面对经济发展和文物保护工作时，会优先选择经济发展，将原本属于文物保护和管理部门的日常经费挪用来发展经济，这也进一步限制了我国大遗址文物保护工作的推进。

三、大遗址文物的有效保护和利用措施

大遗址文物项目的保护和利用，一直以来都是我国文物保护部门最为头疼的问题，一旦解决不好，不仅珍贵的大遗址文物可能会遭到破坏，同时这些遗址还会成为各自所在地区经济发展的矛盾核心，因此需要采取有效的方式，对这些大遗址文物进行充分的保护和利用。同时，扭转思路，使其成为该地区经济发展的全新动力和契机。

首先，对大遗址文物的保护和利用的相关部门负责人和工作人员需要转变自身思想意识，将大遗址文物的保护工作和利用工作放在首要位置。原国际古遗迹遗址理事会主席、斯里兰卡的席尔瓦先生的信件中曾说道："中国西安是一个很有意义的城市，它能使每一个有爱国情感的人陷入对历史的深刻回味中，西安在我们的脑海中是世界最重要的历史城市之一。在人类发展的历史中，很多个文明的路口都需要将西安这座城市放在世界都市的地位来考虑，当年正是这座城市联系了东方和西方文化的发展，如果我们不能保护西安的古代遗址，它的文化就会面临毁灭，盼望中国政府能以精干的机构和无私的奉献来确保西安周边的大遗址文物免遭此劫。"由此可以看出，针对我国很多大遗址文物的保护和利用工作，在一定程度上并不只是中国的保护重点，甚至还被全世界很多国家所关注。

为了实现对这些大遗址文物的有效保护，就需要重视其自然环境和文化内涵二者的结合。确立大遗址保护的主题并尊重每一个遗址自身的特性和价值，

随着我国工业化城市不断向农村推进，大遗址和周围的环境完美地融合已经大为弱化。简单来讲，大遗址文物和周围环境原本自然一体，但是随着我国现代化的发展和人类活动的痕迹，已经打破了这种平衡，因此在保护大遗址文物的过程中，应塑造一个全新的平衡，将遗址与周围的环境进行有机结合，而不是将两者放置在独立甚至对立的状态中。在大遗址保护工作所面临的诸多问题中，人为破坏是最明显也是最危险的，因此政府需要作为文物保护的主体，正确地对待大遗址文物这一特殊类别。地方政府需要提高自身积极性，树立全新的保护方式，中央政府或上级政府需要在各自的财政预算中为大遗址文物的保护提供必要的经费。

此外，想要解决大遗址文物保护的另一核心途径，是重新定义大遗址文物的作用和经济价值。在以往的视角下，很多政府领导和相关部门负责人都认为大遗址文物本身经济资源性有限，其本质只是时空中的一种物质现象，是人类文明的结晶，对现代化城市建设和经济发展没有助力。但是从另外一个角度来想，这些大遗址文物凝结了诸多科学技术文化、艺术建筑设计和施工技术等中华民族璀璨的文化瑰宝。因此，如果将这些大遗址文物当作一种文化现象，就可以使其成为一种宝贵的文化资源，而文化资源在信息化社会又可以等同于流量，那么就可以有针对性地构建大遗址文物的经济发展模式。其中最为有效的保护和利用方式，就是将大遗址文物作为重要的环境遗产以及观光旅游资源进行开发改造，通过互联网渠道来进行推广，并结合现代化的生产工艺设计并研发一部分文创产品，以此吸引广大的人民群众来大遗址游玩。这样不仅可以充分地发挥大遗址本身所拥有的历史属性和文化属性，同时还能够通过自我造血的方式来减轻地方政府的财政压力，减缓文物保护和地方经济发展之间的矛盾。比如，相关部门可以和教育局合作，将大遗址文物改造成为义务教育阶段学生的游学项目基地，让学生从小就感受到中华民族历史的悠久和璀璨，并且通过游学这种形式来拓展文物保护和利用的资金来源。

最后，大遗址文物本身属于一种不可再生资源，无论怎样进行文物保护，都需要将其当作一种资源来进行使用，而针对资源的利用就务必要注重其可持续性。在文物保护这一领域，可持续性包含了保持持续和保持继续两个维度的概念，既要使这些文物遗址能够持续发挥自身的历史价值和文化价值，相关部门还需要通过现代化的科学合理的保护措施，来确保大遗址文物在结构、功能、属性等层面的持续。

第四节 壁画类文物的保护

壁画文物是我国 5000 年文明历史中极为重要的文化组成部分以及物质呈现载体，不仅具备深厚的历史价值和艺术价值，同时也对各个历史时期的社会学研究和科学研究有着极高的参考意义。但是由于壁画文物所在的环境多为室外，因此难以避免会受到自然环境的长期侵蚀及人为破坏。根据专家和学者的考察汇总，古代壁画经常会出现空鼓、颜料干落、裂缝、表面污染，以及表层脱落等多种病害，因此想要深入研究绿化类文物的保护就需要深入了解其病害成因，以及针对病害类型进行保护与修复。

壁画文物通常是指描绘在建筑墙壁上的画作，在远古时期，壁画通常绘制在各种岩石上，直到秦汉时期之后，才出现在各种庙宇宫殿以及符合相应规格的大型墓葬群墙壁上。壁画文物不仅是中国古代社会最为直观的一种历史再现，同时也在一定程度上弥补了部分历史文献的缺失，是我国重要的物质文化遗产之一。从物理结构上来讲，壁画一般由支撑结构：地仗层和颜料层共同组成。在经过数百上千年的自然侵蚀以及人为破坏之后，不可避免地会因为各种原因而产生不同形状的病害。与其他文物类别不同，壁画类文物的部分病害会随着时间的推移而不间断地裂化。因此，在对壁画的文物进行保护和修复时，需要采取及时性原则、针对性原则、保护性原则，并在专家的指导下，展开相应的修复工作。❶

一、壁画类文物的主要病害类型以及形成原因

古代壁画类文物的病害类型根据其活跃程度可以分为活动性和非活动性两种。壁画类文物的活动性病害通常是指病害在壁画发现之前就已经存在并且持续较长一段时间，而在文物被发现之后，还会在此基础上继续发生劣变，进而造成更加严重的病害或者形成更加复杂的病害表现，其中最典型的壁画内文物活动性病害是酥碱。而非活动性病害则是指虽然已经出现病害情况，但是长期以来，由于壁画类文物处于相对稳定的状态，在没有受到外部环境刺激和作用的情况下，病害的情况并不会继续蔓延或更加严重，其中较为典型的案例是颜料层的脱落以

---

❶ 夏敏．"非遗"的现代之路——略论集美区非物质文化遗产的分类保护与开发利用［J］．闽台文化研究，2010（4）：5.

及部分壁画表面起甲或存在划痕等。酥碱作为最为典型也最难以修复的活跃性病害，可以将其理解为是其他壁画病害的主要根源。其原因在于壁画的制作流程以及壁画的制作成分中含有大量的可溶性盐，而这种可溶性盐在遇到空气时会和空气中所含的水分进行反应。所以，这些可溶性盐会移动到壁画结构中颜料层的下层，进入地震层或者支撑结构中，并且还会随着空气中水分的变化以及蒸发，凝结成富集，最终产生酥碱现象。之所以这种病害类型是其他病害的主要根源，只要由于壁画所在的环境有水分，经过蒸发，那么这一部分可溶性盐将一直处于一种从溶解到结晶、再溶解、再结晶的循环之中，而这种动态循环就会不断地破坏壁画自身稳定的结构。所以，这种结构性的变化就会导致壁画类文物表面的颜料层脱落、空鼓等一系列病害。

地仗层脱落或者壁画表面产生裂隙以及空鼓形变等问题，会直接影响壁画类文物自身的结构稳定性，因此也可以将其称为壁画类文物的结构性病态。这种病害的主要成因在于壁画所在的墙体发生结构性变化。比如墙体的沉降或者盐分堆积等。再如，颜料层的脱落和龟裂大多是由于壁画表面长期覆盖泥土等脏污成分而引起的，这种病害不仅会造成壁画表面颜料层的成分改变，同时还极容易造成壁画图像内容的缺失，不仅会影响到壁画整体的内容性和美观性，甚至还会导致壁画内容完全消失，因此这类问题也可以称为颜料性病害。这种病害大多是由颜料层中所使用的胶质材料一旦老化，或者在调配过程中存在比例失当或者温湿度不平衡等问题导致的。比如，壁画受到持续性狂躁或者风化等因素的影响还会出现褪色、变色现象。

二、壁画类文物的传统保护以及维修方法

根据我国考古发掘的大量资料记载，我国早在仰韶文化晚期，距今 5000 多年前就已经有壁画这种艺术形式存在了。在有记载的历史时期中，壁画已经逐渐从自然环境转移到了宫廷建筑和墓葬中，成了一种宣扬礼教和记录生活的装饰方式。同时，壁画这种艺术形式的使用，对于其主人的身份地位还有一定的要求，因此历朝历代所保留的大量壁画对我们研究当时的历史人文都有着重要的参考价值。但是，由于古代先民并没有意识到壁画对于后人的重要性，因此也没有形成科学地维护保养壁画的习惯。这就导致大量的壁画在缺乏科学维护，又或者保存在地下潮湿环境中，而使这些壁画产生了不同程度的病害。

自 20 世纪 30 年代以来，我国开始逐步形成了一系列适用于我国国情的文物保护理论和相关政策，也针对文物出台了一系列抢救或挽救措施。壁画作为我国

文化瑰宝形式之一也在其中，而对于壁画这类文物的保护和修复工作，有着自身的难点和痛点。随着大量专家和学者不断地反复实验，最终总结出了很多行之有效的保护措施[1]。

比如，防水脱盐保护法，就是针对已经开始产生缩减现象的壁画文物，为了防止其病害继续深化，就需要采取防水保护和脱盐保护的方式，其目的是阻止壁画内部的可溶性盐因为水分而反复溶解结晶。

上文提到这一类病害的主要产生原因，就是壁画内部的可溶性盐在溶解和结晶这两种状态下，因反复循环而导致的，因此只要能阻止这一进程就可以有效地对壁画文物进行保护。而其中防止雨水渗透的措施包括：在壁画所在地的裂隙中进行灌浆，从而加固建筑体结构本身，就能够在一定程度上有效地防止地表水的渗透，对于壁画所在环境的湿度和温度进行有效控制。同时，还有些专家选择在壁画所在地的土地上方种植相应的植被，吸收土壤中的水分，从而达到相同的目的。壁画类文物的脱盐工作，主要是建立在了解不同时期壁画内部所含可溶性盐成分以及含量的基础上。只有了解可溶性盐的成分以及相关含量，才能够有针对性地进行实验，选择高吸水性、高吸盐性的脱盐材料，对壁画类文物的病害部位进行加固。但是壁画类文物和很多其他类别不同，即便是采取了相应的保护性拯救措施，仍然无法完全断绝病害的蔓延和深化，因此，根据酥碱病害产生的不同原因，需要采取以预防为主、防治结合的原则。

对壁画内容物进行加固处理是延长其寿命的重要方式，针对壁画存在的空鼓以及裂缝等结构性病害，可以选择灌浆、注射或者锚固等针对结构性病害的方法，对壁画本身进行加固处理。以上三种加固方式相比而言，灌浆的方法可以在不破坏壁画文物表面整体性的基础上，仍然保持其画面的美观，其主要操作方法是在壁画类文物的表面先进行除尘处理，再根据壁画本身发生空鼓的面积大小、分布情况来选择灌浆位置。然后进行手工开钻，对空鼓的位置进行灌浆。在灌浆的过程中需要注意，对于不同大小面积的空鼓病害需要设立支顶架，并埋设胶管，在操作流程上需要注意按照由下而上的顺序进行灌浆。而锚固法则是在壁画类文物病害的部位，通过添加适当数量的锚杆来稳固其结构。这种方式虽然对壁画内部结构的干预最小，但是在外形上却不够美观。注射法的操作方式是在壁画类文物的病害部位进行除尘后，用酒精和纯水混合剂对需要加固的部位进行雾状回软，再通过打通空隙的方式，注射高分子材料黏连剂。从技术类别上来讲，注射法是使用物理作用对壁画的空鼓和缝隙进行回帖，而回帖时还需要使用棉花包

---

[1] 刘焱.试论非物质文化遗产的保护与开发利用[J].文艺生活·文海艺苑，2019.

对操作的病害部位进行排压处理，从而避免在操作之后病害部位再次出现气泡。

另外，对壁画类文物表面进行清洗，也是一种有效的文物保护手段。比如壁画表面存在烟熏和污渍，可以使用石油醚进行清洗，这种材料具有良好的挥发性并且不溶于水，因此可以用来清洗壁画表面因为烟熏而形成的顽固污渍。再比如，使用丙酮和酒精混合物作为清洗剂，能够解决壁画表面流程的各种油污。对壁画表面所形成的较为厚重的污垢或者硬物，可以采取人工或机械去处理[1]。

壁画类文物的病害，还有可能是由于日照风吹等自然因素而引起的，从而导致变色褪色或者人为破坏。面对这类问题就需要文物所在地的政府或者相关部门有针对性地进行分析讨论后，通过加大壁画保护力度的方式，对其保存环境进行系统的规划和整改。更重要的是，对于壁画这种极易产生病害并且不可逆转的文物保护方式，需要优先建立起完善的保管制度，并且对壁画类文物进行定期检测和日常维护。同时，面对我国日益繁荣的旅游行业，还需要在壁画所在地区的景区指示牌上有明显且严格的标注，明令禁止游客在壁画上涂抹或刻画，并且还要对造成壁画二次伤害的个人追究其法律责任。

三、壁画类文物的现代科技保护修复方式

随着现代化科技的不断发展，古代壁画类文物的修复方式也取得了多方面的突破，尤其是在数字化修复领域更是形成了一个全新的思路和客体，而这种新时代的数字化科技修复手段，也正在逐渐成为壁画类文物保护和修复的主要手段。其中各种新型扫描仪器以及图像处理软件和算法的应用，更是在壁画的虚拟修复、病害预测和预防性保护等方面产生了积极的影响。比如，在2014年发掘的唐代韩休墓中，考古工作者就使用了多光谱照相机以及显微照相技术，对墓中的大量壁画进行了数字化的高清图像记录，并且还在不接触壁画的前提下，利用色度记录仪及时地记录了墓葬开启时壁画的颜色信息。

众所周知，在古墓挖掘过程中，壁画在遇到空气时会快速氧化挥发，壁画上的鲜艳颜色也会快速地发生褪色和掉色现象，因此这种及时记录壁画原本色度的方式对于复原壁画和后续的保护工作有着极为重要的意义。另外，工作人员还利用便携式X射线荧光谱仪和便携拉曼光谱仪、红外热成像仪等数字化设备，对壁画的材质信息、年代信息以及可能存在的病害进行了无损调查和数据分析，这种方式在没有先进仪器的情况下是根本无法完成的。另外，这些仪器还在唐武惠妃墓、唐懿德太子墓、敦煌莫高窟等多处的壁画保护和修复工作中，发挥了自身的

---

[1] 陈坤龙，铁付德. 材料科学在文物保护中的应用[J]. 文物世界，2002（3）：75.

作用以及优势。相比于以往的传统保护和修复手法而言，现代化科技以及精密仪器不仅可以减少对壁画类文物本身的干预，同时还可以做到无损地记录相应信息以及分析其病害成因，为后续的保护工作以及修复工作提供大量的科学依据。

除了各种先进仪器的使用外，相关的图像处理软件和数字图像分析系统，对于壁画类文物的保护和修复同样拥有着极为重要的作用。图像处理软件可以对图像进行剪切合成，也可以对图像的色度色温进行调整。这就使得壁画类文物在修复过程中，工作人员可以利用虚拟技术和图像处理软件对壁画的修复方式进行反复的测试和实验，从而降低对壁画本身的损害。而虚拟修复的范畴，包括了对壁画类文物表面附着物的处理和清理。测试以及根据整体壁画图像进行分析来补全线条和颜料层的缺失，还可以对比挖掘古墓时所保留的壁画色彩信息，对已经褪色或者变色的局部进行矫正。根据以往的工作经验，使用Photoshop软件可以对无褪色或者纹饰完好的壁画内容进行分析，并截取相应的身份信息，从而完成对特定病害区域的精准修复。同时Photoshop软件所具备的对壁画色彩以及线条的模拟能力和处理能力，可以在不改变壁画内容现状的前提下，最大限度地还原古代壁画的原本样貌。这种修复方式既保证了对壁画类文物的修复效果，同时也使壁画留存了大量的历史信息，是我国古代壁画数字化修复研究过程中里程碑式的成果，也为壁画类文物相关的研究课题工作提供更多完整的图像和数字资料。

另外，地理信息系统GIS是一种可以对地理信息进行高效获取，并且完整进行科学管理、及时更新分析显示等操作的计算机显示系统。该系统所具备的处理工具在栅格分析方面处于世界领先地位。在壁画类文物保护和修复工作中，该系统能够完成数据库查询、空间建模以及其他多种功能，应用于环境监测和资源管理方面，可以有效地发挥它的作用。在壁画类文物的修复工作中可以对壁画本身不同层面分别绘制病害示意图，并针对不同部位的病害情况进行精准的修复，同时还可以通过其处理软件来模拟单一病害的发展趋势、不同部位病害相互之间可能产生的影响，这也为壁画的保护和修复工作开拓了一种全新的思路。可想而知，如果能够通过数字化技术对壁画类文物的不同病害描绘示意图，并且还可以借助图像处理技术来推算壁画修复的最终效果，那么，工作人员就可以在反复的实验中找到最佳的保护和修复方式。另外，该系统自带的修补算法还可以根据壁画破损区域的局部区域、梯度特征来进行破损区域的图像修复，这样就省去了大量人工测算的时间，能够有效地减少壁画修复的时间，提高工作效率。

众所周知，我国文保领域的经费供给是由政府投资，而文物作为一种公共资源需要消耗大量费用，如果可以借助数字化技术来提高工作效率，就相当于节省了大量的人工费用。另外，运用光滑函数对壁画进行焦点扩散处理，有去噪和保护壁画边缘的作用，既可以防止壁画在修复后出现图像模糊或者边缘处图像不自然的问题，同时也能够对壁画的局部修复和预防性保护产生积极作用。

总的来讲，利用现代化技术对壁画类文物进行保护和修复，其数字化过程主要涵盖了图像采集、数据修复、转换和建立数据库四个阶段。无论是利用高精度的信息采集设备对壁画的各个部分进行图像采集和处理，还是对处理后的壁画图像进行修复和转化，这种方式都可以为专家学者对壁画的研究提供大量的可借鉴素材。同时，这种高精度的文物图像还可以作为文旅项目中的一部分，为游客观赏壁画提供便利条件，甚至可以纳入文物保护资源，利用这一环节来形成不同的文创产品。

综上所述，壁画类文物因为受到自身制作工艺以及自然环境和人为因素破坏等诸多原因的共同影响，以至于出土的壁画中绝大多数都有着不同程度的病害，因此，壁画类文物的保护和修复工作体量巨大。以往传统的修复技术和修复工艺不仅很难保证壁画类文物的完整性，同时还需要耗费大量的人力和物力。而在新时期，我国相关文物部门正在极力推动对传统修复方式和现代技术相结合的高效保护修复工作模式。这种修复模式的应用相比于以往单纯的文物保护和文物修复工作来讲，不仅涵盖的范畴更加广泛，同时其保护力度和针对性也更加精准。相比于其他文物类别而言，壁画最重要的保护措施就是如何加大预防力度、如何避免病害发生、如何提高日常维护和检测的有效性。

相关部门在构建规划保护措施时，首先要注意的就是隔绝壁画与外部环境之间的链接，避免其受到外部环境的过度影响，尤其是要进行恒温恒湿处理，才能够确保壁画所在环境足够稳定。另外，对于已经开始出现病害的壁画，需要及时调查、及时修复。尤其是针对不同类型的病害之间，是否存在关联以及独立部位的病害，应当如何处理，都需要在专家的意见下充分利用现代化数字化技术及时止损。需要注意的是，壁画类文物保护和修复环节中，所运用的各种现代化设备同样需要在专业人士的指导下来进行使用。一旦这些设备使用不当，非但无法对文物保护起到正向影响，甚至还有可能破坏壁画颜料层的稳定结构，这样才能够确保壁画类的文物能够长久保存，并且充分发挥文物自身的历史价值和社会价值。

第五节 石窟石刻的保护

一、石窟石刻的保护目标和内容

石窟石刻保护工程的主要目标是利用现代化的技术和完善的管理措施，将石窟石刻原原本本地保留下来，使其蕴含的历史信息以及文化价值能够得以弘扬。而石窟石刻保护工程的重要任务既包含了对文物古迹的保护，也包含了对其周边环境，包括自然环境和相关人文环境的继承。相比于其他文物类别的保护工作而言，石窟石刻的保护程序仍需要按照《中国文物古迹保护准则的相关内容》中严格的6个步骤来完成，包括调查、评估、确定文物保护单位等级、制定文物保护规划、实施文物保护规划、定期检查文物保护规划及其实施情况。其中调查环节主要包括了普查、复查和重点调查三个维度。

结合历史遗迹有关的文献内容，针对遗迹周边的环境进行细致考察后，再进入考古勘察阶段，从而确定遗址范围和周边环境的保存状况。评估环节则需要对文物古迹自身的价值保存状态管理条件和威胁文物古迹安全的相关因素进行评估。其中包括对文物古迹的相关研究展示利用状况以及可能性的调查。确定文物古迹保护等级过程中，应当根据文物古迹的价值进行分级管理。价值评估既是要确定文物古迹保护等级，同时也要和各级政府进行沟通，对文物古迹的价值及时公布，并将其列入文物保护单位名单中。

其后，相关工作人员还需要公布保护单位的文物古迹落实保护范围，建立说明标识，形成答案记录，并交由相关机构和专人来进行负责管理。保护范围以外应当规划建设控制地带，从而对周边的建设生产以及群众活动构建环节地带。而编制文物保护规划环节需要根据文物古迹所在地政府的要求，委托有相应资质的专业机构来完成规划编制。需要符合相应行业标准，负责规划编制的单位应和相关专业人士共同完成该环节的工作，确保考古遗迹时，有负责考古工作的单位和人员共同参与。实施文物保护规划阶段，需要将已通过审批的保护规划向社会进行公布，文物古迹所在地政府理应成为文物保护规划的实施主体，并由文物古迹保护管理机构负责执行规划确定的所有工作内容。

对文物保护规划定期评估，应由管理者对文物保护规划及其实施进度进行评估，文物行政管理部门作为监督部门，需要对规划的实施情况予以总结和反馈。同时鼓励公众通过质询向文物行政管理部门反映情况等方式，来加强文物保护规划实施进行中的管理和监督。最后，文物所在地政府应委托有相应资质的专业机构对公共保护规划进行调整，并按原程序报批，经过相关部门审核后，才能够按照相关计划开展后续保护工作。

二、石窟石刻文物病害类型及成因

石窟石刻病害定义的内容范围相对比较广泛，而且与其他文物类别有着较为明显的差异。石窟石刻病害，其本质内涵是一种破坏性的现象，主要包括两个层面。首先是石窟石刻内部正在发生的破坏现象，也就是说病害正处于破坏过程中，其发展演化的后果将会对文物本身的安全属性或价值体系造成损伤。其次就是文物本身尚未发生破坏，但是由于周边环境或自身原因，形成了一定的安全隐患条件，而这种安全隐患最终有可能演化发展成为病害。总的来讲，石窟石刻病害的主要因素包含文物所在环境、载体地质病害现象和本体的破坏。同时，石窟石刻还会受到自然环境作用和人为活动的影响。在病害程度这一视角下，又可以分为物质成分病害、微观结构病害、形态和颜色等外貌病害。

对于石窟石刻病害的定义，可以概括为在历史盈利的作用、生活活动和人为影响等因素下，石窟石刻周围的环境和载体、掩体受到不同程度的地质破坏。同时还有石刻、壁画、塑像等，由于自身材料问题经历较长时间的氧化后所形成的微观结构损伤以及外部形态破坏。相关部门对石窟石刻病害的类型进行了多种表达和分类，这种分类方法无论在学术研究还是行业规范上，都已经逐渐形成了标准体系。根据《中国文物保护与修复技术》的相关内容，提出了三种不同类型的分类方法。

首先就是按照病害源的性质对石窟石刻类文物的病害可以简单地分为由于地质作用引起的地质灾害或工程问题。由于人类活动或工程活动引起文物周围环境变化，并在多重因素影响的作用下而产生的全新问题。比如爆破震动、车辆运营、震动采矿或者地下工程等都有可能对石窟石刻的周围环境造成地质结构变化，从而影响其文物价值。根据我国已经发布的行业规范、行业标准或者其他学者的专著，虽然没有明确界定石窟石刻、文物环境和文物本身的区别，有些文章甚至还会将石窟石刻与其周围环境以及载体所存在的病害进行紧密关联。从地质学的角度来讲，两者之间不能孤立地进行描述。鉴于以上情况，石窟以及石刻类文物的病害分类原则应当充分考虑文物所在地区的实际环境和文物本体，有着一定的关联性。由于人为营造或者艺术创作的文物属性是主体，依托自然山体的地质体既是石窟石刻的重要组成部分，也具有其独特性。石窟石刻类文物的保护工作性质和保护实践要相适应，要重视石窟石刻的安全以及文物价值两者之间的密切关联。

三、石窟石刻病害的主要类型

在地质盈利作用或者人为活动影响下，所形成的对文物以及人类生命财产安全造成损失，又或者对石窟石刻环境或者载体造成破坏的地质作用或者地质现象，可以统称为石窟石刻文物环境及载体岩体地质病害。根据我国考古工作者所收集的资料，古代先民在选择石窟石刻营造地点时，通常会首要考虑周围的地质环境安全性，所选择的地质体通常地质条件较好，我国石窟石刻地质环境和载体岩体通常来讲基本稳定，不存在大规模地质灾害现象。因此，绝大多数石窟石刻所存在的地质病害隐患，主要是由于局部掩体失稳或者所在地区发生洪水、泥石流、地震等危害而引起的。针对文物周围环境发生崩塌或者滑坡等现象，可以称为斜坡破坏，由于石窟的开凿通常会选择在河流或冲沟切割形成的陡峭崖壁上，因此这种环境本身就具有一定的坍塌安全隐患。而后期在石窟开凿的过程中，又会进一步地破坏这种结构稳定性，使崖壁形成一系列具有坍塌破坏可能性的危险体。同时很多选择在山体上方开凿的石窟石刻，在自然情况下，除了要面对崖壁坍塌或者地震泥石流等安全隐患外，还需要面对山体强度丧失或者周围环境自然改变等问题。而这种结构上的改变，就会使得部分结构发生松散滑动，进而形成滑坡，对石窟石刻造成极大的安全威胁。

石窟石刻文物除了需要面对山体滑坡坍塌或崩塌等结构性损伤外，还有可能会形成渗水病害。由于我国石窟石刻文物通常是依托自然地质体进行开凿，在地址的选择上通常会有意识地避开长期渗水或者有严重渗水的区域。但是自然地质体通常会存在很多内部裂隙，一旦遇到强降雨或者土壤上层出现滞水，又或者由于地质运动引发的季节性渗水等情况，就会对石窟石刻文物形成渗水的安全隐患。

普遍存在于我国各大石窟以及石刻文物群中的龙门石窟、大足石刻、乐山大佛、云冈石窟等都存在严重的渗水病害，这种病害对于石刻雕像有着极大的安全隐患。除了渗水病害外，洪水以及泥石流同样可以归纳到自然灾害侵袭，对文物造成损伤。

在我国西北地区，有很多石窟石刻文物都存在于河流山谷中，面临着洪水以及泥石流的冲刷或者淹没。根据中国气候变化蓝皮书的相关内容显示：近几十年以来，由于我国西北地区气候逐渐从暖干向暖湿进行转变，气候系统变暖的趋势将进一步持续甚至扩大，这就导致了该地区出现极端天气气候的频率和时长会增加。而这种气候的转变又会导致降雨量明显增加，西北地区的河流山谷发生洪水和泥石流灾害的频次较高，因此也会对该地区的石窟以及石头文物形成安全威胁。

除了周围环境和地质病害外，石窟石刻还存在本体病害类型。该文物类别的本体范畴是指石雕像等雕造艺术品，同时也包含了与雕塑艺术品紧密相连的、对文物起到支撑作用的本体岩体。由于石窟石刻本身包含了雕刻艺术品和文体两个部分，因此在自然活动、生物活动、人类活动等不同因素的影响下，会发生支撑岩体材料裂变或者结构损伤、外貌变化等问题。通常来讲，石窟石刻本体病害的自然盈利是指引发文物材料劣化结构损伤的自然外力，包括地震、大气、太阳辐射、降雨降雪、温度湿度等因素。石窟石刻本体病害现象主要表现在以下几个方面：首先，文物本体在物质成分和材料方面所产生的微观结构损伤。其次，在不同的力学状态下，由于力学状态的变化和调整，使得文物失去了原有的平衡状态，最终形成本体结构变形或错位。最后，文物外貌发生的变化包括形态变化、颜色变化、结构变化等，会严重影响或者损害雕刻类文物的文物价值。根据不同外力的破坏作用，石窟石刻文物本体病害可以分为五种类型，包括开裂失稳病害、水岩作用病害、风化作用病害、生物作用病害和人类活动所引发的病害等。

四、石窟石刻文物保护技术

石窟石刻文物的保护需要根据其病害原因进行细致的分析。

首先，石窟石刻存在的岩体病害治理，需要技术人员对文物所在地区的地质结构和山体结构进行仔细勘察。由于此类文物所在的地区环境往往经历了成百上千年的漫长岁月，并且持续不断地受到各种外部自然盈利的长期作用和人类活动的影响。因此，绝大多数石刻文物本身都具有不同程度的山体结构性病害隐患，想要解决这些隐患，并对这些文物采取适合的保护策略，首先就要建立起对于病害类型的准确判断以及形成机理的性质分析。再根据分析所得的结果，结合文物所在地区的气候条件、环境条件、地质结构稳定性以及文物价值等级来进行综合考量。对于已经存在明显病害隐患的文物，还需要对其渗水程度、山体稳定度、裂缝性质和发育速度进行评估。

只有将上述内容进行综合考量，并且灵活地应用单个治理措施，或者结合多种治理措施，才能形成高效稳定的保护方案。针对石窟石刻文物存在的岩体病害治理，主要包括锚固技术、局部支顶加固技术、风蚀病害治理技术、水害治理技术、环境地质灾害防治技术治理、工程检测和效果评估技术等。

对石窟石刻文物本体的修复技术，需要了解文物表面修复材料的选择。根据我国出台的《中国文物古迹保护准则》第22条相关内容，按照保护要求使用保护技术独特的传统工艺，要保留所有的新材料和新工艺，都必须经过前期试验和研究证明其是最有效的，对文物古迹是无害的才可以使用。再比如，所有的保护补偿材料和施工方法，都必须先在实验室进行实验，取得可行的成果后，才允许在被保护的实物上做局部的中间实验，得到完全可靠的效果后才允许大范围地使用。由此不难看出，我国针对文物古迹的保护和修复工作，对于选择材料的重视程度。机构并且相关专家还列举了针对石窟石刻文物表面修复材料需要满足的基本原则。适用性原则是在满足保护文物性能以及工艺条件的前提下，所选择的材料需要对文物体系包含信息的干扰性尽可能小，对于人身健康和文物安全没有不良影响，在保护处理需要同时使用几种材料时，也要充分考虑材料之间的匹配性。

简单来讲，首先，修复工作所使用的材料需要满足的相应标准就是要减少对文物本身的影响，同时还需要充分考虑材料可能对文物所产生的安全隐患。另外，在修复同一文物时，所使用的不同材料之间不能相互排斥，不能形成由于材料之间发生安全问题而导致文物被损毁的现象。其次，所选择的材料需要具有良好的耐久性，这一点不难理解，由于文物的保存通常是一个漫长的过程，而文物本体所存在的病害隐患又有可能随着时间的推移而慢慢发展，因此这就需要在文物保护工作中所选择的材料能具有良好的耐久性，不会出现文物本体使用材料没有损坏，但修补所用的材料先损坏的情况，那么就相当于变相地延长了文物的保存时间。再次，所选择的材料需要具有良好的化学性能，由于材料引入文物材料体系当中进行修复时，可能会出现本体材料和修复材料之间产生不可控制的化学反应，因此就需要在开展修复工作之前，对各种材料的化学性质进行检测。在修复文物的过程中，我们所使用的材料大多属于现代材料制作工艺和材料构成元素，这与文物本体会存在一定差异。因此，需要充分地考量两种材料融合后会产生的各种变化。最后，所选择使用的修复材料还需要具有可再处理性。随着文物保存时间的不断延长，以及文物修复技术的不断发展，还会有很多迭代的新技术和研发的新材料出现，这就使得很多原本无法处理的文物病害出现了再次修复和得到保护的可能。因此，从文物的长远保护和修复这一视角来看，针对各种病害进行修复的材料，需要具有良好的可再处理性，其目的是给将来进行文物保护留下足够的空间。

石窟石刻文物表面裂隙的修复是延缓文物损坏的一种重要手段和重要途径。针对不同的文物病害情况，可选择的修复技术主要包括裂隙勾缝、裂隙注浆、裂隙粘修复等。其目的就是能够对石窟石刻类文物的裂隙形成一种全新的能够有效抗风化的胶结物。同时，需要注意这种材料不能形成任何破坏岩石的含盐类副产物，一旦产生这种物质就会对文物表面的颜色引起较大的变化，从而影响文物的修复和保存。

除了对文物裂隙进行修复外，另外一种石窟石刻文物最为核心的修复技术是表面残损修复。这时候修复技术最主要的目的是保证文物的本真性和艺术性，尤其是修复过程中。需要对文物本身所具备的历史信息、文化信息进行深入探索，只有获得更加准确的信息才能设计出更加高效精准的维修策略。因此，在维修此类文物时，需要用同时期同类型的文物进行参考，并且要结合文物自身的历史属性、美学属性以及技术属性，这样才能更加完整地恢复文物原本的样貌。从这一点上来讲，石窟石刻表面残损修复不仅需要相应的修复技术，同时还需要工作人员具备较高的审美水平。

以往有些地区的文物保护部门为了完成石窟石刻文物的修复工作而选择让一些文化层次较低、审美能力较差的技术工人对石窟佛像进行色彩还原。但是由于施工人员自身并不具备相应的美学能力，从而导致颜色还原后的佛像丑态百出，此事也引起了全国范围内广大人民群众的强烈不满。因此，针对此类文物表面产生的修复，不能凭借修复人员的主观意识去进行臆造或者创造，而是要遵循最小干预的原则，要依据现状，注重修复加固而减少补全补色。同时，在没有必要进行干预时尽量减少干预，在必须要进行干预时，优先对存在安全隐患的部位进行干预，这样才能使文物更加完整、更加自然。而当文物已经形成结构性损伤，只单纯地通过支撑保护已经无法协调其外观，再建议进行较大程度的干预。但是即便如此，也应该是优先在力学上满足文物自身的结构稳定性需求。而在部分细节或者颜色上，即便文物出现了一部分淡化的视觉反差，也仍然应该遵循其整体的美感和完整感。最后，针对此类病害修复工作还需要遵循可识别原则，修复部分颜色、质感，需要和文物原有的表面形成一定的区别，并且根据文物原本表面的平整程度、粗糙程度或光滑程度来进行修复。最终修复的结果应该与文物材料本身接近，不能形成过大的反差。而且修复过程中还需要注意材料的使用和技术的使用都需要具有相应的可逆性，其目的就是确保修复材料的可再处理，为后续的文物保护、修复留下足够的空间。

第六节　纺织品文物保护与修复

一、纺织品文物的特性

和其他很多文物类别相比，纺织品文物因为其自身独有的机制和特点，而极容易受到外部环境的影响，其中的高分子链在受到外部环境刺激后很容易发生断电，尤其是在绝大多数环境下遇到空气或水后很难有效地长久保存。这也导致除了明清时期传世的一部分纺织品文物外，通过考古发掘出土而来的部分年代较为久远的纺织品文物，大多数都处于破损状态，甚至更加久远的历史时期，极少出土纺织品文物。

另外，即便是有幸保存下来的纺织品文物，由于其自身材质和特性的差异，以至于在保存和维修的过程中会遇到很多困难。目前，我国针对纺织品文物进行保护和修复的目的，除了要尽量地能够延续这些纺织品文物自身的寿命外，更加重要的工作和任务是避免其受到外部环境的影响，要尽量保存其中蕴含的历史信息和文化信息。众所周知，衣食住行中，服装和服饰排在第一位，而中华民族也被称为穿着光鲜亮丽的人群，因此纺织物的文物出土对于我国考古历史研究有着极为重要的意义，但是在针对纺织品文物开展的保护和修复工作中，不可避免地需要对这些文物进行直接干预或者间接干预，由于纺织品文物本体结构过于脆弱，因此在这些干预发生的同时，就必然会导致这些文物本身包含的部分信息丢失。即便是相关法律法规中已经明确标注在修复和保护文物过程中，应当尽量保持其本真性、可识别性、最小干预性和可逆性。但是由于纺织品文物的性质特殊，因此在实际操作过程中，很多破损都是不可逆的。

简单来讲，对纺织品文物所进行的保护和修复，一旦开始就无法使其恢复到出土时的原有状态，因此在对这些文物进行修复之前，工作人员必须深入挖掘纺织品文物所承载的历史和文化信息，尤其是要充分了解这些文物所具备的历史价值和文化价值。并在专家的领导下，对即将开展的保护工作和使用的材料以及设备进行评估，如非必要措施，应尽量减少对纺织品文物的直接或间接干预。只有这样才能够尽量保留纺织品文物自身所蕴含的全部信息。在最大程度上不破坏其本身的结构，尤其是在进行复原的过程中，更是需要对文物的材质、工艺、颜色和其他方面，多维度地进行细致调研，翻找相关史料以及实物对比再开展工作。

二、纺织品文物的大致类型分类

在规划纺织品文物的保护以及修复方案时，需要针对纺织品文物自身的类型区分进行提前调研，由于不同纺织品类型的特性存在极大差异，因此，需要根据不同的标准对其进行划分。根据纺织品文物的特点，可以将其分为以下几类：

天然纤维类：包括棉、麻、丝、毛等纤维制成的纺织品；

化学纤维类：包括人造纤维、合成纤维等制成的纺织品；

混纺类：由两种或两种以上纤维混合制成的纺织品；

制品类：包括服装、窗帘、床单等成品纺织品；

艺术纺织品：包括壁画、挂毯、刺绣等具有艺术价值的纺织品。

相比于其他文物类型而言，纺织品文物的保护是一个相对比较小众的领域，其核心原因就是纺织品本身并不易保存，在历经成百上千年的历史演变之后，绝大多数的纺织品都处于破损或无法修复的状态中，但正是因为纺织品文物具有极高的学术价值、历史价值、文化价值和美学价值，因此，对于该类别的文物研究需要更加细致。在这一小众领域中，专家和学者又将其分为若干个不同的流派，在面对不同类别不同特质的纺织品文物时，相应的流派也在自身不断地实践和探索中吸取了很多教训，积累了大量经验，并在此基础上形成了以各自流派为基础的不同的保护理念、保护方式和保护技术。

长久以来，针对纺织品文物进行保护和维修的各个流派之间秉承着自身的理念，并且以实践为指导，相互之间呈现出了一种相对独立并不融合的态势，也正是这种保护理念的不同，才导致了针对纺织品文物的保护和维修工作开展，并与其他众多的文物类别都有着极为鲜明的差异。虽然同属于一种文物类别，但是各个流派之间的争执不断，很多流派视为经典的标准通常会被另一个流派嗤之以鼻，因此也诞生了在纺织品的体系之下的流派之争。

时至今日，随着现代化科技的不断发展，很多流派针对纺织品文物的保护和修复意识正在逐渐统一，很多流派与流派之间也开始相互借鉴、相互学习、相互理解，而流态之争也逐渐弱化。但是由于这些流派本身具有较强的地域属性，这也和纺织品文物的出土和存世特征有着直接的关联。比如我国地域广袤，南北方所种植的植物不同，因此所使用的纺织品材料也大不相同，这就导致了各个流派之间所钻研的主攻方向有着本质性的差异，其保护手法和修复技术很难相互共融，而这也导致了即便是在面对同一件纺织品文物时，不同流派、不同技术之间思维理念和工作思路上仍然会有极大的差异。

三、纺织品文物受到腐蚀或破损的主要原因

从宏观角度来讲，纺织品类别的文物所受到腐蚀或者破损的主要原因可以归纳为两个方面。一方面是纺织品文物本身的因素，即仿制品的纤维素和半纤维素以及内部保留的蛋白质会出现自我老化的现象，而这种现象就会直接影响纺织品的寿命。即便是在没有外部环境干扰的情况下，也会出现老化和破损。另一方面是受到外部环境因素的影响，从纺织品文物的材料组成不难发现纺织品的保存会受到外部环境极为关键的影响，无论是空气还是湿度都会对纺织品本身的材质保存造成较为明显的干扰。

首先，不得不考虑的是光照因素对于纺织品类文物所造成的影响。和很多重金属以及建筑文物相比，纺织品自身对于光线的敏感程度较高，光的辐射也会导致纺织品自身的结构和化学成分发生光化学作用。众所周知，纺织品长时间受到光辐射之后会褪色泛黄，甚至变酥变脆，而在文物保护领域，纺织品在长时间接受紫外线影响时会造成最大损害。在紫外线的作用下，纺织品类的文物不仅会发生光降解现象，同时还会形成光氧化作用。而令很多文物保护专家苦恼的另外一个因素在于，纺织品类的文物即便是在停止光辐射之后，其后续的破坏作用仍然会持续很长时间，尤其是紫外线对于纺织品类文物内部蛋白质等物质的影响，甚至会持续几十上百年。

其次，温度湿度等周围环境因素对于纺织类文物的影响也巨大，如果外部环境的温度过高，那么纺织品内部的纤维素和蛋白质就会从周围环境中获得更多的能量，从而转化成活化分子，这种分子的活化性会直接导致纺织品文物自身发生老化。同时这种自身内部结构老化的现象又会引发虫害或者发霉。反之，如果纺织品类文物周围的环境温度过低，就会产生水凝结结露的现象，这种现象对于纺织品本身的内部结构会造成稀释和浸泡，从而使其结构变得更加松散，不利于长期保存。而周围的湿度过高时，纺织品文物就会吸收湿气发生水解现象，引发纺织品变形。众所周知，在很多古代墓葬中，出土的文物都浸泡在液体或者湿润的泥土中，而一旦纺织类文物长时间接触湿度过高，就必然会引发变形，无法向后人展示其原本的样貌。当纺织品类文物周围环境的湿度过低，那么纺织品本身

就会变脆。严重时甚至还会发生收缩断裂的现象，而一旦这种环境保持的时间过长，就会导致纺织品完全酥粉。

另外，由于纺织品类文物内部结构中含有大量的纤维素蛋白质，这些物质和成分又容易产生霉菌，这些霉菌会吸引周围环境中的虫子将其当作食物，因此涉及纺织品或纸类文物时，有很大概率会发生发霉或虫咬等现象。而相比于纸质文物而言，纺织品由于内部的纤维素蛋白质含量更高，因此更容易发生此类病变。

最后，纺织品类文物在长期和周围空气进行接触时，也会发生氧化反应。尤其是在古代墓葬中的纺织品，周围环境中可能存在大量的有害气体，比如含硫化合物、含氮化合物、碳氧化合物、灰尘、酸雨等。这些物质会通过氧化反应或者催化反应来激发纺织品文物自身材质的活性，进而腐蚀其物理特征，对纺织品造成极大危害。这也是很多出土的纺织品文物存在大量的破洞、断裂或污染斑点等问题。

四、纺织品文物的保护和修复技术研究

首先，纺织品文物的保护和修复需要注重回潮技术的应用，由于其自身结构中存在大量的纤维结构和蛋白质结构，因此利用回潮技术可以抚平纺织品存在的皱褶，并且帮助工作人员对折叠起来的纺织品文物进行展开。另外，这项技术的使用还可以帮助工作人员在整理文物时去除相应的痕迹，并矫正部分纺织品存在已久的扭曲变形问题。回潮技术是指通过间接或直接的方式，借助一定的技术手段通过可以察觉的湿气而非潮湿或者饱和湿气为物态来增加纺织品纤维含水量的操作。在应用这项技术之前，需要注意的是工作人员需要充分考虑纺织品自身，对于周围环境湿度的敏感性，以及可能在回潮技术应用过程中出现的外观变化或者纺织品发霉等问题。同时，在选择使用这项技术时，还需要结合文物自身的大小以及相应结构来控制时长，或者在深入观察纺织品文物纤维强度后，决定回潮时间的长短。

回潮的基本操作方式可以简单地分为敞开式和密闭式两种，在简易的帐篷中采用回潮方式最为基础的密封式回潮法，主要的加湿手段包括借助容器水挥发法、饱和盐溶液法以及水含体释放法和超声波加湿器法等。而封闭式回潮法则需要利用湿度自动控制来实现回潮，通过低压吸力操作台回潮和半透膜回潮。开放式回潮方法主要有房间环境控制法、冷膏状含水体法、蒸汽法、加湿器法和化学试剂法等。

其次，清洗技术的应用也是古代纺织品文物保护的重要环节。目前用于古代纺织品清洁处理的方法大致可分为物理方法和化学方法两种。物理方法主要是利

用除尘工具将吸附于纺织品表面或内部的松散污染物去除，通常用于古代丝织品的表面清洁。利用这种方法可以去除覆盖在织物表面的浮尘和沙土，使固结于织物上的其他污垢充分暴露。目前常用的有真空吸尘器除尘法、湿布轻压法、湿布擦洗法和超声波法等。化学方法主要利用化学试剂去除与丝织品文物表面黏接牢固或嵌入纤维和织物内部的污染物，可以分为湿法清洗和干法清洗两种。湿法清洗主要是以水的洗涤作用为主，用水清除纺织品上的污物、灰尘和杂质。必要时，可加入适当的清洁剂。此种方法适用于染色牢度好且强度能够经得起水作用的纺织品。根据加入的清洁剂的性能不同又分别可以分为水洗法、络合清洗法、漂白清洗法、生物酶清洗法等。干法清洗主要是以有机溶剂的洗涤作用为主，需要时也可加入其他适当的助剂，可用于强度好且不是非常重要的文物，但这种方法并不常用。

另外，针线法技术是指在对纺织品类文物进行修复环节时，使用各种针线。在这项技术的应用过程中，操作人员需要根据纺织品的类别材质和颜色来选择不同的针线，目的是要尽可能地还原文物本身的材质、颜色、强度和粗细。缝针的材质、粗细、弯曲形状，缝线在文物残破区的应用针法、分布区域和密度选择，以及对不同类型织物服饰所应采取的针线处理方法，都是针线法技术的考虑范围。由此不难看出，选择这种修复方式目的就是要参考纺织品文物自身的制作工艺来进行复原。在实际操作过程中，工作人员应该尽量选择和文物本身材料以及制作工艺尽可能相似的修复方法。但修复后效果也应有所区别，以体现布兰迪修复理论中的可辨识性修复原则。

随着现代化技术的不断发展，各种高精度仪器的应用也使得纺织品文物的修补工作拥有了全新的思路。比如在高清摄像头以及光学显微镜的帮助下，工作人员可以清晰地观察到出土的纺织品文物内部结构和走线，并且通过计算机的数据分析，得到不同类别纺织品文物所使用材质的粗细、大小、软硬程度，这样就能够最大限度地找到可以用于修补的各种现代化材料。另外，在分析系统以及建模系统的帮助下，部分纺织品文物的复原工作可以交由计算机来完成，针对一些具有极高历史价值和文化价值，但是破损较为严重的仿制品而言，结合上述高科技技术可以实现在不触碰文物的基础上，尽可能多地收集相关信息，在不复原文物的基础上，利用现代化科技和传统工艺制作出相似度极高的复原版本。这种技术的应用对于纺织品文物的保护修复后续的利用环节，都有着极高的价值。

最后，纺织品文物保护和修复过程中所使用的除霉技术，主要是针对纺织品自身的纤维结构和蛋白质来进行处理。由于纤维素和蛋白质是微生物的理想营养源，因此，出土的很多纺织品中都出现了发霉腐烂现象，因此想要防腐防霉就需要结合纺织品文物自身的特性，对其所在环境的温度湿度进行有效控制，防止纺织品进一步腐烂或霉变。而对于已经出现腐烂霉变的文物，还需要根据其性质以及虫害的生命特征进行针对性处理。在实际操作过程中，纺织品文物常用的防腐杀菌技术包括物理防腐和化学防腐。物理防腐，最常用的方式是冷冻房，通过控制纺织品所在环境的温度来进行防腐杀菌，或者对文物进行去氧充氮直接消灭为生物或病虫害。而化学防腐主要依靠熏蒸法，通过调配好的化学原料对纺织品文物进行处理，改变其内部纤维素和蛋白质的活跃状态，从而实现杀菌的目的。另外，随着现代化科学技术的不断发展，国家文物保护单位对于出土的纺织品文物在保护和修复理念上也发生了改变。尤其是针对部分历史价值和文化价值极高的文物，更是选择了和国际接轨，邀请在纺织品文物修复方面有更多经验的外国专家和团队共同完成。

总的来讲，针对纺织品类文物的保护是一门具有较强综合性的应用技术，同时也会受到地域文化和地域特征的影响，并与其他很多学科都有着极为紧密的联系。尤其是化学、光学、材料学以及生物学等，都会在纺织品类文物的保护和修复工作中体现其价值。需要处理的是，目前我国所面临的纺织品类文物保护工作，最为重要的是如何将古代传统工艺和现代的科技相结合，如何将传统的工作方式和现代的保护理念相结合。在针对纺织品类文物的保护工作中，一方面我们必须要尊重历史，尽可能地在文物保护工作中不改变文物的原始状貌，同时还需要在挖掘、整理、研究和传承等方面能够找到曾经遗失的各种技艺，还原其历史价值和文化价值。另一方面，工作人员还需要清晰地意识到，随着生产力的不断发展和现代科学的不断推进，在文物保护技术这一领域也有很多全新的理念、想法、技术和设备诞生。这些全新的思路和技术不仅可以为纺织品类文物的保护和修复提供更多有益的经验和思路，同时相关部门的领导和工作人员还需要充分地重视这些科技在应用过程中能够为纺织品类文物在保护和利用等方面能够带来哪些价值。近年来，国服热潮席卷全国，有很多年轻人会选择穿着中华民族的古代服饰上街或者参加各种活动，而这也是纺织品文物在未来的发展过程中需要着重强调的一种利用渠道，将传统工艺和现代国民的实际需求相结合，不仅可以有效地利用这些文物自身所蕴含的历史价值和文化价值，同时还可以在文物保护经费供给层面自给自足。

第七节　金属类文物保护与修复

文物传承了我国民族文化，同时也见证了我国的社会发展。金属文物经过长时间的埋藏再加上自然环境的影响，会出现大量的腐蚀性破坏，进而在出土后残缺不全，甚至支离破碎，无法继续进行收藏。因此对金属文物进行修复和保护，以确保金属文物能够延长寿命，进而为艺术、历史科研工作作出更大的贡献，促使我国历史文化得到更好的传承和发扬。

一、博物馆金属文物的保存现状

温度和环境都会对金属文物的保存产生影响。温度过高会提高金属文物的老化速率，致使有的文物出现过分干燥或者高湿的现象，这在一定程度上加大了金属文物的腐蚀程度；环境湿度大会导致金属文物变形，出现化学反应，如铁器腐蚀、文物颜料褪色等，这些都是湿度高引起的化学反应，湿度高还极易出现生物腐蚀。随着科学技术的进步可以采用以下几种技术对金属文物进行分析检测：①采用 NitonXL3t-800DPW 型便携式能谱仪了解器物材质；②采用 XGT-5000 型 X 射线荧光分析显微镜对腐蚀成分进行分析；③采用 D8Discoverwith GADDS 对腐蚀结构进行分析。

有的金属文物在出土后就已出现变形、腐蚀、残缺等不同程度的损坏，还有的金属文物没有在合适的环境中保存，致使有的青铜器上的花纹受到不同程度的腐蚀，如锡器沿变灰、铁器矿化，如果这些文物没有得到修复和保护，其将失去历史价值和文化价值，进而严重影响文物的收藏价值。

博物馆馆藏金属文物主要有以下几种损坏形式：①"青铜病"的腐蚀；②严重变形；③严重残缺断裂；④层状剥离；⑤表面硬结物层状堆积；⑥矿化严重；⑦锡疫；⑧铁质文物酥粉、断裂、矿化、鳞片状脱落。这些因素都会导致金属文物出现损坏，如若未能及时保护修复就会导致金属文物彻底损坏。由于金属文物损坏的因素较多，所以在修复保护时，一定要对实际情况进行全面了解，再采取相应解决措施，这样才能降低金属文物的损坏率，延长金属文物的寿命。

二、博物馆金属文物保护修复技术路线

博物馆金属文物修复步骤博物馆金属文物保护修复分为：

（1）分析检测。对金属文物的腐蚀情况进行全面了解，通过 X 射线探伤技术为文物采取化学措施提供依据，采用扫描电子显微镜分析表面微区的成分，采用射线荧光能谱分析显微镜了解材料成分，采用离子色谱对土壤及锈蚀中的阴阳离子定量进行分析。

（2）机械除锈。可以采用物理方法，利用手工工具，用纯净水、乙醇软化、倍半碳酸钠溶液等去除表面硬结物和腐蚀物。

（3）脱盐。可溶盐和氯化物不仅可以加快铁器腐蚀速度，而且会破坏表面的封护剂，影响金属文物的寿命，所以脱盐是铁器文物保护的重要措施。脱盐和洗涤可以一起进行，常见的洗涤方法有深洗法、浸泡法、循环水法、电热水蒸气法、纸浆法等。

（4）修复复原。金属文物如果出现断裂或因锈蚀残破，可以用黏结剂进行加固黏接，如环氧树脂等。

（5）缓蚀、封护。金属文物修复后，先要进行缓蚀处理，缓蚀之后用浓度为 2% 的 B-72 丙酮溶液进行封护处理，避免空气中有害介质侵蚀金属文物。

（6）做旧。为了让金属文物更具完整性，可以对修复或者加固部位进行颜色做旧处理，但做旧材料要以各种矿物质为主。

（7）建立保护档案。建立的档案要包括文物的基本信息、文物保存历史、保存现状及所用的保护方法及材料、各种分析检测报告和照片等。为了确保文物能够正确记录，对需要修复处理的部位要进行详细记录。

博物馆金属文物的保护修复材料可以参考：①去除有害剂的试剂，如倍半碳酸钠；②去除无害剂的试剂，如柠檬酸、氢氧化钠、碳酸氢钠等；③加固剂，如 B-72；④焊接材料有锡焊、中性助焊剂；⑤补配材料应根据腐蚀程度的不同，选择铜、复合铜及树脂材料进行补配；⑥器物残缺要进行做旧处理，做旧材料要选择依附力强、无光泽、调色简单、不易褪色的高分子树脂或者与铜器相协调的无机颜料；⑦缓蚀剂，如 BTA；⑧对金属文物进行表面封护是一项极为重要的工作，不仅要对表面进行去锈、加固、做旧和保护，而且要避免空气中的有害介质侵蚀文物，所以在选择封护剂时，要选择无色透明、依附力强、耐酸性和耐老化性强的材料，如聚乙烯醇缩丁醛。

博物馆金属文物修复包括：

（1）清洗与除锈。采用机械清洗除锈和化学清洗除锈相结合的方法，去除金属文物进行表面污垢、依附物及锈蚀物。用硝酸银滴定检测金属文物是否含有氯离子，如果滴定后溶液有白色沉淀物出现，说明腐蚀物质中含有 Cl- 离子，可以用倍半碳酸钠溶液进行浸泡。如果金属文物锈蚀物较为严重，可以用 Zn 置换法进行去除，将锌粉和乙醇溶液进行搅拌，然后将搅拌物涂抹在锈蚀较为严重的部位，用保鲜膜将其进行包裹，10 小时后再清除。

（2）整形方法。如果金属文物在出土时就残破变形，就要对其进行对拼矫形，如果铜器文物的质量较好可以采用加温矫形法，如果矫形期间出现应力，可以用千斤顶、台虎钳加压，使其变形部位恢复原形。

（3）拼接、补配。金属文物残片可以采用销钉加固焊接，如果金属铜器文物的质量好，其焊接效果就会越好，如果金属铜器腐蚀严重，基体严重损坏，就可以直接用黏接法。在对金属铜器进行补配时，要先将残缺部位用纸拓下来，然后将铜皮剪成和残缺部位大小相同的形状，最后用铁锉刀进行打磨，打磨之后进行焊接，确保焊接和补配平整。

（4）纹饰处埋。对于有纹饰的金属文物，在修复完文物后要将其纹饰进行处理。

（5）缓蚀、封护。金属文物在修复完整后，要先对其进行缓蚀处理，然后对其进行封护处理，避免空气中的介质侵蚀文物本体。

（6）做旧。青铜器在进行做旧处理时，可以采用传统的技法将器物按照原有的颜色进行做旧，常用的技法有喷、涂、点、弹等，一定要确保做旧的部位和原器物协调。

（7）健全修复文物信息。器物修复时，要全面记录修复过程，同时还要留存记录文物的基础信息、图片等。

三、新材料与新技术介入下的修复过程

首先，除锈作为金属类文物保护的工作基础，相关人员在进行除锈处理时，需要根据文物实际受到的腐蚀情况采取相应的除锈措施。通常来讲，如果金属纹路一旦出现锈蚀，那么锈蚀产物中就会拥有相应的化学成分，极易出现金属青铜病。因此需要及时除锈采用金属脱盐法。而如果金属文物中的银含量较高，硬度也要比青铜更硬，且遇到的腐蚀情况更加严重，则需要采用机械进行处理。需要注意的是，如果这一环节操作不当，就极有可能使金属文物的本体受损。因此，在进行除锈处理时，手法需要更加温和，不能一味地追求最终的除锈效果。即便

是锈蚀部位没有彻底清除干净，也要不断地进行缓蚀和封护处理，避免出现锈蚀加剧的现象。

金属文物在修复时，加固材料的选择需要根据金属文物本身的残破情况选择是否临时进行加固，尤其是对于文物残破的部位进行黏结固定时，需要选择黏结性较强的材料，但黏性较强会导致金属文物表面遭到破坏，所以要根据实际情况选择合适的黏结材料。如环十二烷、环十二烷不仅具有较强的加固性，而且在室温下还可以自动升华，这样的加固材料不会残留，也不会对金属文物产生影响，这种性质让其在金属文物临时加固中得到了广泛的应用。

除了上述几种文物修复的方式之外，相关工作人员还可以选择使用现代化的科技，有的金属文物缺失部分要进行补钙才能恢复其原样。如果金属文物的基体较为薄弱，且缺失部位较大，采用传统的文物表面翻模复制法已经无法满足其要求，可以采用3D打印技术，这不仅可以有效简化整个补配程序，还能提高工作效率，降低文物的破坏率。在采用3D打印技术时，要先用三维激光扫描仪将文物进行三维建模，然后通过相应的计算方法，得到三维补块模型，最后用3D打印机模型进行打印，获得模型后再使用环十二烷，将补块加固到残破部位，用环氧树脂进行黏接，黏接之后再进行着色处理，确保残破区域与整体文物保持一致❶。

四、博物馆金属文物保护处理方法

由于文物本身出土时所在的环境可能有一定差异，因此，金属文物在保护和处理的过程中需要对其外部环境进行一定分析，如果金属文物长期受到海水浸泡，即使不进行全面清洗，也会导致其产生锈蚀现象，严重的甚至还会出现龟裂或者本体剥离。因此，在对受海水腐蚀较为严重的铁质文物进行保护和处理时，可以将水、丙酮、醋酸、乙醇作为溶剂，将金属文物上剥落的锈片用不同丹宁酸铁的溶剂进行试验。需要注意的是，在使用丹宁酸溶液时，一定要考虑其易燃性、毒性和污水处理等问题。对遭受海水腐蚀的铁质文物进行保护处理时，首先要做的就是除氯，经活性炭处理后，其氯离子浓度就会有所降低，还可以将金属文物装入树脂薄膜袋中，在周边加热进行隔热处理，这样可以有效地避免出现水槽废液过多现象。但要注意的是，在进行丹宁酸处理时，要将放置的样品及时取出，查看丹宁酸铁的形成，再将其进行水洗和干燥，在处理的过程中如果出现问题要及时解决。

针对青铜器的稳定性处理，首先就要考虑出土文物所在的环境，如果出土文物暴露在空气中，就会快速地改变其本身的内部结构。出土文物接触到空气中的

---

❶ 张海燕.博物馆金属文物保护与修复探究［J］.文物鉴定与鉴赏，2021（5）：3.

氧气和水分、遇到含有氯化物的土壤时，表面就会形成不同程度的凸点，这种凸点属于氯化亚铜，俗称"青铜病"，会对青铜器的稳定产生严重影响。此外，出土的青铜器通常年代较为久远，因此在选择保护和修复文物时，需要充分考量其实际情况，再决定使用哪种修复方式。常用的青铜器保护法有化学和物理两种，将患有"青铜病"的青铜器封闭起来，避免空气中的氧气和水分对其产生影响，确保器物处于稳定状态。氧化银是人们较为常用的封护材料，但氧化银的处理效果不是很好，尤其在环境较为潮湿且金属文物锈蚀较为严重的情况下，氧化银封护效果不是很理想。而锌粉则具有良好的封护作用，主要是因为在水分充足的情况下，氯化亚铜和锌粉发生反应，就会让氯化亚铜水解，形成微酸条件，氯化亚铜在生成的过程中就会去除一些氯化亚铜。净化锌的电化学分解将锌离子释放，锌离子和氧化物反应就会形成碱式氯化锌，从而形成磨损性较强的化合物，这些化合物可以有效地防止水分子渗透，时间越久其反应产物就会越多，将其空隙表面进行全面覆盖，所以它对裂缝起着保护作用。

在对金属文物进行综合处理时，由于金属文物的种类较多，所以要根据实际情况进行合理处理。特别是要考虑金属文物本身的材质和体积。如果金属文物中含有碳酸根、无氯化物，可以采用含缓蚀剂的柠檬酸进行除锈；如果金属文物中含有氯化合物，可以采用乙腈浸泡，去除氯化亚铜，同时还要配置碱性甘油对锈蚀部位进行擦拭，直至脱落。最后用蒸馏水对其进行冲洗，再做封护处理。如果金属文物中含有较多的灰白色钙质沉积物和棕黄色活性锈蚀，可以采用超声波震荡及倍半碳酸钠等溶液进行脱盐，再采用亚硝酸或者树脂材料进行封护。

五、博物馆金属文物保护与修复建议

对金属文物进行修复后，其表面的锈蚀就会明显减少，修复后的金属文物要将其内部的盐分控制在低数值内，降低金属文物的受损率，缓蚀剂和封护剂的浓度要高，若是环境潮湿及金属文物存放环境不理想时，就要确保溶液浓度比配置高，只有这样才能有效地控制金属文物不受腐蚀，有利于金属文物的保护。但是由于不同的环境和温度，都会对相应材质的金属物产生一定的物理或化学层面的影响，因此需要根据实际情况对金属文物放置的环境进行温度和湿度的有效控制，确保其所在的外部环境相对稳定，这样才能有利于金属文物的后续保存和利用。只有这样才能为博物馆提供更多的金属文物，进而为艺术、历史科研工作作出更多的贡献❶。

---

❶ 董清丽.宜昌博物馆藏金属文物保护修复概述［J］.文物天地，2020（9）：8.

可以说，古代金属文物不仅是我国先民在日常生活和劳动过程中的智慧结晶，同时也印证了不同时代社会的发展。因此，在保护和修复金属文物的过程中，相关工作人员必须要做好相关信息的采集和梳理，同时也应当深入挖掘金属文物所展现出来的历史和文化价值。尤其是对于文物保护工作者而言，细致地观察每一件金属文物出土时的实际情况对其腐蚀和破损的状态进行鉴定，再根据其破损程度以及腐蚀情况构建合理的保护和修复规划，同时还需要经过多方论证才能采取相应的处理措施。只有妥善处理好腐蚀金属文物，才能够延长其寿命。

第八节　陶瓷器文物保护与修复

一、陶瓷器自身特点和陶瓷文化的发展历程

和其他很多国家相比，我国制作陶瓷的文化历史非常悠久。根据相关的考古资料记载，在新石器时期就已经有先民开始尝试生产和制作陶器。比如在西安半坡以及山东龙山大坟口等新石器时代的遗址中，都出土了大量制作精美的陶器以及一部分数量较为稀少的原始瓷器。这种情况一直从商周时期持续到秦汉时期，这一阶段我国先民制作陶瓷的工艺技术不断完善，同时在材料的选择和烧制温度等方面也取得了全新的进展，制作陶器和瓷器的工艺也日渐成熟。相比而言，陶器的烧制主要由黏土烧蚀而成，其主要成分包括石英石、长石以及硅、铝、铁、钙、钾等金属矿物质。而瓷器的烧制成分和陶器相比，在元素构成上有所不同。另外，两者之间对烧制器皿的温度也有不同需求，烧制出来的颜色质地也会随着原材料所在地的差异而呈现出千差万别的样貌。而在温度控制环节，普通的陶器烧制温度一般在900℃左右，但是由于陶器的密度较低，因此烧制过程中容易出现破碎受损等问题。后来随着社会生产力的逐步提高，五代先民烧制陶瓷的工艺也越来越考究，并且还有选择性地在陶器上使用朱砂等矿物质颜料进行描绘，这也形成了后期我国陶瓷艺术的基础形态。

相比之下，瓷器需要的烧制温度更高，普遍在1300℃左右，并且在烧制成型之后，表面会形成一种玻璃材质的表层。同时，瓷器的本体也更加稳定，介点质和化学稳定性更强。但是烧制后的瓷器质地更硬，接受外力碰撞时也变得更加易碎。这就导致了在文物发掘和考古工作进行过程中，很多出土的陶瓷器皿由于

长期深埋在地下，因此势必会受到外部结构的侵蚀和压力，导致在出土的时候就已经发生了破损。当然还有部分陶瓷文物是在出土后，由于日常管理不善或者保护措施不力而导致破损。博物馆的文物工作者承担着陶瓷器藏品管理和保护的重要职责，对出土的陶瓷器要及时地进行科学修复，对日常的陶瓷器藏品要加强科学化管理和保护，才能实现对陶瓷器藏品的可持续利用和保护，这是博物馆管理工作的重要课题之一。

二、陶瓷器的传统修复技术工艺

正是由于我国陶瓷工艺的飞速发展，才导致在古代有大量的陶瓷制品会随着主人的死亡而成为陪葬品，这也是我国考古发掘过程中出土了大量陶瓷文物的主要原因。随着我国陶瓷文化体系的发展，针对出土的陶瓷器皿进行修复也成了一门专项工艺，在考古行业和文物保护领域中发挥着非常重要的作用。相比之下，陶瓷文物的修复不仅需要极强的专业知识，同时还需要工作人员具备丰富的实践经验，这样才能够直观地了解出土的陶瓷器文物藏品本身的时代属性以及质地、工艺，再根据其破损程度运用恰当的科学方法来进行保护和修复。自中华人民共和国成立以来，我国文博系统针对陶瓷文物的修复工作数量排名前列，[1]并且工作成效显著，一方面是由于陶瓷工艺一直传承至今，并且还拥有大量的陶瓷手工艺人投身其中。另一方面是由于出土的陶瓷文物数量庞大，对其保护和修复工作的人才需求也更大。对于其中一大批具有宝贵历史意义和艺术价值的陶瓷文物所进行的抢救性修复和保护工作，也使得后人有机会看到各个历史时期精品陶瓷文物的精美。上海博物馆精心修复了唐代长沙窑褐釉瓷拍鼓、北宋龙泉窑青釉刻花莲瓣纹碗、宋代青白釉洗等 10 件唐宋精美的陶瓷文物，具有极高的历史文化价值。可以说这些陶瓷器皿在出土的时候，已经受到了极为严重的结构性损伤，即便是经过专业人士不断的努力修复，使得部分珍贵的历史文物还原了本来面貌，但是仍然有很多陶瓷文物已经破损到无法修复的程度，这也是我国文物保护工作历史上的一大遗憾。又如景德镇陶瓷考古人员成功地修复了 100 余件明代精美的青花瓷枕，这些青花瓷枕出土于建筑工地，出土时没有一件是完整的。瓷枕碎片数量多，修复难度大。经过景德镇考古人员和修复技师 6 年多的精心修复，100 多件瓷枕才得以重现昔日的"面貌"，也填补了我国官窑史研究的空白。从修复制度上来讲，针对陶瓷类文物的修复需要按照国家相应法律法规，并遵循科学合理的操作流程。在进行修复工作时，工作人员需要按照文物的历史原貌，尽

---

[1] 渔山.瓷器鉴赏漫谈［J］.中老年保健，2007（4）：1.

可能地做到修旧如旧、原汁原味。要最大限度地避免改变文物原本的结构。通常来讲，古代陶瓷文物的修复工艺涵盖了以下几个维度：比如清洗补缺、打磨、上色、上釉、做旧等。

陶瓷文物的修复需要工作人员具备极为专业的技能和知识，并且拥有科学严谨的文物修复态度，还需要具备较高的审美能力，通过大量的工作经验积累，才能够使出土的陶瓷文物焕发生机。在修复工作的初始阶段，工作人员需要按照项目规划对出土的陶瓷文物保存状况进行观察和分析，并建立完善的档案内容。还需要根据每一件陶瓷器文物的特点，规划清晰可执行的修复方案。而在选择时，应当尽量靠近陶瓷器皿文物本身的使用材料，以免在修复过程中改变文物的结构和形状。而在陶瓷文物的釉色修复环节，更需要技术人员具备精准的色彩认知和美学感受力，并且需要在正式开始修补之前，对使用的材料化学成分进行分析和实验，不断地对比修复所使用的材料和文物原本材料之间存在的差异性。随着时间的不断更迭，现如今陶瓷工艺制作所使用的很多材料以及制作工艺都发生了改变，因此，如果没有细致的分析和讨论，那么就可能会在修复过程中由于使用的材料不当或者工艺有偏差，而导致文物自身的结构稳定性出现问题，甚至还会在修复过程中出现破损。

另外，随着当前科学技术的进步，在陶瓷器文物的修复中，也越来越多地借助现代科技设备，比如在修复前进行 X 射线扫描，准确掌握藏品的保存状况和质地，还可以利用 3D 打印技术，对残缺不全的藏品部分进行科学的修补，使藏品达到最佳的修复效果。而相比于使用现代化科学技术而言，目前我国大多数陶瓷文物修复工作者仍然喜爱使用传统工艺，或者使用自身独特的修复技巧。比如在瓷器碎片上钻孔，然后使用金属锔钉将瓷器碎片进行连接。当然这种传统工艺的使用和现代化科学技术两者之间各有优劣，传统修复技术虽然可以使文物恢复自身原本的样貌，但是由于修复工艺相对粗糙，也会在文物表面留下清晰的操作痕迹，甚至由于操作不当还会造成文物的二次损害。

还有一部分陶瓷手工艺人会选择使用新的釉料对陶瓷文物的碎片进行拼接，再通过重新烧制的方式还原其本来面目。但是这种方法在本质上很容易破坏文物原本的风格和纹饰，甚至还存在烧制过程中碎裂的风险，通常在民间文物修复工作者群体中，这种方式较为常见。总的来讲，要想使陶瓷文物藏品修复达到最佳的效果，需要专业技术人员在总结前人和民间修复技术的基础上不断摸索和创新，充分利用现代科技手段，实现对博物馆藏品的最佳修复效果，才能最大化地展现陶瓷文物的历史、文化和艺术价值。

三、博物馆陶瓷文物藏品的保管技术规范

同一部分不适合展出的文物相比，陶瓷文物自身的结构稳定性较高，因此通常会选择在博物馆中进行馆藏，那么博物馆的馆藏管理就变成了陶瓷类文物后续保护工作的核心地点。产品管理主要是指为了实现博物馆的运营目标，同时满足社会群众对于文化的内心需求，而对博物馆内部的藏品进行整理、展览、统计和研究等一系列工作。在博物馆的日常运营及日常保护工作中，为了能够更加有效、更加规范地做好陶瓷产品管理工作，就需要相关负责人能够制定清晰的工作管理流程，并且要求工作人员能够有条不紊地去执行。文物的管理对于分类的要求较为严格，对于陶瓷产品而言，博物馆不仅需要根据其年代发掘地点、器型及其他因素进行分类，同时还需要结合博物馆自身的展出目的及文物本身的历史价值和文化价值对其进行归类。也就是说，对于陶瓷类文物而言，其管理模式和整理方法不能只有一套体系，而是需要根据博物馆使用情况的不同来进行多层次的分类管理。

在有机的排序过程中，既可以针对同类型的文物进行集中管理，同时也可以按照文物发掘的年代，或者其材质或形状来进行有机培训。这种排序的方式有很多优点，比如按照器型进行分类时，可以方便展出，或按照文物的年代进行排序，可以按照不同的主题以及保养方式对其进行后续的维护。陶瓷类文物的展柜以及展览设计也需要更加科学合理，不同文物的展出首先要考虑文物本身的安全因素，既要方便工作人员进行摆放和提取，同时也要确保展厅以及库房牢固安全。在这一环节应注意体积较大的陶瓷器皿，需要根据其自身尺寸定制展柜，而不能像体积较小的文物一样放到标准尺寸的展柜当中。

另外，各地区的博物馆、艺术馆或者其他单位，在收藏或展示相应文物时，还需要注意防震和碰撞，尤其是陶瓷类文物，本身硬度较高也相对易碎。因此在日常使用时，工作人员务必戴好防滑手套，避免汗液对陶瓷类文物产生腐蚀，也要避免在运输过程中，陶瓷类器皿之间相互发生碰撞。此外，陶瓷类器皿的日常清理和保护还需要注意轻拿轻放、谨慎细致，在清理灰尘时，需要使用软毛刷和蒸馏水，而在冬季时又要控制好使用的水温，避免温差过大对陶瓷文物本身的结构产生不良影响，而一旦发现有馆藏的文物表面出现裂隙，就要防止渗水和表面的釉料脱落❶。

---

❶ 吴兴森.论传统陶瓷工艺与现代陶瓷工艺的创新［J］.信息周刊，2019（21）：1.

四、国内先进博物馆的藏品信息管理创新经验

随着我国文保领域技术手段越来越先进,数字化信息技术也成了博物馆日常运营过程中最为常见的一种技术。随着数字化技术、信息化技术的加持,博物馆对自身产品的信息化档案建立已经日臻成熟。国内的很多博物馆在藏品信息化建设方面已然取得了不小的成就。比如武汉革命博物馆大力推进馆藏文物信息化和智能化建设,初步构建起博物馆藏品资源数字平台,形成了从文物藏品信息素材采集到加工、管理的综合管理服务系统,较好地发挥了博物馆在学术研究、社会教育和展览欣赏等方面的服务功能和价值。又如中国南海博物馆近期推出的5G创新应用,采用了全景直播、感知安防、文物修复、游记助手等具体应用模块,该馆通过5G技术与相关信息技术的融合,让智慧科技更好地服务于社会公众,有效地提升了博物馆建设与管理的质量和水平。同时对于陶瓷类文物而言,信息技术的价值和数字化技术的应用还能够使其展示方式发生根本性的转变。

由于陶瓷类文物自身材质,决定了观众和游客没有办法直接接触这些文物,那么在文物展览过程中,就势必会有一些角度无法被人看到。但是在数字化技术以及信息化技术的帮助下,工作人员可以使用高清扫描仪,获取文物的外观信息,再通过数字处理技术形成高清模型,这种高清的数字化模型,通过屏幕或者3D投影技术,能够形成可操作、可旋转、可展示的立体影像。这种方式不仅可以有效地提高文物的展示效率,同时也可以让观众和游客形成身临其境的游览感受,而对于博物馆而言,这种展示方式既可以丰富自身日常运营工作的内容,同时对于发挥文物价值有着不可估量的作用和好处。

五、加强陶瓷类文物藏品日常管理和保护的思考

实现文物藏品的科学管理是文物保护和利用工作的关键,也是博物馆各项业务顺利开展的可靠保障。博物馆要切实加强日常的藏品管理工作,努力实现科学化、规范化和合理化的工作格局,才能确保文物藏品被高质量、高效地管理,最大限度地发挥文物藏品的文化历史价值和社会教育价值。

(一)科学制订陶瓷器管理制度

按照《中华人民共和国文物保护法》《博物馆藏品管理办法》等相关规定,结合博物馆工作和藏品的实际情况,制订切实有效的管理制度。因陈列、展示、复制、研究、照相等需要提取时,应根据文物藏品的级别和状况严格履行报批手续,办理出库登记等相关手续。加强库房管理人员的24小时值班制度,指定专

人管理，保证藏品存放的安全有序。此外，文物藏品管理工作涉及博物馆内部各个部门的协同配合，因此，要不断地完善内部管理制度，确保藏品管理的各个环节实现顺畅和无缝衔接。

（二）提升文物藏品库房和展陈设备的科技含量

藏品的文物库房和展陈设备技术水平的提升，需要充足的经费支持。目前，很多基层博物馆的资金投入不足，文物存放环境和设施相对陈旧，影响了文物保存环境的安全。除了硬件设施以外，还要加强对软件环境的管理。比如加强安全检查和记录，包括温度、湿度、防火、防虫、防霉等预防和技术处理，确保藏品库房和展陈大厅有关设备的安全、实用、畅通。发现不安全因素或隐患时要及时报告单位领导。切实提升藏品管理中的登记、编目、检索、汇总、分析等环节的效率和准确性，降低传统粗放式管理模式造成的误差率。

（三）完善博物馆藏品信息化管理系统

传统的藏品管理方式有很多问题和不足。例如，工作人员对藏品管理往往通过纸质卡片、账簿等人工登记的方式进行操作，记录藏品的信息和动态管理，这样会耗费大量的人力、物力和财力，而且出现效率低下、出错率高等弊端。现代信息技术的发展和应用给博物馆藏品科学管理提供了有利契机，博物馆运用藏品管理信息系统，可以高效率地开展藏品的入库、鉴定、登记、编码、统计、分析等信息处理，克服人工管理的粗放式问题。

文物管理人员还可以利用手机终端、扫码设备实现智能化操作，利用数字化采集设备，对陶瓷文物藏品的图像和视频进行采集和处理，便于文物藏品的日常管理，节省了大量的人力、物力。而且通过新媒体技术，可以实现博物馆藏品资源的信息共享，方便社会公众和博物馆行业的信息沟通和交流，有效地提升藏品管理的规范性和高效性。因此，信息化管理建设是博物馆藏品管理的重要方向，应打造博物馆藏品管理大数据库，实现文物藏品管理从纸质化到信息化的转变。

（四）加强藏品管理专业人才培训工作

据有关媒体报道，目前我国各级博物馆破损的陶瓷文物不计其数，但是从事陶瓷文物修复的专业技术人员却不足两千人，国内外知名的修复专家更是屈指可数，因此，加大对陶瓷器文物修复人才的培养已经迫在眉睫。加强藏品修复和管理人才的培养是一项长远的系统工程，需要制订科学的人才发展规划，积极引进高校文物藏品管理专业的高层次人才，优化人才引进和发展环境，为专业人才提供良好的工作待遇和职称评聘支持政策。积极组织开展各类在岗培训，邀请知名陶瓷修复和鉴定专家进行系统授课与教学，对陶瓷藏品的修复、清洁、加固、保养等方面进行现场指导，传授藏品修复和管理相关的电子科技设备和仪器的操作方法，为博物馆事业的可持续发展提供强有力的人才和智力支撑。

针对文物保护领域，陶瓷文物的修复和保护工作想要更进一步，不可避免地需要与大量的陶瓷手工艺人进行沟通和交流，同时对于全国各地的文物保护机构而言，也可以尝试以校企结合的方式，与景德镇陶瓷大学或者宜兴紫砂陶院进行深度合作，聘请这些学校的专业教师或者教授参与有针对性的陶瓷文物保护修复工作中。众所周知，我国陶瓷艺术品可以分为南方陶瓷和北方陶瓷，在各个省份又有着不同的流派，每一个流派在材质、纹饰工艺等多个方面都有着自身极为特殊的核心造诣，因此选择借助各地工艺美术师的专业力量，结合校企合作等多个模式来共同推动陶瓷文物的保护修复工作也是一种高效模式。

陶瓷藏品是博物馆文物藏品的重要组成部分，陶瓷器的修复和日常维护是博物馆工作的重要环节。因此，藏品管理人员要结合陶瓷藏品的自身特点，科学地制订管理制度，加强对陶瓷藏品的有效保护，充分地发挥其重要的历史文化价值，向社会公众展示陶瓷文化的魅力，推动博物馆事业不断发展，为推进社会主义文化强国建设、传承和弘扬中华民族优秀传统文化而努力奋斗。

第九节　纸质文物保护与修复

通常来讲，现代纸质类文物具体指我国近现代时期在社会上形成的，以纸张为载体的书籍、经卷、文献、档案、碑帖、拓片、书法、绘画、纸币、文书、邮票等。近现代纸质类文物的保存和管理在现代社会仍然具有十分重要的现实意义，能对研究近现代历史文化的发展、政治经济的发展以及科技教育的发展和艺术的发展产生重要的影响。挖掘纸质类文物的重要资源价值和作用能对促进人类社会发展进步起到良好推动作用。因此，要加强对近现代纸质类文物管理的重视，积极探索管理手段和管理模式的创新，逐步形成全新的工作体系，彰显管理效能，为近现代纸质类文物资源的合理化应用和研究工作的深化发展提供良好的支持❶。

---

❶ 高杰.浅论近现代纸质类文物的管理［J］.文物鉴定与鉴赏，2021（6）：3.

一、近现代纸质类文物管理的重要性

和其他很多文物类别不同，纸质类文物在自身的结构稳定性以及材质持久性上都存在明显不足，尤其是不同年代纸张的制造工艺千差万别，所使用的材料也不尽相同，这就导致了很多出土的纸类文物破损情况极为严重，即便是近代纸质文物也存在大量的破损情况。近现代纸质类文物经过几十年的保存后，部分纸张本身已经开始出现发黄、变质等方面的问题，部分书籍、字画上的字迹也出现了淡化的情况，油墨晕开受损问题也对文物保护工作的开展产生了一定的消极影响。在研究这一问题时不难发现，我国近代纸质类文物的保存情况和纸张的来源以及书写的方式有着密切联系，对于很多制作精良的纸质文物而言，即便经过几十年的时光之后，依然能够保证字迹清晰。但是同样也有一些制作较为粗糙、不够精良的纸质文物的保存状况便不太良好。因此，对近现代纸质类文物进行有效保管和研究成为重要的课题，需要进行系统的探索。

关于近现代纸质类文物管理重要性的研究，以冯小懿的研究为主要代表，其提出近现代纸质类文物是从1840~1949年遗留下来的纸质类文物，并从馆藏品的角度对其在现代社会加强保护和管理的重要性进行了论述，认为在中国近代旧民主主义革命和新民主主义革命两个发展阶段内，由于岁月动荡，文物的艺术性和观赏性受到明显的冲击，但是文物的历史性、政治性和文化性却得到了进一步增强，对于研究当时的社会历史文化有着重要的影响。

结合很多学者的研究能看出，在现代社会加强对近现代纸质类文物的管理，不仅能实现对珍贵历史记录的保存，还能为后人研究历史提供重要的资料，对于铭记历史产生重要的影响。因此，加强对近现代纸质类文物的管理，对于现代社会历史研究工作的开展具有极其重要的价值和作用。

二、近现代纸质类文物的管理现状及其产生原因

对近现代纸质类文物的管理和保护工作基本情况进行分析，我们发现纸质类文物或多或少地存在诸如纸质污染、纸张变形、出现病害、污染渗入纸张等问题。究其原因，主要有以下三个方面。

首先，文物保存环境是导致这些现状的客观因素。纸张对空气湿度和温度要求较高，稍有不慎就易对纸质类文物造成霉菌病害的侵蚀。另外，还需要考虑近代纸质类文物所处的特殊年代和时间，在这一特殊的历史时期，纸张或者书籍对于当时的中国民众而言，并非一种生活上的刚需，因此其生产制作发行等各个环

节都和特定的人物群体和社会阶层有关。比如纸质类的书籍，所使用的群体大多数都具有良好的文化素养，接受过一定层次的教育。而文件类的文物则大多能够体现特定场合特定关系，如社会各层面或民众交友等相关内容。而这一时期的特殊日期报纸作为纸质类文物时，主要价值体现在其刊登的内容上。从这个角度进行分析，由于近代纸质的文物离我们的时间较近，因此在考古的角度会更加侧重于这些文物本身所存在的文字内容上。而这也是近代史之类文物和其他类别文物在历史价值以及文化价值上有着一定差异的根本原因。

其次，在文物保护的相应工作中，工作人员在拿取相关文物或者对文物进行移动和研究的过程中，都需要时刻注意规范操作，避免在工作中对文物造成不可逆转的巨大伤害。尤其是对于纸质文物而言，无论是打开文物还是翻阅文物，都有可能出现由于不小心而对文物引发相应的损害问题，导致文物保护和文物管理的后续推进受到消极影响。

最后，由于纸质类文物在长期的保存过程中，自身在与周围环境的交互影响下，必然会出现纸张老化或者纸张脆化等问题，因此需要根据近代纸质文物所使用的不同植物纤维类别或者棉麻等原材料，制作成适合的载体。相比于现如今的纸张生产而言，近代的纸张在制作过程中缺少化学试剂的相应处理，因此纸张的抗老化能力有限，很容易在保存过程中出现损坏的情况。为此，就需要相关工作人员能够利用现代化技术，结合有效的化学试剂和操作手法，对可能出现纸张老化、脆化的文物进行处理，从而延长其保存时间，避免文物在保存或展示过程中出现二次损害。

三、近现代纸质类文物的管理和保护措施

根据以往的工作经验我们可以知道，由于纸质类文物自身特性的原因，决定了其保存时间和保护方法较为复杂，很多近代纸质类文物都是由于保管方式不妥当而造成了不可逆转的损害。因此，相关部门的领导和工作人员需要重新认识近代纸质类文物在历史和文化层面的重要价值，并且重视其保护方案的规划和执行。

对于近代纸质类文物的特性，相关部门的领导和工作人员需要与专业人士共同组成专家组进行讨论。要深入了解纸质类文物的特性以及有效的保护措施，从而提高文物保护管理部门的管理意识，并综合之前的工作经验以及研究成果，对于纸质类文物的管理方式进行有效的探索和创新。在实际落地工作中，工作人员不仅需要引入预防保护的思想，同时还需要将预防保护的理念当作整个文物保护

工作的核心内容。在对纸质类文物的管理和保护过程中，应当引入合理的监测和控制手段，最大限度地降低纸质类文物可能面临的风险，有效地规避掉环境因素层面对珍贵的纸质文物所造成的不利影响。

也有一部分专家学者对纸质类文物保护和管理的切入视角和常规考古视角有所不同，是从环境保护角度针对纸质类文物管理意识的创新进行了分析，提出按照联合国教科文组织的引导和要求，正确认识环境因素对纸质类文物保护工作的影响。这些研究人员综合分析纸质类文物的保护需求，从环境保护入手制订相应的文物保护方案，使所开展的文物保护工作能与实际情况相适应，可以有效地促进纸质类文物保护措施的优化，为未来文物资源的合理化应用奠定基础。

还有部分地区的文物保护部门从规范化和标准化建设角度针对纸质类文物管理工作的开展进行了论述，提出构建规范的纸质类文物保护修复档案势在必行，只有构建规范的管理体系，才能促进纸质类文物保护工作的良性开展，从而更好地使文物保护工作提升到标准化建设的阶段。该做法可以有效地促进管理体系和管理制度的构建，为优化管理效能和实现文物保护资源的合理化利用创造条件。

还有另一部分工作人员对纸质类文物管理意识的强化进行了相应的探索，其认为纸质类文物损坏的原因主要是老化、变黄、发霉、虫蛀及字体消失等，要想对纸质类文物进行有效管理，必须加强对管理设施的建设，积极引进先进技术进行主动保护，增强纸质类文物材料的稳定性，延长文物的寿命，从而提高文物保护工作的效果。这些研究成果针对近现代纸质类文物管理方面存在的具体问题提出了加强管理工作的措施，注重管理工作中的改进和创新，为研究工作的开展提供参考，也促进了管理体系的构建，对于近现代纸质类文物资源的高效化利用和管理效能的提升起到了良好的促进作用。

四、加强对纸质类文物管理技术的创新

近年来，在针对近代纸质类文物强化管理技术创新的工作中，有一部分技术人员在研究中将电化学法的应用作为重点进行探索，并从电化学法的应用角度对纸质类文物的保护和修复进行了探究。对他们的研究成果进行分析能看出将电化学法应用到纸质类文物铅模拟样修复工作中，能产生良好的修复效果，可以对纸质类文物返铅病害问题进行合理化的处理，并且修复区域可控效果更好，能为纸质类文物保护和管理工作的开展提供良好的支持，促进保护工作的系统创新。

拉曼光谱在保护纸质类文物的应用也能产生较好的技术效用，比如可以对纸张的老化程度进行直接的检测，有助于纸张老化以及炭黑颜料应用等进行分析，

从而为纸质类文物保护工作的开展提供科学的参考依据。并且在文物保护和管理工作中，重点从拉曼光谱在纸张老化分析、颜料应用分析的应用等角度进行探索，能为纸质类文物研究工作的开展提供相应的支持，能促进综合研究工作的高效化开展。或者将功能型苯丙乳液在纸质类文物保护工作中应用能产生较好的效果，并且不同质量分数的功能型苯丙乳液对不同纸张修复产生差异化的影响。在有效应用功能型苯丙乳液对纸张进行保护和修复后，纸张的强度明显增加，纸张抗老化能力也得到了相应的提高。因此在开展纸质类文物保护工作的过程中，可以将功能型苯丙乳液的使用作为重点，从多角度进行系统的探索。

整合现有研究成果能看出，在近现代纸质类文物的管理和保护工作中，对技术的创新应用已经成为工作的重点。在现代社会背景下要想结合实际情况对管理工作进行创新，就要针对技术的创新进行多元化的探索，争取为纸质类文物管理和保护工作的开展提供技术支持，促进纸质类文物在新时期得到良好的应用。

针对纸质类文物的保护工作，还需要加强高素质管理队伍的构建，对于近现代纸质类文物管理工作而言，高素质管理队伍的构建能促进管理工作的可持续发展，提升管理工作的综合发展效能。特别是近现代纸质类文物，由于涉及面广、牵涉人员相对较为复杂，对文物管理人员综合素质的要求相对较高，这就需要文物管理人员在实际开展管理工作的过程中，能对每件文物的价值进行准确定位，在深入研究和系统探索的基础上开展管理工作，使管理工作能实现高效化开展的目标。

在高素质管理队伍的构建和管理人才的培养方面，也有部分学者作出了相应的探索。部分地区的文物保护机构借鉴了意大利在纸质类文物管理和保护工作中的成功经验，提出了我国在纸质类文物保护和管理人才培养方面的建议，认为要想促进纸质类文物管理效能的提升，就要对人才实施专业的教育指导，构建完善的人才培养课程体系，打造专业的师资队伍，确保能将理论教育、文化素养的培养与实践能力的提高进行结合，将教育体系的构建作为培养工作的重点，保障近现代纸质类文物保护和管理工作的开展能获得良好的力量支撑。也有学者从合办培养人才方面为例进行了探索，在张建国的研究中就将古籍的修复和管理作为重点，提出要积极探索图书馆古籍文物保护中心与院校的合作，重点对纸质类文物进行合理化的保护和管理，有效地促进古籍保护工作实现持续发展的目标，促进人才培养水平的提升。这些研究为新时代背景下近现代纸质类文物管理和保护工作的开展指明了方向，也为人才培养工作的深入推进提供了重要的支撑。在现代社会开展近现代纸质类文物保护和管理工作的过程中，要将人才队伍的构建作为重点，多角度地结合实际情况进行深入探索，确保能循序渐进地提高人才培养工作的综合效能，使高素质人才队伍成为纸质类文物保护工作的坚实基础。

  总的来讲，目前我国针对近代纸质类文物的保护和管理，无论在重视程度还是认识程度上都存在一定的局限性。相比于其他年代更加久远、体积更加庞大、材质更加珍惜的文物而言，近代纸质类文物无论在历史价值、文化价值，还是学术价值方面都有所不足。而这也是很多地方政府对于此类文物重视程度较差的核心原因之一。但是作为代表一个时代的文物类别，近代纸质类文物同样对于我国这一特殊历史时期的文化传承和历史承载有着极为重要的作用。因此，相关部门不应该轻视这一文物类别，反而应该总结经验，针对纸质类文物的具体情况，创新管理理念、革新管理技术以及建设管理队伍，从而促进当代纸质类文物保护工作更加有效地开展。

第三章 文物保护的法律研究

第一节 文物法律保护的分类和原则

一、我国文物法律保护的分类

我国文物法律保护是以"是否通过法定程序的认定"作为相关标准。由于文物在大概念上可以分为文物和准文物两个标准，而文物主要是指满足文物的概念并且符合法律认定标准，且已经通过法律程序被认定的文物。而准文物，则是指满足文物的概念符合法律认定标准，但是还未通过法定程序被认定的文物。因此，也有人认为准文物在严格的法律层面来讲并不属于文物，他们在一定程度上虽然满足人民群众对于文物的概念认识，同时也符合法律规定，符合受法律保护的文物标准。但是虽然其具有一定的保护价值以及稀缺性，却因为尚未通过法定的认定程序而缺乏一定的程序正当性，因此还不能够真正意义上称为受法律保护的文物。而从我国现行法律规定内容来看，有关于准文物保护的法律几乎还处于空白状态，因此，有大量准文物在被认定为文物之前就遭到了大面积的破坏和损毁，甚至还有部分不法分子在准文物没有被认定为文物之前对其进行盗窃和买卖。这种情况使得大量在通过文物认定之后的文物已经不再完好，甚至不复存在，或者已经流往海外。

我国的文物法律保护通常以是否可以移动作为标准。根据《中华人民共和国文物保护法》第3条内容规定，可以移动的文物主要包括各时代重要实物、艺术品、文献、手稿、图书资料、代表性实物等。而不可移动的文物则涵盖了古代文化遗迹、古墓葬、古建筑、古石窟、石刻、壁画和近代及现代重要史迹和代表性建筑等。从这个角度来讲，我国在鉴定文物或文物分类时，会将其分为可移动文物和不可移动文物两个大类。由于这两个大类本身的物理特性存在极大不同，因此要对其进行区分并制定适合的保护制度，这样才能够为后续的文物保护工作以及其他方面的工作提供更加合理的法律保障，为相应工作的开展营造适合的环境和氛围。

我国的文物法律保护还会以文物的价值高低作为衡量标准。简单来讲，在构建不同的法律保障内容时，除了需要将文物分为可移动和不可移动两个大类外，相关部门还会根据文物的年代久远及其价值高低对其进行等级划分。

根据我国《中华人民共和国文物保护法》相关规定，通常情况下，我们将可移动文物分为珍贵文物和一般文物，珍贵文物又分一级、二级和三级。而不可移动文物则通常会以地域属性进行区分，比如全国重点文物保护单位、省级文物保护单位、市县级文物保护单位等。通过这种分类不难看出，国家以及相关部门在针对文物保护项目和文物保护工作的开展环节，会根据文物价值的高低而做出不同的工作安排，从而使相关工作的轻重缓急得以梳理。对于不同等级文物和不同等级的文物保护单位，还需要部署差异化的文物保护工作内容，这样才能确保我国大量的需要保护的文物能够得到合理安置，使得后续的文物保护工作有条不紊地开展。

二、我国文物保护的基本原则

由于文物本身具有的特殊性，因此文物保护的相关法律原则需要遵循文物保护工作的基本逻辑。根据以往文物保护工作的相关经验，在进行文物保护时，通常需要遵循真实性、整体性、公共参与性三个主要基本原则。

文物保护的真实性原则是由王云霞教授在其著作《文化遗产法教程》中首次提出。文物保护真实性的原则就是不能破坏其历史的信息和文化的价值。文物的第一属性是其历史性，文物通常可以当作历史的一种见证，在一定程度上反映不同时代社会政治、经济文化、社会民生等多个方面。从历史和文化角度，可以将文物当作历史文化的一种符号和体现，对于现代人而言，文物更是人民群众能够记得中华民族伟大历史，印证祖先曾经达到的文化高度的一种有效途径。因此，真实性原则通常是文物保护工作所要遵循的第一要务。在实际的文物保护工作开展过程中，所有的工作人员以及专家学者都需要尽量保持文物的原貌，不论是对于可移动文物还是不可移动文物，都需要保持其原样、原址、原物。同时在文物保护过程中，还需要相关专家对文物本身的样态及其作用进行还原，尤其是不能本着先破坏再重建或者先移动再归还等方式，要尽量保证历史文物的本真和原汁原味。也只有在文物保护过程中遵循并尊重真实性原则，才能对文物中所凝聚的相关历史和文化信息追本溯源，才能让后人了解文物真正的用途和它背后所包含的文化意蕴。

文物保护的整体性原则主要是为了强调文物保护工作必须和文物整体达到和谐一致的目的。王云霞教授指出：整体性保护就是要对文化遗产的整体进行保护，不能根据现在社会的审美和利益来进行选择性的保护，如果对文化遗产进行选择性保护，文化遗产就不能完整地呈现在后人面前，也会因为选择性地保护失去它本来蕴含的内在价值。简单理解，文物是一种有形物体，具有相应的物理特征，因此要保护文物就需要保护文物的完整性，既要体现在保护文物工作的本身，又要注意文物所在的具体物理环境。

文物作为我国历史文化的物质性载体，也会在一定程度上包含相应的非物质文化遗产内涵。因此只有确保文物自身的完整性，才能够最大限度地还原并表达其包含的非物质文化遗产内容。比如古代编钟，如果只是以保护编钟物理形态为目的，单纯地将编钟保存下来，但是却丢失了演奏编钟的非物质文化遗产和技艺，那么编钟这种文物最终只能作为一种做工精美的青铜器具，而无法真实地表达其原本的音乐艺术属性。

文物保护还需要遵循公众参与原则。我国作为社会主义制度国家，公共参与不仅是一种有效地体现民主自由的形式，同时由于公众过去是被动接受者，在逐渐转变为主动参与的过程中，可以对文物保护工作有更加深刻的理解。"公众参与"这一概念，最初是由环境资源保护相关领域提出，并由联合国在《21世纪议程》针对可持续发展问题中明确提出了要实现可持续发展的先决条件之一便是公众广泛参与决策。随着这种公共参与制度的提出，在很多领域也得到了广泛应用。例如国家保护、人类发展和环境保护、政策推广以及文物保护工作的体系建设等环节，已经有越来越多的公众参与其中。在文物保护环节，公众参与既可以指一个或多个自然人以及法人，同时也包含按照规定参与国家立法和社会实践、兼职责任人或其他法人的协会组织或者社会团体等。而在工作开展环节公众参与的定义广泛，包含了民主社会、公民通过一种非暴力合法的方式和途径，正确地表达自己对公共事务的意见和想法，从而影响公共权力机构决策的一种方式。

2009年，中国政法大学蔡定剑教授在其报告中对公众参与的定义进行了重新梳理，将其概括为公共的权利，在其范围内进行立法决定和公共管理事务或者在进行公共权力机构治理时，由公共的权力管理机构通过一种开放透明的方式和途径，从与公众和社会利益团体以及相关的任何人或者其他组织获取信息并听取意见，通过一种反馈或者互动的方式来直接影响公共权力管理机构的具体决策和进行公共治理的相关过程。虽然这个理念在众多领域和环节都得到了广泛应用，但是由于我国复杂的文物现状，目前在文物保护法里还没有明确这一基本原则。

以其他国家较为先进且完善的文物保护体系为借鉴，在不久的将来，这项基本原则也必将出现在我国文物保护法的更新迭代版本中。

第二节　中华人民共和国文物保护法律制度的形成

在讨论中华人民共和国文物保护法律制度形成这一内容时，就不得不提及中华人民共和国成立之前，中华民族曾经经历过百年屈辱。在长达百年的战乱中，有大量极为珍贵的文物被盗被毁或流失海外，以至于我国当时针对文物保护的体系缺失，更不用提有关文物保护的法律和制度。而在中华人民共和国成立之后，由中央人民政府主导的针对文物保护以及文物流失的相关事宜迅速展开。中央人民政府首先是收回了海关主权，从这一关键节点堵住了文物向海外流失的有效渠道。在此之后就开始了针对文物保护的相关工作，并先后颁布了一系列有关文物保护的法律法规制度。其中较为有代表意义的是：1956年中央人民政府先后颁布了《禁止珍贵文物图书出口暂行办法》《古文化遗址及古墓葬之调查发掘暂行办法》《中央人民政府政务院为征集革命文物令》以及《中央人民政府政务院关于保护古文物建筑的指示》。从名称上不难发现，这一时期由中央人民政府所颁布的相关文物保护法律法规，大多以暂行办法呈现，而这几个法律法规的颁布和出台，一方面迅速地遏制了国内向国外走私文物或者大规模民间盗掘等状况。另一方面也开始逐步清理民间对文物破坏的相关案件，并且通常会严惩不贷。针对各省区市县政府领导以及相关负责人对本地区文物或者古建筑进行违法拆除的行为通常会立即撤职，而对于民间盗墓者，但凡有损毁或者走私文物的情况，严重时还会判决枪毙。也正是在这样严厉的整肃之下，才扭转了当时国内较为糜烂地破坏文物、盗掘古建筑或古墓的不正风气❶。

1953年，我国开始实施第一个"五年计划"，其中具有针对文物保护工作而颁布的《关于在基本建设的工程中保护历史及革命文物的指示》。紧随其后又颁布了《国务院关于在农业生产建设中保护文物的通知》。可想而知，在当时我国忙于开展全面建设工作的重要时间节点，国务院仍然针对在基本建设工程以及农业生产等两个支柱产业中的文物保护内容。这充分说明了当时的中央人民政府已经深刻地意识到了文物对于中华人民共和国发展以及社会主义建设的重要作用。在这

---

❶ 周剑. 我国不可移动文物保护和利用的思考——以中山市为例[J]. 智富时代，2016（11）：2.

两个文件的影响下，大量出土的文物得到了有效保存，并且还在北京举办了全国基本建设工程中出土文物展览。

改革开放之后，我国经济、文化、艺术等领域逐步复苏并进入发展的快车道，而此时的文物保护法律体系建设也迫在眉睫，文物工作纳入了正式的政府法制化轨道中。1978年党的十一届三中全会之后，各行业逐步进入拨乱反正阶段，社会主义法治建设工作也被提上政府工作日程，而文物保护法治建设也终于迎来了第一次全面改制。吸取了之前的工作教训之后，相关政府部门的领导一致认为，先前颁布的《文物保护管理暂行条例》已经很难满足新时代的文物保护工作需求，很难适应当时国内的全新形势和经济环境。

1979年，由党中央国务院牵头国家文物部门在之前的暂行条例基础上，通过不断借鉴国际先进的文物保护工作经验，总结国内的文物保护工作教训，起草了《中华人民共和国文物保护法》，并在多方求证之后，在第五届全国人民代表大会上通过此法案并颁布实施。与之前的暂行条例相比，《中华人民共和国文物保护法》的具体内容不仅得到了有效扩充，而且更加精准地界定了我国针对文物保护工作和文物保护管理体系的相关内容，对于可移动文物的管理保护以及流通工作进行了明确规范。同时也将很多已有的审批管理规定中考古发掘的相关要求进行了明确的细化奖惩条例以及具体措施。

1987年，国务院发出《关于进一步加强文物工作的通知》，1992年国家文物局出台《中华人民共和国考古涉外工作管理办法》。这两项内容对我国日益发展的文物事业以及文保机构发展给予了积极的指导和影响，也使得我国文物保护工作的开展状况得到了有效提升和明显改善。

进入21世纪之后，尤其是在党的十八大召开以来，我国文物保护法律体系的建设逐渐走出了自身特色，并得到了有效完善。随着我国经济水平的不断提升以及对外业务的逐步开放，很多不法分子再次将贪婪的目光关注到了走私文物以及盗掘造假等上，致使很多珍贵的文物流入海外。这种情况充分地说明我国当前文物保护的相关法律内容再次面临调整，需要进一步完成和国际社会的接轨。

2000年，我国颁布了《中国文物古迹保护条例》，使得文物保护管理以及相关工程内容填充到了文物保护相关法律法规中，并且完成了和国际文化遗产保护理念的第一次接轨。也正是在这一阶段，我国文保机构提出了"保护为主，抢救第一，合理利用，加强管理"的16字管理方针。同时，针对我国不可移动文物构建了文物保护单位和历史文化街区，以及历史文化名城相联动的保护模式和管理框架。而在党的十八大召开之后，基于实现中华民族伟大复兴以及文化自信等重要决策,相关部门又连续出台了《关于加强打击和防范文物犯罪工作的通知》《国务院关于进一步加强文物工作的指导意见》《关于加强革命文物工作的通知》《关于进一步加强文物安全工作的实施意见》《关于加强文物保护利用改革的若干意见》。至此,我国逐步建立起了全方位、立体化的文物保护法律体系,并且各省市区县之间也分别建立起了符合自身地方特色的文物保护制度。

第三节 我国现行文物保护法的制度现状分析

在经历了中华人民共和国成立初期、改革开放以及21世纪以来三个阶段之后,我国文物保护相关的法律体系逐渐升级完善。从目前我国对文物保护的现行相关法律内容来看,目前已经建立起了多层次结构体系的文物保护法律相关框架,尤其是以《中华人民共和国文物保护法》为基本法并结合相关条例以及管理办法,配合地方性法规的实行政策,已经可以基本满足目前国内针对文物保护工作和其他内容的实际需求。但是,目前我国的文物保护法律体系还不能称为最终完善,尤其是在针对准文物的保护工作以及文物保护的公众参与等方面,还有着诸多不足之处。

一、目前我国存在准文物流失严重的情况

由于对各种准文物保护工作的重视程度不足和其他多方面因素,导致我国目前尚没有针对准文物的保护而进行明确立法。这也在一定程度上使得我国准文物的保护工作开展相对艰难,缺乏法律支持,保护程度不足。其根本原因在于我国历史悠久、地域广博、民族数量众多,有大量的准文物储量和资源。据不完全统计,近年来,我国每年准文物私藏或交易数量可达几十万件。虽然在法律层面对准文物的界定是尚未通过法律程序被认定的文物,但是很多准文物自身所蕴含的历史价值、文化价值以及经济价值不比经过认定的文物低。但是由于这些准文物的持有者或者拥有者自身并不清楚其中蕴含的历史文化内涵,又或者有一些准文物是被有心之人故意界定为准文物,从而使其无法得到有效保护,又或者是为了谋求经济利益而钻法律空子。即便是部分持有者对于准文物的重视程度足够,但是由于缺乏专业的保护知识和技能,使得这些准文物破损或流失。

由于大部分准文物以前保存在我国社会民间，通常以最普通、最常见的一种使用工具或者生活日常使用器具出现，因此这些准文物大多被其所有者持有。随着我国现代化经济水平的不断提高，很多传统用具或传统器具逐渐被现代化商品替代，在慢慢地闲置过程和淡出使用日常之后，才被大量的收藏者所持有。也正是因为这种准文物自身交易的特性决定了很多人选择购买这种准文物时，会使用各种廉价的现代物品进行交易，之后再通过转手买卖来获取经济利益。通俗来讲，就是由于缺少对这些准文物的有效管控，使得部分文物贩子利用信息不对等这一特性，从持有者手中低价交易，甚至欺骗获得。

此外，还有很多一直未被正式认定为文物的准文物，由于管理和保护理念的缺失以及法律规定的漏洞而流失海外。随着人们文物保护意识逐渐增强，这些流落海外的准文物逐渐体现出了其历史文化和收藏价值，以至于很多国内藏家或买家想要回购就需要花费极其高昂的成本和代价。而这种买卖体系的建立和市场的逐步成型，又使得我国针对准文物领域的保护产生了全新的需求。因此想要更加高效地对我国准文物进行保护和管理，避免使其遭受更加严重的破坏或者导致持有者出现经济损失，相关部门应当采取预先保护、预先管理的措施，将其纳入国文物保护相关法律的控制范围之内。

二、文物法律保护中公众参与的缺失

由于我国相关法律条文中并没有明确规定公众参与的相关原则，因此，文物保护工作中也出现了很多不足和缺失。比如公众没有表决权，直到现阶段我国针对文物保护的相关法律内容，针对公众参与的有效性和有效方式还一直没有得到最终落实。一方面是由于公众参与和文物保护两者之间想要有机结合，必须有相关的配套措施，才能确保这种方式的公正性和有效性。国家需要预先对公众如何参与文物保护，以及参与方法和参与范围进行明确。同时还需要开放指定平台建立合法合规的渠道，这样才能使公众参与文物保护这项事业的意愿和诉求得到正向实现。另一方面，由于文物保护相关部门本身和社会公众之间存在严重的信息代沟，绝大多数的社会公众对文物的认识了解有着严重缺失，这也在很大程度上阻碍了公众和文物保护两者之间进行有效关联。

公众参与和文物保护两者之间想要有机结合，就需要公民拥有文物保护的公益诉权，但是这项权益应当放置在哪一个板块的法律体系中得以体现又成为关联其他部门和司法机关的另一难题。目前我国实行的《中华人民共和国文物保护法》中,并没有针对公众应当如何提起文物诉讼进行明确表示,同时很多公民或者社会性质的民间组织,如果想要通过法律途径来追究文物破坏的相关责任,只能求助于其他法律体系。简单来讲,对于很多文物古迹遭到破坏的情况,无论是民间文物保护组织,还是公众个人在法律层面上,其本身不具备提起公益诉讼的主体资格,在很多情况下都只能求助于其他部门或组织的帮助。最为典型的就是针对各种古代建筑、古代遗迹的破坏,其适用的条款只能在《中华人民共和国环境保护法》中找到,《中华人民共和国文物保护法》中却没有相关条款。

此外,我国文物保护工作的开展针对公众参与环节还存在一个明显问题,就是由于缺少公共监督平台的加持,相关文物保护主管部门无法与群众取得很好的联系,也未能严格地履行文物保护监管职责。在我国的文物保护工作管理体系中,各级地方政府通常是履行文物保护工作、监督管理责任的第一责任人,因此,如果地方政府选择重视地方经济而轻视文物保护,那么这种行为在文物保护法这一层面属于违法行为,但是由于政府本身所具备的文物保护监督和管理职能,导致政府无法被有效问责。既当裁判员又当运动员的行为在一定程度上也成了文物损坏、非物质文化遗产流失的重要保护伞。公众无法参与文物保护工作,导致我国文物保护工作陷入瓶颈,甚至有很多文物被政府各部门有关人员或项目损坏之后,处于无处问责的尴尬境地。

三、文物保护工作资金来源渠道受限

根据《中华人民共和国文物保护法》规定,国家发展文物保护事业,县级以上人民政府应当将文物保护事业纳入本级国民经济和社会发展规划,所需经费列入本级财政预算。这一点就直接导致了上文提到的政府主导文物保护工作的相关预算和资金,在面对经济增长和文物保护工作同时开展的过程中,大多数政府都会选择以维持经济增长为主,从而控制或削减文物保护工作的资金和经费。但是在实际操作中,尽管国家每年都会对各级政府增加文物保护工作的资金投入,但是在地方性政府的财政预算中,能够真正做到固定资金固定使用的却少之又少。另外,国家对各地方政府拨款的资金多少通常是由地方政府申请保护管理的对象评级来决定的,由于我国对文物保护管理和整治工作的开展时间较短,制度还不够完善,因此很多政府都存在文物保护工作资金匮乏、财力人力不足等问题,严重影响了文物保护工作的正常开展和体系建设。

第四节 文物保护领域立法发展方向与趋势

一、重视文物安全，促进文物利用

从稀缺性的角度来讲，文物有着不可再生性和不可替代性，因此文物只能以保护为主而无法对其进行再生和替换。文物保护领域的立法发展方向，必须要坚持以确保文物安全为最核心内容。比如针对各级人民政府，应该明确树立保护文物的责任和概念，并且将文物保护以及文物安全工作纳入各级政府的考核和评定体系中，落实该项工作的责任制度。其次，结合我国文物保护工作的实际发展情况，建立完善且安全的文物保护制度。除了现行制度体系之外，还应该合理地增加文物资源调查监察制度，以及文物安全风险等级管理制度，并且在落实这些制度的过程中，还需要明确直接责任人，禁止各种由政府导致的文物破坏或损毁行为。加强文物安全法律责任制度，对于政府相关责任人员所进行的行政处罚要严厉严肃、公正公开。

此外，要有效地促进文物在文化以及经济等方面的利用。国家应鼓励利用文物资源传承弘扬中华优秀传统文化，继承革命文化，发展社会主义先进文化，提升中华文化国际影响力。还需要将文物利用这一概念在文物发展领域的基本制度地位进行进一步确定，此目的就是能够在普通群众之间深化文物传承和文化弘扬的理念，尤其是针对不可移动文物以及各省市馆藏文物，更需要直接增设文物保护单位的开放制度。相关单位需要按照这项制度尽可能地将相应等级的文物向社会开放，并且各级政府还需要针对本地不可移动文物建立博物馆和纪念馆。同时，在面对新时代群众文化需求时，还应根据自身的馆藏文物内容，增设文化创意产品的开发，使得馆藏文物能够借助不同渠道和平台更好地发挥自身交流、宣传、推广文化的作用。

二、文物保护立法需要从重视审批转向重视监管

我国针对文物保护领域的立法还需要充分结合时代发展的相关需求，尤其是在以往几个重大时间节点中，有关文物保护领域的立法内容大多以审批或工作内容的传达为主，对于工作开展以及工作实际效果的监管力度不够，缺乏合适的监

管平台。而在接下来的立法中，相关部门会针对当前的行政审批制度进行调整，比如国家级保护单位保护范围内的建设工程，只需经省级政府批准，不需要再征得国家文物局同意。或者在国保单位建设控制地带内，建设工程设计方案、原址保护措施和国保单位的修缮，并报批调整为经省级文物主管部门同意，不再要求根据文保单位的级别报国家文物局批准。类似这样的立法调整，其根本目的在于使文物保护工作的开展和推动更加灵活，更加高效。

我国文物保护领域立法还需要重视国际交流合作等环节的加强。根据修订草案的内容调整方向，我国首次确立了文化保护国际交流与合作制度，针对如何加强文物保护国际交流做出有效规定，并且在考古、展览、修缮、研究、执法等环节拓展了中外合作机制。尤其是针对文物出境、入境这一环节，又新增添了文物追索和返还制度，规定了被盗文物和非法出境文物应当如何展开国际合作、如何进行追索。从某种角度来讲，文物不仅承载着中华民族优秀的文化历史，同时也是华夏民族历史进程的重要见证。因此，规划文物保护法律相关内容，构建现代化文物保护工作机制，需要站在中国文化的立场上，积极结合文物保护领域的国际交流，在拓展合作制度时，应向其他国家展示中国精神、中国价值和中国力量，充分发挥文物保护领域立法的权威性和重要性。

三、针对历史文化名城的立法完善

我国历史文化名城的保护起步较晚，很多人将其和历史文物保护视作等同，对其认知较浅，法规也不完善，而这也是我国众多历史名城没有得到妥善保护的核心原因。例如，北京、南京、西安等古都，现存的城市面貌和古代遗址极少，也没有保留古代城市的众多风貌。著名建筑学家林徽因就曾经针对我国在成立初期大量拆除历史遗迹的行为绝望地表示道："为什么经历了几百年的沧桑，解放前夕还能从炮口下抢救出来的古城，在中华人民共和国和平建设中反而要被毁弃呢？为什么我们在博物馆的玻璃橱窗里那么精心地保存起几块出土的残砖碎瓦，同时却又要亲手去把保存完好的世界唯一的这处雄伟古建筑拆除得片瓦不留呢？"

针对历史文化名城的保护一直以来都有争议，这并不是一个新兴话题。但是直到如今，国内对于历史文化名城保护的问题和研究依然非常浅薄，甚至有很多专业人士都闭口不谈。从某种角度来讲，保护历史文化名城就势必会影响现代城市化发展，对地方性政府而言是一件极为难以取舍的事情，但是对历史文化名城的保护却又有着极为特殊的意义。相比于其他文物而言，对历史文化名城的保护包含考古和古生物遗址的任何建筑群结构和空旷地。它们的历史意义和文化意义在于：古代人类居住地凝聚的历史艺术、社会文化等多方面的价值是其他文物所不具备的。根据国际古遗迹遗址理事会的界定，历史文化名城可以划分为史前遗址、历史城镇以及老城区这三个层级，而对不同历史城区的保护方式、保护原则、保护手段和保护目标又有所不同。

《中华人民共和国文物保护法》第14条规定，保存文物特别丰富并且具有重大历史价值或者革命意义的城市，由国务院核定公布为历史文化名城。时至今日，国务院已经将国内的120座城市列为中国历史文化名城，有针对性地对其进行了重点保护。根据相关资料显示，这些城市大多具有一定的历史代表性，既有被各朝各代作为都城的古都名城，也有一段时间内的政治、经济、文化重镇。有些地区曾经发生过重大历史事件，而有些地区则拥有大量的珍贵文物遗产。从立法角度来讲，我国从2008年开始实施的《历史文化名城名镇名村保护条例》对历史文化名城保护有着极为重要的意义，但是时至今日，这种保护的模式和目标仍然存在很多不足，有很多具有重大历史意义的文化街区甚至城市，都在遭受不间断地破坏和拆毁。而这种破坏对于历史文化名城而言，往往都是不可逆的。

想要从立法角度强化对历史文化名城的保护，对于历史文化名城的保护对象需要有明确的规范，无论是保存的文物特别丰富，还是历史建筑集中成片，又或是保留着传统格局和历史风貌，再或者是曾经在某一段历史上作为经济政治文化交通中心或军事要点，上述相关内容都可以界定为历史文化名城的特征。很多城市都能够反映自身所在地区的民族特色、文化特色和地方特色，因此，在保护这些历史文化名城时，需要对其文化特点进行宏观梳理，尤其是对历史建筑、历史事件、文化体系进行保留。从保护方式上来讲，历史文化名城的保护应该是动态的，因为其具有鲜活性，无论是村镇还是历史名城，其本质是建筑文化和人类生活的共同体。文物和历史建筑具有历史价值、文化价值，历史文化名城之所以宝贵，主要是由于人类的生活轨迹使得其具有一定的历史文化属性[1]。

在保护历史文化名城时还需要注意其特殊性。通常来讲，历史文化名城和文物古迹之间有着鲜明的区别，历史文化名城的保护不仅需要更加注重其整体性和群落性，同时还需要兼顾历史文化名城和文物古迹之间所存在的独立性、定量性。也就是说历史文化名城的保护需要更加整体一致且连续，但是目前我国的相应法律文件中，这些问题还没有明确体现。比如，山西的平遥古城和云南的丽江古城都属于国家历史文化名城，但是在保护方式上却有着极大的差异。山西平遥

---

[1] 李雪萌.关于当代文物保护工作的思考研究［J］.海外文摘，2022（6）：3.

古城为了保护历史文化名城，选择将一部分居民和政府机关单位迁出，这种方式实际上是营造了一个新的城区。而丽江古城的保护方式则是选择将新旧两个城区隔离，保护旧城区、建设新城区。这种将新旧两个城区进行分离的保护方式在世界范围内的很多国家都有先例。这种模式既可以使历史名城的风貌得以延续，同时又不会过度影响该地区居民的日常生活。

此外，《历史文化名城名镇名村保护条例》中还规定，为了加强历史文化名城、名镇、名村的保护管理，历史文化名城、名镇、名村的保护应当遵循科学规划、严格保护的原则，保持和延续其传统格局和历史风貌，维护历史文化遗产的真实性和完整性，继承和弘扬中华民族优秀传统文化，正确处理经济社会发展和历史文化遗产保护的关系。这对我国对历史文化名城的保护宗旨做出了直接的表述，在立法层面讲究科学规划、严谨保护，本身就是对历史文化名城的尊重。但是国务院却没有在该条例中规定中央和地方人大代表参与监督历史文化名城保护的问题。从立法角度进行考量，该条例的制定者或许认为立法机关以及国家权力机关事务不应当由国务院颁发的行政法规来进行规定，又或者是由于之前的一系列操作而认定涉及历史文化名城的保护，不应当由非专业人士参与和监督。

历史文化名城的保护，其关键内容在于如何制定高效的保护措施，如何规划科学合理先进的保护行为。这种保护行为必须要在尊重历史文化名城自身属性的基础上，结合专业人士的意见来开展，不能以少数的相关部门官员意见来闭门造车。

从许多文物保护专家和法律学者的角度来看，我国将地方的历史文化名城规划交给地方政府来全面负责本身就不具备科学性，甚至由于地方政府对历史文化名城认知的局限性出现了很多错误的保护行为。比如敦煌莫高窟在选择保护文化遗产的过程中，使用现代颜料对古代佛像进行彩绘，非但没有能够使这些古代遗迹焕发生机，恢复本来面貌，甚至由于操作人员自身的审美能力以及美术水平有限，破坏了这些佛像的美感，引起了强烈的社会反响。历史文化名城的规划不同于一般的城市规划，需要根据《中华人民共和国文物保护法》以及《中华人民共和国城乡规划法》等多部法律进行综合考量。以我国现阶段的国情和对历史文化名城的保护情况来看，对历史文化名城的保护需要充分地发挥各个专业学会甚至相关院校的专业能力，成立各地的历史文化名城研究会，由专家委员会和文物保护协会等共同进行规划，提高其专业性和可执行性。

第四章　文物价值的研究对文物保护的影响

第一节　文物价值的研究

我们在说明文物的价值时，常常是以发掘它的价值、了解它的价值来说明它的价值是怎样得到确认的。而当我们以主观意识确定了文物价值量的同时，它的价值就是已经客观存在的。意识到了文物的价值，其实就是对它的意义与功能的确认。于是，非物质文化遗产的价值便是它的内在特征了。在我们的传统中，对非物质文化遗产的价值应该看作文物的客观存在。随着时间的推移，尽管科技水平有所提升，但人们的认知能力却一直受到限制，无法做到一次全面地了解文物的价值。所以，文物价值认识的现实问题对当代文物的价值鉴定工作提出了新的要求。

自 20 世纪 60 年代以来，人们对文物价值的认识有了较大的改变。在此期间，不少文物从业者仍然坚持或主张文物的价值是人造的，颠覆了以往的传统价值判断理念，并提出了一个全新的价值判断观点，即文物的价值是人为设定的。在新的文物价值理论的影响下，文物的价值重新引起了我们对文化价值的评判。在人们对文化遗产价值的重新认识上，我们可以看到，人和文化之间还存在着这样的一种关系。因此，非物质文化遗产的价值并不仅仅是内部存在的、静止的，而是外在相互联系的、动态的。同时，由于人类对非物质文化遗产价值的不同认识，人类对非物质文化遗产价值的保护观念也因此出现了新的变化。通过对文物遗产的历史传承价值的分析，文物具有一定的社会文化价值，主要体现在继承和发展文化多样性上。其社会价值包括研究价值、教育价值等，而历史文化名胜等也与自然文化因素有关。

对不同类型的专业人士，以文物价值为研究对象，其根据可分为主客观两个方面。所谓客体，便是探究客体的必要条件，在这里的基本环境并非指一种空间的主体观念，它是指一个人对文化遗产价值客体的认识、研究和认识的绝对职务权力，而缺乏了这一基本环境，价值主体、客观对象之间的相互意义也就无法实现所谓的主体要求，是说价值主体不但具备了对价值客体研究和认识的相应知识，而且要具备对价值客体探究的欲望，这二者又缺一不可，因为如果没有专业知识而没有欲望，那么研究文物的价值就不可能，反之，如果没有专业知识，只能靠欲望，那么就不能研究文物的价值❶。当专家和文物的价值两个条件都得到满足之后，就是完成了这个研究的过程。这就导致了对象的研究范围越来越大，发掘出的文物的价值也就越高，研究价值也就越高。

要解决人们在文物保护中遇到的某些困难，就必须从其所包含的多元价值观念入手。要了解文化遗产的价值，需要提高社会文化水平，需要有很高的眼界和广博的见识，还要有充足的时间去克服各种片面的、无意义的理解。随着人们对文物所凝结的历史和文化内涵的逐渐了解，文物在今后的发展中将会有更大的升值空间。因此，这一层次的文化遗产将会随着对外开放程度的扩大、经济的发展以及人们整体素质的提高而不断地提升。随着人们的知识水平和鉴赏水平的提高，他们可以从这些文物中获得更多的文化知识，从而获得更多的艺术享受，也会更加热爱这些文物。随着经济的发展，人民也会有更多的时间去欣赏这些文物❷。

文物的基本价值包括历史、艺术、科学等方面的绝对价值。研究古物的绝对价值并非一蹴而就。对文物的绝对价值的探讨是由多个主体的反复探索而完成的。同时，对文物的绝对价值也不可能在一定的历史时期内完全理解，它需要随着时代的发展，以及人们对文物的了解和对科学文化的理解而不断丰富。文化遗产的价值既有社会价值，也有经济价值。文物的相对价值是由文物的绝对价值与经济、社会因素相结合而产生的，因此，研究文物的相对价值，既要从文物的角度出发，又要把社会学与经济学相结合。随着时间、文化、经济的发展，文物的相对价值发生了变化，并表现出了不确定的特征。因此，文物价值的研究是一个动态的过程，其研究结果只能无限地接近文物价值，而无法全面彻底地认识文物的价值。

这些具有独特的历史与艺术价值的文物，可以为当代科学的发展提供大量的灵感与材料，比如运用传统的景观特征、表现手法等来设计现代建筑，或者用文物来充实和补充相关研究的文献。另外，文物的相对价值也可以称作隐形价值，即文化遗产所拥有的潜在价值，即对其进行二次开发，使之成为具有历史意义的物质载体。同时，还可以利用古迹遗迹等旅游资源，为当地的旅游发展注入更多

---

❶ 辛安清.文物价值的实现及文物保护发展计划的研究［J］.2020.
❷ 潘国刚.文物社会价值的实现与文物保护规划［D］.昆明：昆明理工大学，2008.

的人文气息和历史意义,从而带动服务业、文化产业等多种产业的发展,提高我国整体经济水平,增强我国的综合国力。

一、文物具有艺术价值

艺术品、丧葬遗物以及遗迹遗物是当代艺术研究的重要载体,也是人们认识古代艺术品的主要途径。更重要的是,这些文物是不可再生的,其本身所承载的艺术价值更是无价之宝,这也是不同历史时期不同创作者的作品能够长久传承下去的关键,也是当代艺术发展的一个不可忽视的因素。文物所具有的独特的内部特征与外部的美感,使人能够在展览中认识与欣赏。这些文物内容极为丰富,在审美、鉴赏、娱乐、艺术史料等方面都具有很高的价值。彼此渗透,彼此牵制。无论是在艺术发展史上,还是在当代艺术发展过程中,对文物价值进行挖掘与发挥,对当代艺术的发展具有重要的意义。在文物保护与管理方面,国家文物管理局、博物馆应充分认识其艺术价值,积极组织专业美术团队,与各类艺术院校、优秀人才共同努力,挖掘其艺术价值❶。

二、文物具有历史价值

历史文化价值体现在历史、社会、政治、文献学等诸多领域。文物是我国古代文献资料体系中不可取代的重要组成部分。文物承载着不同时期独特的历史内涵和时代烙印,是现代历史研究者与历史人物对话的重要桥梁。从这一点来看,每个古迹都是有一定的历史意义的,每个古迹都有一定的历史特色,体现了当时的科学技术水平。

从这个意义上说,这些文物既可以反映当时的技术水平,也可以真实地反映当时的情况,可以让后人更好地认识历史事件,也可以从一定程度上反映当时的社会经济、文化状况,并暗示着人类从远古到文明一路发展的坎坷路程。在很长一段时间里,人类都很看重历史,当科技还没有完全发展起来的时候,它就成了人们解决问题的关键。然而,在理性认识日益成熟的今天,人们越来越注重从可信的角度来审视历史,而文物则是历史研究的一个不可缺少的载体。在今天的历史研究中,文物的重要性已为世人所知,各国都非常重视本国及世界各地的文化遗产,投入了巨大的人力物力,更深入地发掘了这些文物的历史价值,为人类社会的发展提供了更为可信的资料。

---

❶ 黄瀚东,刘勇.文物价值的实现及文物保护发展计划的研究[J].南方论刊,2016(5):2.

三、文物具有科学价值

文物具有科学价值，这是由于许多文化遗产都是知识、科学和技术的产物。例如，不同的陶瓷制品的质量、煅烧方法，既可以见证不同的历史阶段下的陶瓷烧制技术的发展，也可以从不同的角度反映出各个时代的科学技术、制造业水平以及审美的变化。发掘古文化遗产的科学价值，不仅可以更加准确地认识科学技术的发展过程，还可以为现代科学的发展提供一些借鉴和研究基础。尽管文物本身所具有的科学价值在今天的人看来有些落伍，然而，它所蕴含的先人的开拓进取、创新的科学精神，却永远不会被抹杀。以文物为载体，强化青少年的科学精神和思维能力，并以科学发展的历史为依据，使其具有最大的科学价值。

四、文物具有社会价值

近年来，新的文物保护观念突出了文物的社会价值，并指出了文物在文化身份上的作用与价值。文物的社会价值的实现，主要取决于其在保护和研究中所获得的价值。现代人类社会中各种价值的实现都是以物品的价值交换为基础的，而文化遗产的社会价值也是通过交易来实现的。尽管它在价值交流的过程中也会牵涉到经济基础，但是从根本上讲，它的核心是文化、精神和思想的交流。文物的社会价值实现，首先要靠文物管理局和博物馆来发掘这些文物所蕴含的丰富的历史、艺术和科学价值，其次通过相关的活动，让人们参与到社会价值的交流中，最终以文物为媒介，进行精神价值的交流❶。

五、文物具有经济学价值

文物具有经济属性，其经济价值也很高，主要表现在其实际用途和旅游发展上。文物是一种极其宝贵的旅游资源，它赋予了民族、地区旅游开发与发展的文化魅力和文化内涵。此外，文化遗产还可以提升当地的知名度，为当地的经济发展提供更多的机遇，同时也可以促进旅游、酒店、服务业等相关行业的发展。

---

❶ 梁伟.文物保护规划的现状与发展研究［J］.遗产与保护研究，2018，3（7）：14-19.

第二节　我国文物保护规划的发展

文物保护规划是比较新的一个专业范畴。近年来，随着国家对文物的保护意识不断增强，文物保护规划也逐步得到了人们的重视。文物保护规划是一种新兴的规划类型，在近年来的发展中出现了许多问题。

目前，我国的文物建筑主体保护工作面临着十分严峻的局面，大多数古迹都是历史悠久、饱经风霜的，在多次的修缮中，原有的建筑风貌基本保持不变。另外，我国的古建筑多为木制，其材质耐久性差，易被侵蚀、老化，维护起来很困难，修复周期相对较短。因此，在进行文物保护规划时，必须充分考虑到文物的特殊性，并根据实际情况对文物所面临的损害因素进行全面摸底，制定出科学合理的保护方案，以有效预防水、火、地震等自然灾害，制定出一套完整的应急处理预案。在文物建筑群中，进行岩土工程、灾害防治专项工程的施工方案设计，必须全面地分析建筑施工对文物的损害与干扰，建筑设计时，应清楚地标明建筑对文物本体的干扰状况，并对其进行准确的测量，分期进行，以减小对文物本体的损害。

从保护与传承的角度出发，规划的指导思想是中国文物工作的十六字方针，即：保护为主、抢救第一、合理利用、加强管理。"遗产的保护"与"中国遗产的保护"是从"世界遗产"的角度出发，注重"遗产的真实性、完整性、延续性"。"真实、全面地保存和延续"，就是"遗产的总体保护"的"文化价值"。

我国在20世纪90年代以前还没有独立的、专业的文物保护计划。自1990开始，国家在文物保护方面的投资明显增加。同时，我国积极准备申报世界遗产，并制定了相关的保护和保护方案。早期的文物保护规划缺乏自身的特色和规范，缺乏先进的保护思想，缺乏科学的理论支撑。有的只能说是文化遗产保护工程。有一些是从历史文化城市的保护制度中产生的特殊的环境改造设计；还有一些是针对旅游、展览需求而制订的展览规划。在规划内容、规划深度、规划文件表达方式、成果形式等方面存在差异，并且极不统一。由于专业背景不同，规划设计人员包括考古工作者、文物管理部门、建筑师等。

1996年，我国文物保护规划进入探索期。第一次系统阐述了文物保护规划在整个文物保护工作中的地位与作用，并提出了工作的基本思路与策略。

2001年，国家文物保护规划，尤其是文物保护工作，把"国家重点文物保护单位和一些省级文物保护单位的保护规划"列为"重点建设的基础工作"。根据"全国文物保护重点发展计划"的工作要求，国家文物局、考古学家、历史学家、规划专家、遗产保护专家等多个领域专家直接指导和参与，对大遗址保护规划的技术、文本形式、规划方法进行了较系统的探讨，为今后的保护规划工作提供了依据[1]。

从2003年起，国家文物局在保护规划方面的工作也取得了长足的进步，有力地促进了全国文物保护规划法律法规的制定。

自2004年至今，我国文物保护发展逐步完善，正式进入了文物保护规划的快速发展时期。这个时期，国内的研究机构不仅在自己的研究中不断探索，而且与国外的研究机构进行了合作，并在国际上进行了一些探索。通过多年的实践和国际交流和学习，我国的文物保护规划逐步走向规范化、法制化，走向成熟。

我国的城市化进程已经达到了有史以来最快的水平，并且在未来几年内还将继续高速发展，许多地区的保护与发展已经成为日益激化的矛盾。尽管近年来国家对文物的保护越来越重视，但各类破坏文物的行为依然屡禁不绝，各类具有建设性的破坏行为时有发生。因此，在文物保护规划中，首先要明确的是"两划"的控制区，即保护与建设控制区，并对其进行管制，这就必然会对用地指标、用地性质进行各种制约。从而导致了财务上的损失。在众多利益博弈中，由于经济利益与建设的双重压力，文物常常沦为牺牲品。在城市和农村建设用地紧张的形势下，在很长一段时间内，保护和建设的矛盾仍然十分突出。

在现代社会中，文物的保护与社会的发展有着密切的联系。在推动可持续的经济和社会发展中，文化遗产起着积极的作用，其对社会发展的作用日益突出。这就要求我们必须从纯粹的文物保护入手，逐步向展示、利用和保护相结合的方向发展，充分利用文化遗产的社会价值，突出其在社会发展中的带动效应，同时发展创意产业，使经济效益得到合理的体现。与旅游、休闲等相关行业的密切联系，是目前我国文物保护工作的一个重要课题。当文化遗产受到更多的关注时，如何合理地使用这些古迹，是中国历史文化遗产保护工作的重要内容。遗产功能的延续尚待研究，可从其价值、特征、保存状况、环境条件等方面考虑，充分考虑其研究、展示和延续功能，并赋予其相应的现代功能。

---

[1] 段雅君. 文物价值的实现及文物保护发展计划的研究 [J]. 文物鉴定与鉴赏，2019（20）：2.

文物分为两类：可移动文物和不可移动文物，不可移动文物主要是指建筑和地面结构，它们是历史上的历史、艺术、建筑遗产，其中以历史、艺术、建筑为主。文物资源的开发为地方经济发展提供了新的发展空间。同时，旅游也使文物的保护工作变得更加困难。一般情况下，不能任意地利用非流动文物，以免因旅游和其他经济活动而受到损害。但同时，文化遗产的经济属性也要得到充分开发，以服务于地方的经济发展和繁荣，这就造成了文化遗产的开发、利用与保存的矛盾。为此，地方政府与文物保护单位要加强交流与合作，在经济与文化遗产的保护上达到平衡，才能合理地利用文物的经济与旅游资源。

除了不可移动文物和旅游资源的整合开发外，我国也有许多可移动文物，如图 4-1～图 4-18 所示。

图 4-1　微山石刻东汉浮雕扶桑树人物画像石

图 4-2　东汉浮雕扶桑树射鸟画像石

图 4-3　东汉浮雕六博骑马射鸟画像石

图 4-4　东汉浮雕水榭捕鱼画像石

图 4-5　东汉浮雕厅堂拜谒击鼓三女裸舞画像石

图 4-6　东汉浮雕厅堂持笏拜谒羽人逗鸟永和六年铭文画像石

图 4-7　东汉浮雕厅堂铺首衔环永和元年铭文画像石

图 4-8　东汉浮雕西王母铭文画像石

图 4-9　金代尚书礼部批文石碑

图 4-10　东汉浅浮雕厅堂拜见主人画像石

图 4-11　东汉浮雕拥抱图画像石柱

图 4-12　梁祝碑拓片

图 4-13　明周天球唱和诗方形石碑 1

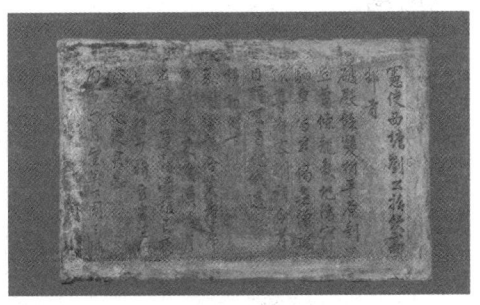

图 4-14　明周天球唱和诗方形石碑 2

图 4-15　隋大业二年朱贵建桥造像碑

图 4-16　隋开皇六年仲思那等建桥造像碑

图 4-17　唐八棱八佛石塔级　　　　图 4-18　西汉线刻丧葬图孔子见老子画像石

除此之外，还有许多玉器和铜器，如图 4-19～图 4-30 所示。铜器如图 4-31～图 4-46 所示。

图 4-19　汉葫芦形玉塞　　　　　　图 4-20　汉梭形玉眼盖

图 4-21　汉玉蝉 1　　　　　　　　图 4-22　汉玉蝉 2

第四章 文物价值的研究对文物保护的影响 | 111

图 4-23 汉玉剑阁

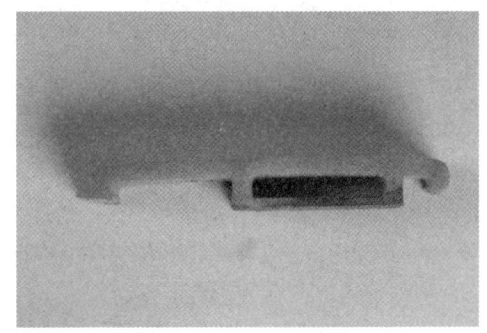

图 4-24 汉玉剑彘

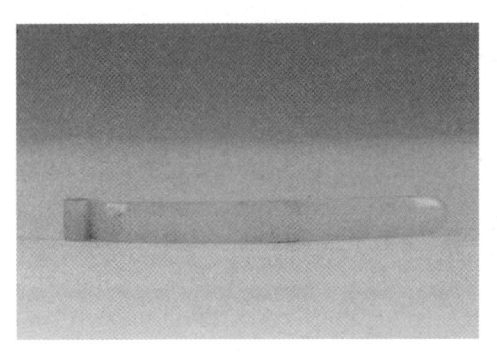

图 4-25 民国卷云首蝙蝠纹玉簪

图 4-26 民国玉扳指

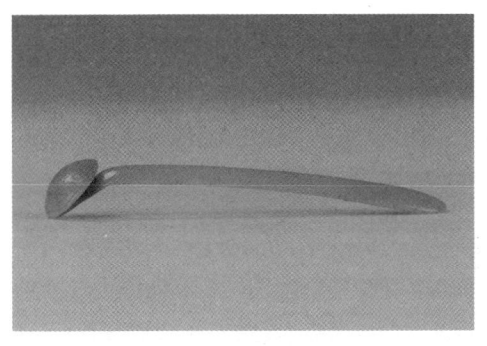

图 4-27 民国圆首刻花玉簪

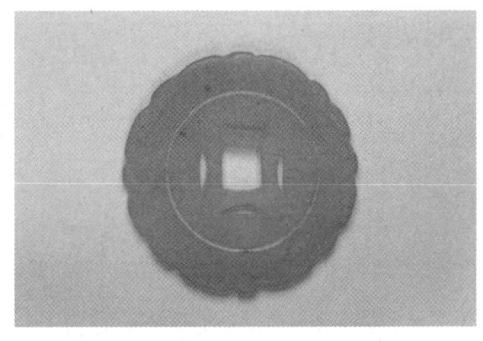

图 4-28 民国圆形方孔花边玉钱

图 4-29　西汉圆形玉口含

图 4-30　新莽灰绿色目外凸双翼玉蝉

图 4-31　铜器有春秋椭圆口弧腹平底双耳铜舟

图 4-32　汉黑漆古式长宜子孙铭文铜镜

图 4-33　东汉水银古规矩神兽铭文铜镜

图 4-34　东汉铜弩机

图 4-35　汉陈青铜印

图 4-36　汉侈口薄唇弧腹平底双环铜洗

图 4-37　金代都统之印方形铜印

图 4-38　明双兽耳矮圈足垂腹圆唇束颈侈口宣德铜炉

图 4-39　清兽形立式四足铜熏炉

图 4-40　西汉新莽时期黑漆古神兽纹乳钉铜镜

图 4-41　西汉圆腹圆底三足长柄铜盉

图 4-42　元泰定二年长方形方纽圆孔六棱束腰铜权

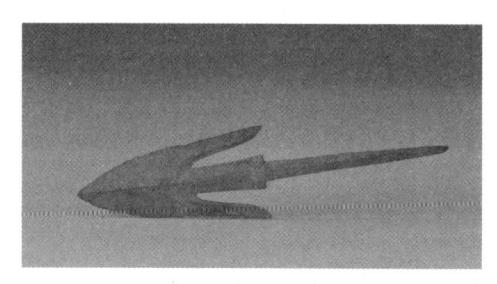

图 4-43　战国薄匕式铜镞

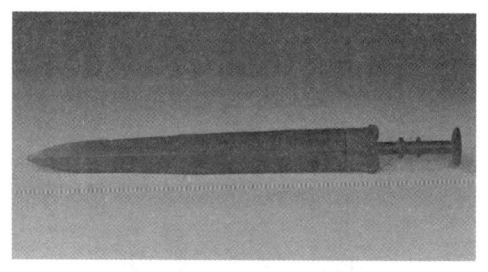

图 4-44　战国剑身起脊宽格椭圆茎双箍喇叭形柄首青铜剑

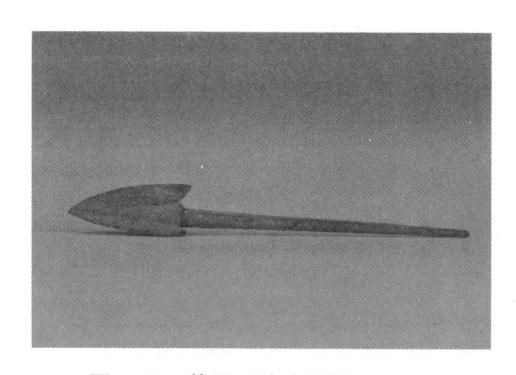

图 4-45　战国三棱式铜镞

图 4-46　周侈口细腰喇叭圈足素面铜觚

其他可移动文物包括清嘉庆至圣庙独山屯屯官刘瀛之父母圣旨（图 4-47）、汉长方形骨质六博棋（图 4-48）、清山东盐课李金城单县天祥银炉铭文银元宝（图 4-49）、西汉蚌蝉（图 4-50）、新莽时期彩绘石砚（图 4-51）等。

图 4-47　清嘉庆至圣庙独山屯屯官刘瀛之父母圣旨

图 4-48　汉长方形骨质六博棋

图 4-49　清山东盐课李金城单县天祥银炉铭文银元宝

图 4-50　西汉蚌蝉

图 4-51　新莽时期彩绘石砚

当前，我国的文物保护体系尚未建立起一套完整的理论体系，其工作队伍的建设与学科发展尚不完善。我国已有许多具有文物保护规划资格的单位，但目前从事文物保护工作的主要是大学教师、学生、城市规划设计师，以及少数文物保护专家。一方面，由于知识背景和专业知识的差异，在设计时的关注问题和对文物的保护理念的认识上存在差异，使得一项方案的实施成功率极低。根据国家文物局的统计，全国重点文物保护计划的一次通过率不到30%；另一方面，由于规划成果中存在着大量的"复制""设计目标""内涵"等问题，以及对"历史文化遗产"保护工作的"专业素养"等问题，都会使"规划结果"的价值导向发生重大偏差。我国文物保护规划的专业技术人员短缺、文物保护规划的理论体系不健全等问题，严重制约了我国城市规划与建设的整体质量。

在文物保护规划中，应注重对文物的历史、艺术价值的研究与保护，通过展览、宣传等多种途径，使文物价值走向正确的轨道。文物是一种非常宝贵的不可再生资源。所以，既要继承传统的文物修复方法，又要运用计算机、数码等高技术手段，为文物的保护提供更广阔的空间。

对某些不能恢复的文物，可以采用复制等传统方法，利用数码技术进行保护。比如，通过3D数字技术，将珍稀、难保存的珍贵文物再现，使古老的、濒临毁灭的文物获得新的生机。数字文化是一种新的文化遗产保护观念，它在一定程度上打破了时空的限制，实现了一种变相的"再造"，一种真正的"保护"。数码技术可以再现文物的价值，这与复制区别于以制作仿制品牟取暴利，前者是保护文物的公共利益，目的是保护文物，而后者是非法商人，目的是赚钱，两者有着本质的区别。总之，做好文物保护工作，必须准确地把握文物的特征与社会价值，充分地发挥其独特的价值，为社会服务，推动文化事业的可持续发展。

世界各国对文物保护的认识日益加深，保护对象的扩大、保护范围的扩大，使文物保护由传统保护向文化遗产保护转变。2015年版《中国文物古迹保护准则》将历史文化名城、名镇、名村等列为历史文化遗产，并将名城系统和文物系统的研究对象逐步趋于统一。城市规划的真实性、完整性、延续性的保护理念逐渐在城市规划中体现出来。同时，文物保护规划也逐步借鉴了历史文化名城的研究视角和工作方法，但这种"双轨制"的状况对工作的推进不力，这就必然要求名城规划与文物保护规划的进一步融合。

同时，文物保护规划也必将朝着更全面的多学科协作发展，并与名城系统规划一道作为一种综合的公共行政政策，将其整合到历史文化遗产的保护计划之中。要达到这一目的必须突破行政障碍，同时也要有文物工作者、规划师和管理人员的共同努力。

第三节　文物价值研究对文物保护规划的重要作用

文物保护规划的依据是对文物价值的分析。文物保护工作按文物调查、研究评估、确定保护级别、确定目标制定规划、实施保护规划、定期检查等六个阶段进行（图4-52）。从理论上讲，一切文物的保护工作都应该遵循这一程序。

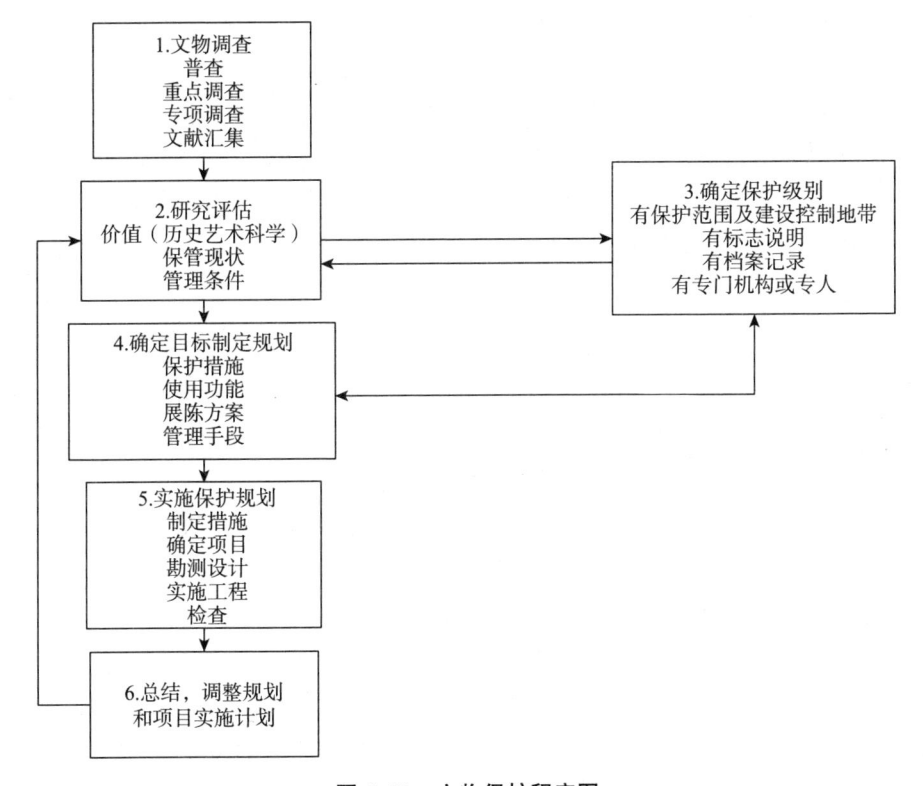

图 4-52　文物保护程序图

在日常经营中，对文物进行调查评价是首要内容，是其他内容的依据。文物估价的重点在于对其进行价值评估，其最终目的在于对其进行保护。只有正确、透彻地了解这些文物的价值，才能有效地保存文物的主体和原有的环境。所以，对历史文化遗产的价值进行分析，是文化遗产保护规划的重要依据。文物保护规划是一项综合性的系统工程，所涉及的专业知识门类十分广泛，包括考古、规划、建筑、园林、地理、历史文化等。《中国文物古迹保护准则》中明确规定，文物古迹保护规划的编制应当由有资格的专业机构进行，同时还应当邀请考古学、保护工程等方面的专家参与。就目前而言，拥有文物保护计划的机构基本都是依托于文物研究所、古建筑研究所、高校建筑史研究等，以确保科研与生产的统一。

文物价值的探讨为文物保护规划指明了方向。文物是人类在特定的历史阶段适应生产、生活和其他社会生活需要的产物。反映了社会文化、民族文化、地域文化、宗教文化和政治文化。保护既是对历史文化的保护，也是对中国特色的新建筑与城市的培育。所以，我们现在的任务就是将它们真实完整地传承下去。文物保护规划的价值评价应当是对目前这方面科学研究的一个较高概括。在规划设计中，发掘文物的价值是一个重要而又困难的问题，同时也有利于文物的保护。文物古迹的历史、艺术和科学价值应由科学的研究来决定，科学研究也是一个不断深化和提高的过程。对文物的真伪进行评价，要用简洁的图样对其历史、艺术、科技等方面的内容进行详细阐释，这是文物保护规划的重要内容。

目前，我国对文物的价值研究与探讨尚未真正形成系统，对文物保护的研究只停留在表面而不是内涵，而具体的对象却比宏观上要多，保护这个概念只限于一个特定的范围，没有一个完整的保护思想和理论体系，没有很好地指导实际的保护工作，这使得文物保护工作还处在摸索阶段，需要进一步提高。特别是在保护文物的过程中，文物保护不仅仅是单纯的建筑概念，它还包括了社会、文化的保护。所以，对于包含文物的区域必须谨慎对待、认真研究，尽量减少对环境的影响，保护文物的存在和发展环境。在制定文物保护计划时，通过对其价值的分析可以明确其保护的方向。

在文物的维护中，有些地方没有意识到"修旧如旧"的必要性，甚至在一些重要的文物古迹中用色彩鲜明的颜色涂抹柱子、梁柱和所有的木质构件，追求崭新的面貌。在追求效率的同时，摒弃了传统的建造方法和建材。为了节约成本，一些文物在修缮的时候会用水泥来取代木头和石头。比如聊城的广月楼，就曾经在楼阁上涂上了水泥，破坏了古建筑的整体形象，甚至有人为了观光，将整条保留完好的老街都给扩建了，改成了一条类似于"传统民居"的商街。建筑师们往往只从建筑的风格、布局、形式、环境的宜人等方面来判断文物建筑的价值，这就导致一些建筑师们习惯性地做起了赝品。

文物价值研究的客观条件制约了保护对策。在文物保护工作中，对文物价值的研究与建设是不可忽略的。中国的文物具有悠久的历史且分布广泛，既有时代的痕迹，也有不同的地域和民族特征。文物保护的基本工作是对被保护对象的基本状况、艺术和技术的价值、构造特点进行详细调查，以便根据这些特点采取相应的保护措施。从地貌、环境、总体布局到建筑结构、装修构件、施工做法都要清楚规定。因此，要真正做到这一点必须对其进行深入研究。对每一件文物的详细记载，不仅可以使保护措施的制订更加精确，而且可以为文物的研究提供可靠的基础。但是，直到今天，人们往往很难分清几百年来的文物和细节结构的演变与区分，也很难描绘出一件文物，尤其是民间文物的文脉，这是由于我们对现有文物的根本特征缺乏全面、深刻的认识。这不仅不利于保护措施的制定，也阻碍了对文物的研究，使得文物建筑的保护从一开始就失去了仅有的科学价值。这就导致了我国的文物保护工作起步比较晚，缺少一些基本的数据。

随着我国经济实力的提高和人民对生活品质的需求越来越高，文物维修和更新的投资也越来越多。由于文物自身的不可再生性、不可替代性和数量的限制，加强对文物的保护已是刻不容缓的工作。而强化文物保护规划的管理，提升文物保护队伍的质量是这一工作的起点。

人类是文化遗产的对象，也是文化遗产的使用者，在文化遗产的保护中，人的行为是文化遗产的重要组成部分。目前，我国的文物保护工作中存在着一些问题，即保护人员素质不高，对文物的价值内涵没有真正正确的认识。他们也意识到了这些文物的功用，并采取了积极的措施，但是由于缺乏对文物的专业知识，没有保护好这些文物，反而给文物带来了损失。在修复过程中"添砖加瓦"，把文物弄得面目全非，这是一种"保护性"的破坏。这种损害常常造成不可逆转的后果。目前，大量的维修和修复对文化遗产的建设造成了巨大的损害。

在文物维修和修复工作中，普遍存在着主观上的错误。例如古迹的修复，只注重其完整的布局、漂亮的外观等。文物的修复与恢复，首要的是它的"原真性"，它包含了历史的真实、科学的真实、艺术的真实和文化的真实。

比如，丽江出台了《世界文化遗产丽江古城传统民居保护维修技术手册》。该手册第一章总则明确指出，"丽江古城保护的基本原则是真实性和完整性"是针对古城保护区内的传统民居而制定的。从规划、平面布局、规模、建造方式、造型轮廓、立面风貌、细部装饰、院内外环境等八个方面，分别阐述了丽江古城各种建筑的保护与维护要点。

总之，文化遗产研究会对文物的价值有充分的认识和理解，在制定文物保护计划时，要对其进行合理的保护与展示，如果不能对其进行全面研究，则可能导致损害。所以，对文物的价值进行分析，对于制定文物保护计划有一定的参考作用。

第五章 文物保护的开发和利用

第一节 文物保护的重点内容

从某种意义上讲，文物保护实际上是对历史的一种传承。在文物保护的具体工作中，要真正地还原文物的原貌，了解其所在的年代和历史背景。同时，文化遗产也可以作为历史载体。中国是一个具有五千年文化底蕴的历史大国，有许多值得保存的文物。通过对文物的保护，可以使人们更清楚地认识到历史的脉络。因此，我们应该给予充分的关注。人们可以通过文化遗产来更好地理解历史，推动人民的不断进步。因此，文物的保护过程就是对历史的回溯，从而认识到历史的变化与发展❶。

文物是一种不可再生的物质，它可以作为重要的历史和文化的承载者。从物质上讲，构成文物的材料种类繁多，但都属于物质的范畴。从有关的科学结论来看，一切物体都是在移动的，在受到环境因素的作用下，会产生物理和化学上的改变，从而改变文物的外观。因为岁月的流逝，古物可能会腐朽，甚至会发生老化。因此，要对这些文化遗产进行合理的保护，就必须对外部环境的影响进行具体分析，并对其进行科学、有效的保护。文物保护的科学研究包括文物保护环境、文物本身材料的特性、文物修复技术等。根据外部环境的变化，对文物的保护技术和规范进行了改进。

有关学者应依据文物保护的环境，对其材料进行深入剖析，并结合实际情况加以修复。在修复过程中采用科学的修复技术，从而提高文物的保护水平，并防止资源的浪费。另外，要对出土的文物进行持续研究，并对其进行定期的检验和维修。

文物工作是保护与修复工作的总称，它的主要职责是运用现代科学方式和物质技术手段，研究对文物的破坏类型、原因、趋势以及预防办法等，以降低导致

---

❶ 杨春.文物保护科学研究的内容与方法探究[J].文物鉴定与鉴赏，2020（13）：2.

文物退化的自然因素，从而延长对文物的保护年限。文物维修技术人员的职责是要减轻或降低文物因变色、破碎、残缺等因素对文物的保护、展览和科学研究不力[1]。

文物保护维修间是对馆藏文物进行"身体检查、治疗"的重要场所，其工作内容有：

（1）通过对文物资料的检索，对文物的基本状况进行进一步的了解，并着手形成文物维修的资料。包括文物姓名、时代、材质、考古发现及流传资料、保护资料、以往的保护维修资料和档案等，这些资料是开展文物损毁的判断与现状调查、提出保护维修对策的依据。

（2）利用仪器、器材对"显性损坏"进行全面"体检"。确定损坏类型、程度及成因。为了更好地了解文物保护的现状，必须对"隐性损坏"进行调查。

（3）利用现代科技手段，对文物进行基础资料的核实和价值重新发掘。许多馆藏的文物进入馆内的时间比较长，比上一次系统地研究还要长。由于当时科学手段、条件、基础、认知等因素的制约，许多文物的资料鉴定中都发生了遗漏与失误，但同时对其自身的历史价值却又没有发现。因此，对器物的名称、材料或装饰方式的确认、对制造过程的分析与理解等，均面临着巨大的失误与遗漏。但由于现代科技的发达，新科学技术的不断丰富，特别是无损检验技术的发达，器物维修工作人员可以更科学、更便捷地对器物信息展开更深层次的探究。从宏观角度到微区，从表面信息到内在的透视信息，从成分到构造，更全面、精确地掌握器物信息，从而修正了以往的理解误区，多方位、多角度地挖掘了器物的历史与人文价值。

（4）在充分了解这些资料的前提下，文物维修工作者要对文物进行全面的分析、评估，制订合理的保护修复方案，并选用适当的材料、工艺来完成。

（5）完善整个过程，完成保存与修复。最后一步就是将所有的资料都记录在保存与维修档案中，这些档案记录必须与文物一起，并且不断地改进。

针对文物保护的各种要求，诸多博物馆制定了详细的文物保护标准（表5-1、表5-2）。

---

[1] 马立治.关于博物馆文物保护修复工作内容的思考[J].艺术科技，2019，32（23）：4.

表 5-1　大英博物馆文物分类温湿度控制范围要求

文物分类	文物材质	相对湿度	温度
低敏感文物	石质、陶瓷、石膏、玻璃、硬木文物等	65%	室温
中等湿度要求文物	有机文物：纺织品、木漆器、象牙、骨物、油画、水粉画、纸张类、印刷品、壁画、素描、羽毛、竹物、混合文物和多质地组成文物等	40%～60%	16～25℃
低湿度要求文物	腐蚀金属、铅、青铜、出土锈蚀铁器文物等	<35%	16～25℃
要求中低湿度稳定文物	砂石文物、板岩文物等	<50%	16～25℃
中低湿度要求文物	玛瑙、古尸、动物植物标本、出土文物、彩绘画玻璃、含盐陶瓷文物等	35%～45%	16～25℃
要求湿度稳定文物	古丝绸、绢、卷轴字画、皮革、羊皮纸、仿羊皮纸、皮面包装书籍文物等	50%～60%	16～25℃

表 5-2　博物馆展品照度值与年曝光总量标准

展品类别	照度标准值 /lx	年曝光量 /(lx·h/年)
对光特别敏感的展品：织绣品、绘画、纸质物品、彩绘陶（石）器、染色皮革、动物标本等	≤50	50000
对光敏感的展品：油画、蛋清画、不染色皮革、银制品、牙骨角器、象牙制品、宝玉石器、竹木制品和漆器等	≤150	360000
对光不敏感的展品：其他金属制品、石质器物、陶瓷器、岩石标本、琉璃制品、搪瓷制品、珐琅器等	≤300	不限制

注　1. 陈列室一般照明按展品照度值的 20%～30% 选取。
　　2. 复合材料制品按照对光敏感等级高的材料选择照度。

　　文物展示是博物馆的核心工作之一，保护文物的精彩展示离不开众多从业人员的密切合作，而维修工作人员则是其中必不可少的技术支撑力量。在馆长准备好展览的目录后，保护人员可以进行下列工作。

（1）根据展品材料的不同，确定展览环境的控制指标和要求，并在展览之前对展览环境进行分析和检测。

（2）在展览馆内设置环境监控设备，对展品的展示环境进行持续监控，针对可能出现的极端情况采取相应的应急措施，文物在展览中 24 小时不间断的环境监测是非常必要的。一方面，可以在环境一旦发生危险性变化时第一时间处理，把文物发生劣化的危险消灭在萌芽中。另一方面，展览中的环境资料也是馆藏卫生档案中的一项重要内容，可为今后的文物病害评估、分析及保护修复规划提供参考。此外，在展览中，由于游客人数过多、雾霾天气、电力供应不足等不可预测的因素，也会对展品的环境产生一定的影响。由于这些因素的存在，展品的稳定性受到影响，温/湿度、酸性气体、污染颗粒物、微生物等环境指标的快速变化，特别是纸张、纺织品等文物容易受到影响。文物维修工作者应做好应对此类极端环境的突发事件的应急处理方案。

（3）运输阶段是文物受损的高风险时期，在运输过程中，由于环境的不稳定，文物容易受到冲击，尤其是在长途运输之后，在外地展览的文物受到损害的可能性更大。在对文物进行鉴定时，文物维修人员要对易受损的文物进行全面的评估，并根据受损的可能性，制订出应急维修计划，并准备相关的材料和工具。在展台和收展期间，维修人员必须带上维修工具和材料。

（4）在文物展出期间，维修人员要定期对文物进行巡视，及时发现问题并解决问题，尤其要注意由于光照、湿度、空气污染物的变化和观众带入的微生物，导致的如彩绘褪色，陶、瓦和石质文物盐析，纺织品发霉变色，木质文物扭曲开裂和金属文物新腐蚀产生等，还需注意以往文物修复部分的变化。

博物馆中的展览分为封闭式展柜陈设和露天展陈两类。由文物的管理者对室内外气温、湿度、灯光、化学物质成分的浓度、展柜的密封度、微环境温湿度管理、柜中灯光的温度管理等因素进行检测，并依据环境检测的成果，根据藏品的年龄和文物条件，对藏品的性能、病害情况以及陈设形式的安全做出判断和推荐。如果展出条件不能满足陈列要求，或者藏品本身条件不能满足陈列条件，则保管人员必须就展品内容提出异议，或与策展者商定更改展品目录。若不计展览费用及参观成效，则将展品置于密封展柜内。除了可以防止人为触碰、损坏、偷窃外，还因为展柜内部的微观环境更加稳定、可控，可以根据文物的材质精确控制每一件文物的展出环境，并避免微生物和虫害对文物的威胁。如表 5-3 中昆虫导致的藏品恶化情况。

表 5-3 昆虫导致的藏品恶化

微生物和虫害	恶化情况
木材钻孔虫（Anobium）	钻孔进入木质物体，导致结构弱化；有时进入书籍的装订处
皮蠹： 金龟子科昆虫（Anthrenus） 兽皮甲虫（Dermestes vulpinus）	在毛发、羊毛、羽毛、昆虫学藏品、蛋白质材料上滋生，影响皮革，自然史标本，如鸟类皮毛
蠹虫（Lepismatidae）	损坏纸张，书籍，文档，照片和干燥标本表面和内部
蟑螂（Blatta orientalis）	损坏羊毛、皮革、纸张、书籍
白蚁（Isoptera）	对木器、家具、书籍，纸张和纤维素材料造成不能挽回的损坏
衣柜内衣服蛙虫（Tinea pellionella）	主要破坏羊毛织物及头发、毛皮、羽毛、鸟类皮毛
书虱（Liposcellis）	造成纸张、皮革、水彩、明胶材料，如摄影胶卷和图版表面的损坏

文物保管员在仓库内或将要进入仓库时，其工作内容包括如下。

第一，根据文物的不同材料和条件，确定保存环境温度、湿度、光照、氛围等指标，并依据文物建筑中对环境影响最大的材料来确定。一般来说，仓库内空气中的酸性、氧化性、微生物组分等都要尽量降低，同时要确保温度和湿度对漆木器、骨质、纸质油画等的保护。在降温过程中，要特别注意对高温有特别反应的锡器，如纽扣、徽章、酒杯、茶壶等。另外，要重视铜镜、铜剑、玻璃板等高含锡的铜质文物和玻璃器皿，如发现有裂纹时，要注意温度、湿度的变化。对处于伸展状态的纸张，例如屏风纸、字画等，应严格控制水分的变动。

第二，定期检查文物的保管状况，对存在问题的文物进行分析和检验，并对其进行保护和维修。要达到"最小干预"的原理，最好的办法就是在文物"患病"的早期根除。这就需要文物维修工作者对文物的状况和保存环境有一个清晰的认识，在定期巡视的时候，要把重点和常规的检查结合起来，这样才能在大量的文物中找到问题，并及时解决。

第三，对仓库内的虫、鼠、微生物疾病进行防治和检查。有机物品（如皮毛、木材、纺织品）和木箱（如木箱、箱子）等，尤其是在经过展示后，会造成害虫和微生物的污染。此类文物包装后在进入博物馆之前，必须将其暂时存放于文物缓冲区，并对其进行防虫处理。因为一些虫卵具有很高的耐久性，所以即使在保存之前，所有的文物和包装都经过了严格的杀虫处理，文物维修人员也应该重视这些物品的保存。

第四，在文物出库之前，对运输、陈列的安全、损伤的稳定性进行检验。文物修缮工作要考虑到文物展览场地的环境、运输方式、包装方式、展览时间等因素，对展品的"身体状态"进行全面检查，对展品在展览全过程中的损害进行评估，并提出相应的安全防范措施。

第五，在进入博物馆之前，对文物的结构完整性、是否损坏的情况进行检验。

第六，完成展览后，维修人员在进库点上交文物时，要对文物的结构完整性及损坏状况进行检验。

第二节 文物保护在文旅发展方面的价值

文物和旅游在发展的进程中存在着相互促进的关系，目前人们对旅游的需求不再局限于自然风光，更多的是从旅游中获得知识和文化信息，从而逐步形成了以文物为主导的旅游方式。例如，秦始皇兵马俑在推动历史研究的同时，每年都会有大批的外国游客前来参观，在北京故宫博物院的参观人次达到了一千万。

文物和旅游的矛盾比较突出，保护文物优先，一旦发展为景区，必然会对古迹和其他文化遗产产生一定的影响。同时，一些旅游景点在追求经济利益的同时，没有对这些文物进行有效的保护，致使其原有的风貌和周边环境遭到了严重的破坏。要使文物与旅游相结合，必须坚持以文物保护为首要原则，防止因经济利益而忽略文物的安全。

近年来，随着政府的大力扶持，大部分区域的文化产业和旅游业在合作和融合上都有了长足的进步，而文化旅游也成了一些地方的主要形式。文旅融合既能有效地推进中国的旅游发展，又能给地方带来更多的经济利益。随着人民生活质量的不断提升，仅靠旅游景点已难以满足广大市民的需求，必须从文旅融合的角度来深化文物保护与利用，深入挖掘其潜力，促进地方经济的发展。我国幅员辽阔，历史悠久，文物古迹遍布全国，仅凭国家的力量很难做到全面有效地保护，而文旅融合则可以引导地方政府和民间团体对当地的文化进行深入研究，从而获得一定的经济利益，然后将其用来保护文物，文旅结合可以让更多的人认识到这些文物的价值，从而促进文物的保护。

文物的安全问题历来是文物开发和研究的一个重要先决条件，文物作为传统文化的载体，如果发生了破坏就不能恢复，必须采取切实有效的措施来保证文物的安全，并始终坚持"文物的安全为底线"的基本原则。在开发利用过程中，避免一切可能损害文物安全的情况。所以，相关部门要严格遵守相关规定，根据文物的特征和注意事项制定相应的保护计划，并在开展的过程中组织专门的人员对其进行管理。地方文物保护单位要重视文物安全，对破坏文物安全的行为进行严厉打击。历史文化名城、村庄、街区等是旅游开发的重点区域，在文旅融合的大背景下，要加强对文物的保护。文物保护是为了更好地发挥文物的作用，使其具有更大的文化价值。在实施保护工作时，必须坚持"以保护为主，抢救第一"的基本方针，强化与旅游行业的结合，确保非流动文物的合理使用。

我国的历史文化遗产数量庞大，既要做好它的保存和使用，又要担负起文化传播的职责。从当前各地的文物保护工作来看，目前的博物馆管理模式多以展示为主，讲解人员讲解的内容与方法一成不变，博物馆的服务缺乏创新，难以适应大众的个性化需要，也不能充分地发挥文化教育等诸多功能。在文旅融合的大背景下，博物馆要加强与旅游业的结合，增强其文旅功能，调动游客的参观热情，使其内涵更加丰富。

通过与地方学校的合作，使其更好地发挥教育功能，从而推动文旅产业的融合。教育部门要加大对大学生的文化素质教育，积极地开展各种形式的社会实践。比如，可以通过教育机构的引导，让学生到博物馆，了解中国的历史和传统文化，从而推动传统文化的发展。而各类活动的开展也能推动博物馆的不断发展。近年来，一些高校也曾组织学生到博物馆进行参观，但由于参观活动没有什么吸引力，讲解人员缺少生动的语言，致使学生对文物的价值和故事没有产生浓厚的兴趣，实际的教育效果并不理想。因此，博物馆必须根据游客的主要特征对这种服务模式进行深入剖析，并根据游客的主要特征为其提供个性化的服务。比如，博物馆可以根据来访者的年龄、个性等因素，充分发挥他们的认知功能，把博物馆的服务工作和学生的需要结合起来，从而提高学生的学习兴趣，同时还可以举办文物专题讲座，邀请专家讲解文物背后的故事，提高对游客的吸引力。

从当前博物馆的经营状况来看，部分博物馆依然是以陈列为主、临时性展示为辅的传统展陈方式，无法充分地利用这些展品的最大价值。所以，如何使这些文物"活起来"，就成了文物保护与利用的一个重大课题。在文物与旅游一体化的大背景下，博物馆既要面对更高的需求，又有新的发展机遇。比如，在展示过程中，可以适当地添加一些新的工艺和方法，利用光、电等元素来弥补传统的陈设不足，从而为参观者提供更好的服务。

在社会发展的今天，为了更好地满足市民的需要，博物馆必须彻底抛弃传统的陈设模式，采取灵活的经营方法，重视对文化的发掘，同时也要加强对文物的讲解。

首先，要确保解说工作的专业性，不同博物馆的展品所代表的文化特征也不尽相同，所以，讲解人员要不断地充实自己的文化知识，熟悉与文物相关的故事，以便为观众提供更加真实的讲解内容。在介绍时，要根据展品的特点，深入挖掘其背后的文化价值。其次，说明工作以文字的形式来传达历史文化，所以，在运用语言方面，要与时俱进，不断地创新，要适应受众的不同特征，要有自己的语言运用方法。

博物馆要想更好地发掘和保护利用这些文物，就必须探索多元的服务模式，注重观众的参与体验，通过通俗易懂的形式展示文物的内涵，主动与观众交流，充分地体现博物馆文化传播的功能，让观众可以充分地了解传统文化。首先，有关部门在编制文物说明书的过程中，要积极运用文字与影像资料的结合，尽量不要仅凭文字单一描绘文物的价值，还要充分地发掘受众的兴趣。比如，近年来，国内的陶瓷艺术吸引外国游客的参观和学习，博物馆可以根据这一主题举办陶瓷文物展览，主要是在馆内展出瓷器，同时还可以借助VR技术将陶瓷的制作过程展现在观众面前，并通过视频等资料向观众展示我国陶瓷发展历史。这样既可以充分发挥文物价值，又可以带动当地旅游业的发展，真正做到文旅融合。

目前，区域内的文化和旅游相结合已成为区域发展的大势所趋，但目前国内大多数地方的文旅融合仍处在起步阶段，一些地方为了促进经济发展，加速城市化进程，对文物的过度开发和使用，不但会对当地的旅游业产生长期的负面影响，而且也会给当地的文物带来无法弥补的损害。因此，在进行相关工作时，必须把文物的安全问题摆在优先位置。首先，要加强文物的安全管理，建立一套科学、有效的管理机制，组织专门的队伍，规范游客在游览过程中的各种行为，防止文物受到损害，同时要加强对文物市场的监管和管理，严厉打击文物犯罪。其次，要正确处理好文物和旅游发展的关系，在发展旅游业的同时，也要加强对文明旅游的宣传，引导和鼓励游客积极参加文物保护。最后，针对旅游景区内的文化遗址，设立文化馆，开展遗址保护与展示活动，积极探索新的文物保护方式❶。

---

❶ 沈娟. 文旅融合视野下文物保护利用的创新思考分析［J］. 旅游纵览，2022（10）：109-111.

第三节　文物的可持续发展战略

历史是一个不断发展的过程，用可持续发展理念来引导文化遗产和文物的可持续发展，是文化遗产保护的必然要求。历史就是过去的进程，在这个时间和空间的坐标系里，任何过去的事情都会被记录下来。其实，这个坐标是不断变化的，过去的时间和现在的社会的发展都是不同的。无法想象在不连续的角度下，可以获得没有被折射的东西的原始面貌；不实行可持续发展的策略，也无法想象文物的可持续使用，从而促进文化遗产的快速发展。从理论和实践两方面来看，将可持续发展理念适时地引入文物保护工作，具有十分重大的现实意义。

从系统论的角度来看，"文化遗产"是实现可持续发展总体战略的一个重要组成部分。一个体系是由两个或多个元素组成的。在一个庞大的体系中，它的结构复杂，要素众多，又可以划分成若干个子系统。从系统论角度来看，可持续发展是一个由生态、经济、社会三大子系统组成的动态立体系统，其作用各不相同，是相互联系、相互影响、相互制约的。三个方面的综合协调使企业得以可持续发展。

文物工作的特性和其本身的规律，决定了文物事业要坚持可持续发展的发展战略。

第一，文物是一种具有不可再生、不可替代的基本特征的特殊资源。任何一件文物，都是特定的社会生活和社会发展的历史见证。文物的时代特征使其无法复制，而对其造成的损害也无法挽回。同时，文化遗产的不可替代性和一些自然资源的不可再生性和可替换性之间存在着本质的差异。21世纪，人类可以利用先进的技术发展热能、风能、生物质能、太阳能等可再生资源，而不是煤和石油。而文物是无法取代的，每一件文物都有其自身的文化内涵和历史信息，无法用其他的替代品来代替。

第二，文物的保护和合理使用是一个循环的过程，其基本目标是保证文化遗产的可持续使用。由于文化遗产具有不可再生、不可取代的特性，因此，保护是文化遗产工作的落脚点。而文物保存的终极目标就是要永久地使用，只要能使用就会有价值。文物的保护与使用是相互补充、不可分割的辩证统一。历史经验表明，保护和利用是一个循环的、不断积累、保护、利用、延续和发展的循环过程。

第三，文物事业是一项综合性、专业性和社会性很强的事业，它牵涉到社会的各个方面。因此，要实现它的和谐发展。文物保护是一个涉及物质文明、精神文明的综合系统工程，还涉及政治、经济、文化、教育、科学、军事、宗教等多个领域，以及社会科学、自然科学等多个学科。所以，要把这项工作做好光靠文物部门是不行的，要坚持可持续、协调发展的方针，要依靠各部门、各行业乃至整个社会的力量，齐心协力。

第四，在保护和利用文化遗产的过程中，要体现公平、平等的共同利益。在实现可持续发展的过程中，代际平等是实现可持续发展的一个重要内容。文物是人类的一种文化遗产，它不仅是我们今天的财产，也是我们子孙后代的财富。在对文化遗产的开发和利用中，不仅要兼顾当代人的利益，而且要保证各代之间的公平和可持续发展，要使资源能得到最大限度的保护。

文物事业是社会可持续发展的一个重要方面，也是文物事业对生态、经济、社会发展的推动力量。从人类的诞生之初，回顾历史，展望未来，这是亘古不变的真理。人类的历史是由不同国家和民族不断发展的浪潮推动的，其中自然也包含了各国的文化遗产。文化遗产是连接历史、现在和未来的桥梁。我们国家的文物是华夏文明不断发展的结晶和物化，也正是通过这些文物我们才能继续发扬悠久的民族精神和优良的文化传统。

可持续发展核心内容是整体性、持续性、协调性、公平性等基本内容，它反映了不同发展时期人的基本利益，又反映了不同发展时期各种事业的基本利益的一致性，是促进良性互动、实现社会有序协调发展的最好形式，当然也是实现文物事业发展的必然途径[1]。

近年来，随着我国经济的迅速发展，其所带来的利益日益显现，文物逐渐走入大众的视线，在产生文化效果的同时，也面临着文物的保护问题。旅游资源的开发和保护是当前发展中的一个热门话题，也是社会各界关注的焦点。文物保护的可持续发展和旅游资源的整合有着紧密的联系，实现旅游资源和文物保护的一致性，是促进文物可持续发展的必然要求。

旅游行业通常以观光、学习为主要内容，而旅游景区可分为人文景观与自然景观两大类。文化是人类社会发展的宝贵财富，它包含了丰富的科技、文化、风俗等方面的知识。旅游开发利用丰富的文物资源，充分展示了我国深厚的文化和艺术实力。因为个人的爱好不同，游客的兴趣也会有很大的差异，自然风光可以

---

[1] 黄中和.试论文物事业实施可持续发展的重要性[J].嘉应大学学报，2001（2）：89-91.

使人心情愉悦，而文物则能带来更多的思索。在旅游发展的进程中，人文景观的开放不仅可以从某种意义上体现我们国家的文化魅力，而且可以使我们的后辈对我们国家的历史和文化有更深的认识。

文物是我们国家历史上最珍贵的遗产，也是我们祖先的智慧结晶。在传统的文化遗产保护中，往往要投入大量的人力和物力，而将旅游业的发展和展示结合起来，使游客在体验到丰富的历史文化的同时受到文化的影响。以咸阳市为例，当地共有800多个墓葬，其中27个是皇帝的墓葬，是一个很有历史和文化价值的城市。近年来，咸阳市旅游业蓬勃发展，游客数量持续增加带动了当地经济的快速发展。文化遗产的开发不仅对区域经济产生了深刻的影响，而且为文化遗产的保护奠定了坚实的经济基础。

人文景观在旅游发展中占有举足轻重的地位，可以让人们对历史产生无限的好奇心。在现实生活中，历史文化遗产的陈列带来了巨大的经济利益，并在某种程度上成为一种重要的支柱产业。所以，文化遗产的保护和旅游的发展是相互促进的。20世纪末，我国制定了旅游业的可持续发展策略。政府反复强调发展和保护必须要协调，盲目地追求利益是一种病态的行为，其后果是无法用金钱来补偿的。在旅游发展中，文物的保护是一项十分重要的工作，必须坚持可持续发展的思想观念。

通常情形下，各种管理制度都是由政府部门和政府机构建立的，而私人企业却主导了旅游业的发展。在发展的过程中，因为缺少沟通，为了追求最大效益，导致了文物保护制度的不健全。由于文物是一项难以再生的文化资源，所以，旅游开发主管部门应该意识到保存历史文明的重要意义，并在不断完善制度的同时，对旅游业的发展加以规范，以减少历史古迹在游览过程中的破坏。

在游览的同时，历史文物会给参观者带来较深刻的感受，但是，要想使参观者产生良好的感受，就一定要借助这种文物来实现产品的开发。游览了古迹，参观者可选择自己感兴趣的旅游纪念品。研究和开发文化旅游商品是开发旅游业的重要环节。在产品开发的过程中，要结合文物的特点、历史背景和文化特色，对其进行创意设计，使其具有一定的文化内涵和新的生命力。在创造的过程中，要充分掌握工艺和色彩所传达的艺术魅力，同时要融合当地的文化特色和民族特色。让游人在游览完景区后，依然可以感受到当地的历史和文化。比如陕西临潼的兵马俑，就可以根据兵马俑的造型，设计出各种"兵马俑"造型，游客参观完以后，可以买到自己喜爱的兵马俑人物做纪念品。在文化产品的开发中，通过信息化手段，可以将文物的故事和背景等进行数字化处理，让游客在把手工艺品带回家的时候，更好地了解历史和文化，为游客提供更好的旅游体验❶。

随着旅游业的发展，我们国家的一些文物被逐步发掘和展示，这是我们国家的历史和文化的一种象征，我们在观赏的同时要更加珍惜。文化遗产是我们国家的共有财产，必须保护好。有关文物的法律法规要严格执行，有关方面要继续加强宣传，提高旅游者的文化意识，对破坏文物的人要进行惩罚。文物工作作为一项重要的工作，其功能不仅仅体现了几千年来的灿烂文明，而且对促进经济发展、提高国家实力也有很大的作用。因此，促进文物保护可持续发展的任务势在必行。

---

❶ 丁璐璐.浅析文物保护与旅游开发的可持续发展[J].文物鉴定与鉴赏，2020（16）：152-153.

第六章 文物保护的经费研究

第一节 文物保护经费概述

经费通常是指行政事业单位在完成各项工作和部署以及相应的事业计划时所需要的经常费用，而文物保护经费则是指文物相关行政事业单位在推动或完成文物保护任务以及相关工作时所需要的全部费用。

文物保护经费通常有广义和狭义两个维度。在公众的理解中，文物保护经费通常是指投入各级文物部门，为了有效地开展某项具体工作而由财政提供的专项经费。其中较为典型的包括课题研究经费，陈列、展览经费，文物保护工程建设经费，等等，上述都属于狭义层面上的文物保护经费。

而相比于此，广义上的文物保护经费形式更加多样，比如投入参与文物保护工作，各个政府职能部门以及企事业单位和社会组织的全部财政资金。除掉上述专项经费之外的其他必须发生的经费支出。比如文物保护工作部门的人员工资以及日常运营费用，或者投入非国有文物部门以及国有非文物部门的各项财政费用。

从所有权角度来讲，文物是属于整个国家和人类的共有财富，虽然文物的持有会受到不同原因影响而处于不同主体的保护之下，但是在宏观层面上来讲，文物保护工作的推动不能因为不同文物的保护主体差异而有所不同。另外，文物保护部门以及文物工作者的日常经费同样是文物保护工作的重要组成部分，根据历史的经验，我们不难了解到，如果没有具备高度责任心以及高度专业能力的工作人员，那么文物保护工作会非常难开展，因此需要将这些费用纳入文物保护经费范畴中。

第二节　文物保护经费供给理论和历程的研究

一、文物保护经费的供给理论

文物保护经费供给是指有关于文物保护工作相关经费在文物领域发生作用的一系列过程，从整体环节上来讲，包括经费投入、经费使用、经费管理和经费效果检验等多个环节。只有相应环节实现共同作用，才能真正达到文物管理和文物保护的最终意图。而在研究文物保护经费供给理论时，需要明确各个环节的工作职能以及参与文物保护经费供给的主客体角色。

文物保护经费供给主体通常是指用于文物保护工作相应经费的资金供给者。供给主体的不同，决定了文物保护经费的供给方式以及相应经费的使用范围，同时也反映出不同主体对于不同文物保护工作的参与程度。随着文物保护工作逐渐被人民群众所接受，社会各界对于文物保护的重视程度以及参与热情也呈现出日渐高涨的趋势，由非政府部门出资参与的文物保护事业也出现繁荣。但是针对我国当前的文物保护工作现状，相应经费的供给主体仍然呈现政府垄断这一特性，这也充分说明了国家和各级政府对于文物保护事业的足够重视。因此，在全新的时代背景下，文物保护经费供给主体已经不再局限于政府公共财政体系，企事业单位以及社会性非营利组织，包括热心于该项事业的个体都成了文物保护经费的供给主体。在这样的背景下，我国文物保护经费来源和渠道得到了有效拓展，文物保护经费的使用效率变得更高也更加透明。

文物保护经费供给的规模，同样影响着文物保护工作的开展。经费供给规模是指全国范围内每年投入相关文物保护事业当中的经费总和。目前我国文物保护经费的供给模式是以各级政府为主，虽然在一定程度上增加了社会组织、企事业单位和公民个人等渠道，但是从占比角度来讲，政府公共财政供给仍然处于绝对主导局面。因此，分析和讨论文物保护经费供给模式，通常指分析政府财政供给模式，鉴于目前我国文物保护事业推动的实际现状，各级政府对文物保护事业经费的供给规模和其公共财政支出规模往往成正比。因此，借助各级政府每年的财政支出就可以清晰地了解当下我国文物保护经费的供给形式和供给规模。

另外，文物保护经费的供给结构主要是指文物保护经费供给总量对不同类别文物保护工作的相应分配比例。上文提到针对文物的类别划分，既可以按照可移动和不可移动进行，也可以按照年代或地域划分，而这就直接导致文物保护事业会根据文物地域以及多种因素形成较为明显的差异化，而将文物保护经费投入哪一环节，投入多少，就是文物保护经费供给结构所研究的相关内容。

文物保护经费的供给还有一个重要参数，就是供给效率。这个概念通常是以经济学的视角，对文物保护经费在投入和产出之间所形成的结果进行分析。根据相关部门的要求，文物保护经费的供给效率和公共财政资金使用效率、文物保护经费、公共财政支出等有着紧密联系，不仅需要作为明确的考核指标，同时应当以效率为先，在文物保护工作中尽可能实现成本最小化以及产出最大化。

二、文物保护经费的历程发展

我国的文物保护经费财政供给、发展历程和文物领域事业的发展定位同样经历了起步阶段、模式构建阶段、平稳发展阶段、快速增长阶段。尤其是在进入平稳发展阶段之后，文物保护经费供给制度更是成为我国文物事业发展的重要基础和有效保障。

自中华人民共和国成立到1972年，属于我国文物保护经费供给制度的起步初始阶段。中华人民共和国成立后，虽然相关部门建立起了文物保护经费供给制度，但是初期却是以文博事业费的形式为主，经费的用途主要是满足文博事业日常工作的开展，不仅费用数量较少，同时还归属于中央财政。

根据相关历史文献，可知1950年我国文物保护经费只有84万元，随着我国经济制度的不断发展，文物保护工作所涉及的各种问题逐渐凸显，为了切实有效地避免各种珍贵文物在民间被大规模破坏，或者在社会层面流散，无法受到有效保护，最终由财政部逐年拨专款专用于重点文物保护维修、重点考古发掘工作、民间珍贵文物收购这三个方面。而相比于其他财政拨款，这一时期的文物保护经费供给不仅明确规定了要专款专用不得挪用，同时还有允许跨年使用的原则，也正是这样的策略使我国文物保护工作在中华人民共和国成立初期得到了有效保障，并且进入了稳定发展阶段。

1973年到2004年，属于我国文物保护经费供给的主要渠道构建和平稳发展期。1973年我国设立了国家重点文物保护专项补助经费，这项经费的设立就是为了能够针对重点文物进行差异化保护，虽然在初期，这项专项资金的规模较小，但是却为我国后续的文物事业以及管理模式打下了基础框架。其后经国家文物事业管理局在北京和长沙分别召开的文物事业计划财务工作汇报工作讨论，又将这种模式推广到了部分省、市、自治区。也正是从此开始，文物事业相关费用，逐步由中央转为各省市县区一级政府负责。特别是文物保护维修和考古发掘维修费用，逐渐由国家文物事业管理局直拨补助经费的财务管理模式，转为由财政拨款地方用于文物保护的专项工作中。而随着中央文物保护经费供给的逐年增长，我国中央财政也成了文物保护事业发展的核心力量。

1982年《中华人民共和国文物保护法》颁布实施之后，文物保护经费供给制度也成功纳入法治轨道中。

1984年在各省市实行逐项核定预算，按年汇总拨款，省市统筹额度，年终一次核销的财务管理方案。这项方案的实行也代表了我国文物保护经费从之前的中央单向直接拨付，转变为以年度为单位，由省级主管部门进行管理的成熟管理方式。

1992年，随着中央文物保护经费投入突破亿元大关，国家文物局和国家纪委又联合颁发了《文物抢救保护的基本建设专项补助投资使用管理办法》《国家重点文物保护专项补助经费使用管理办法》，将文物保护经费的支持范围，从文物本身扩大到了整个工作领域当中，为我国文保事业的发展构建了一道有力保障。

2005年到2012年，中央文物保护经费的投入呈几何级增长，对我国文物事业的发展，无论在文物保护的数量和范围乃至文物事业服务体系的建立上，都形成了积极影响。而在经费数量增长的同时，文物保护经费供给也从基础文物保护工作发展为关注服务社会、服务事业发展，设立全新的专项经费，以及配合国家文物工作进行布局的全新模式。尤其是这一阶段，我国城市化建设速度飞快，对城市中各种大型文物和遗址的保护工作成为文保事业的重头戏，国家文物局和财政部也有针对性地设立了大型遗址保护专项资金，从此开启了我国城市化进程中大型文物遗址保护的篇章。

2008年，为了响应中华民族伟大复兴号召，为了提升中华民族的文化自信，由中共中央宣传部、财政部、文化部、国家文物局联合印发了《关于全国博物馆、纪念馆免费开放的通知》。使原本收取门票的各大博物馆和纪念馆对公众免费开放，而在文物保护专项资金的支持下，也使得这些博物馆和纪念馆能够对社会群众产生更好的教化作用。

2019年，国家文物保护专项资金管理办法的推行，使得我国文物保护经费供给历程由平稳期进入未来转型期，虽然时日尚短，但是可以肯定文物保护经费供给制度的调整是根据我国当前经济发展做出的改善，无论是在文物保护经费的规模还是投资方式等方面都形成了更加多元化的安全保障。同时，文物保护经费系统想要更好地满足当前时代的发展需求，更好地服务公众和社会，就需要对其供给模式、资金使用和监管进行全面升级，使经费供给模式能够适应我国宏观财政体制和文物事业的双重发展。

第三节　文物保护经费供给的国际化比较

文物保护在世界范围内也被称为文化遗产保护。面对文物保护困境的不只是中国，在国际社会层面，有很多文化遗产资源丰富的国家都在面临着有限政府资金的困境，该如何使用以及如何通过现代化的方式来确保繁重的文物保护任务顺利进行呢？由于文化遗产保护工作本身具有一定的非排他性和高外部性，在一定程度上可以理解为公共产品，再加上文物保护工作往往需要占用大量资金，同时还缺乏有效收益，作为社会团体或者个人即便财力雄厚，有时也会难以为继，因此在国际社会中，绝大多数的文物保护工作都是由政府的财政拨款来完成的。相比之下，很多国外政府除了财政供给模式外，还会通过延伸出其他的经费来源共同弥补文物保护费用的资源配置。这样既可以在一定程度上减轻政府公共财政的支出和负担，同时也能调动社会公众参与的积极性，并且激化文化遗产管理部门的工作主动性。使文物保护工作和文化遗产保护真正成为全社会的共同责任和共同目标，而有些国家在此项工作和文物保护经费供给方面还有很多值得我们学习的先进经验。

首先，文物保护经费供给法制化，是很多国家文化遗产保护资金体系在发展过程中所实行的一种做法。相关法定所规定的资金保障内容，通常翔实且具体地对于资金的投入和使用对象、提供资金的具体机构、金额和比例等都有明确标注。而为了保证资金来源的长期稳定，还需要将对保护对象所提供的资金保障规定应用到多部法律中。这样才能使其在各种相关法律中找到有关描述，使得公共财政在供给文化遗产保护资金时，避免文化遗产管理部门一家独大，同时还可以鼓励所有部门以及社会组织积极共同参与。

其次，还有一部分国家文物保护经费的资金来源渠道更加广泛。目前世界范围内，文化遗产保护资金供给主体可以简单地分为两种类型。以法国、英国、德国、意大利、日本为代表的国家采用的是以国家公共财政投资文化遗产保护的方式，政府作为投资主体，逐年增加国民预算，调整对文化遗产保护的投资数额以及比例，同时有效地制定相关政策来引导市场主动参与其中。而美国则会在文化遗产保护过程中，更多地引入社会化方式，将政府供给作为一种吸引鼓励私人企业以及地方支持的资源，更加强调要由全社会共同参与到文化遗产保护当中。这两种文物保护资金募集方式虽然不同，但是深入分析却都又和这些国家本身的政治形势以及社会形态有着紧密联系。两者之间特点鲜明，但即便是以政府投入为主导的国家，通常也十分重视通过政府投入来对企业及个人进行引导，使更多的资金进入文化遗产领域和工作中，并且这种多元化的模式已经逐渐成为国际上很多国家解决文化遗产保护工作中资金不足问题的有效手段。

除了政府投入之外，基金会投入也是国外解决文化遗产保护资金供给途径的有效方式之一，各种各样的基金会通常会作为一种平台性质来接受不同企业组织和个人的捐赠。有些国家甚至还会选择将政府资金通过基金会的模式投入文保事业中来。比如创立于1965年的美国国家艺术基金会和国家人文基金会，就是全世界历史上第一个致力于艺术发展和人民事业的基金会组织机构。该机构的设立保证了美国政府需要每年拿出相应比例的资金，以确保文化遗产保护工作的开展。而基金会的收益除了维持自身日常运营之外，都会投入文化保护事业当中。

以英国艺术基金为例，它不仅会定期为英国的博物馆和美术馆等购置相应的艺术品，同时还会以自身的影响力来拉动社会各个阶层，以公益拍卖或者展览的形式鼓励民众参与其中，并且将所获收益用于文化保护或公益事业。和基金会模式有一定类似之处的是社会层面的资本投入。鼓励社会资金参与到文化保护中，是国外很多国家的通用做法，为的是更好地吸引社会资金投入其中。有些政府还会制定一定的免税或减免政策来进行激励，有效地调动社会公众的参与积极性。在此模式的发展过程中，包括对企业营业税、个人所得税、捐赠税等多个税种的抵扣，陆续被纳入其中。并且由于这些税种通常缴纳税款的比例较高，因此文物保护在捐赠环节的抵扣政策效果就显得十分明显。

最后，就是文化遗产部门需要通过自身经营来提高收入。很多国家的文化遗产部门由于自身资金不足，只能通过强化文化遗产部门自身造血能力来解决这些问题。在美国文物单位的重要收入来源之一就是自身收入，尤其是一些博物馆，不仅配合各种基金来运营，同时还会使用基金本金以外的部分利息和投资效益来优化日常运作，这样可以确保博物馆基金的稳定增长，降低对于政府财政拨款的依赖度。再如美国大都会艺术博物馆，会在馆内增添各种公共服务项目，使进入博物馆的观众变成消费者。尤其是馆藏图书、馆藏艺术品、文创产品等都受到了大量观众的追捧。

第四节 文物保护经费供给改进措施

一、转变政府职能，实现文物保护经费供给主体多元化

在文物保护经费供给这一环节中，转变政府职能就是在文物保护这一公共产品的工具中重新进行角色定位，文物保护产品本身具有一定的多样性，而政府职能却有限，因此公共财政需要通过有限供给原则来为文物保护工作保驾护航，就需要结合时代发展特性充分发挥公众参与的作用。其中最为有效的方式就是从管理变为服务、从限制变为引导，只有合理地定位政府职能，才能针对不同类别的文物保护项目发挥相应的政府主体优势，最终形成政府公共财产保护型供给。并以结合企业社会组织以及个人资本来补充，配合公益组织以及志愿者等多元化的形式进行辅助，最终实现文物保护经费供给规模的扩大、政府公共财政负担的减轻，并且提高文物保护经费的使用效率和使用透明度。

例如，郑州在2016年启动生态保遗工程，该工程的主要内容是对位于市区内的文化遗址有针对性地结合城市绿化建设进行整体保护。在实际操作过程中，是以该遗址为核心建设全新的生态公园，这样既可以改善城市中心绿化环境，也赋予了城市公园全新的文化概念，并且还能对该地区悠久的文化历史进行有效继承。另外，利用文物保护产品对经费供给进行补充，同样是下一阶段我国相关部门需要着重考量的一部分内容。政府不能作为唯一的文物保护经费提供者，而是需要在一定的制度和约束下，引导企业和个人通过高效的市场化机制有效地供给一部分文物保护产品。比如由博物馆和企业共同联合进行的展览，以及文化创意产品的生产、民间文物收藏衍生品的研发，再或者是非国有博物馆以及民间文物交流市场活动，等等。这些产品不仅可以有效地激发文物产品交流的活跃性，并且形成一定的经济效应。同时对于引入资本进入保护领域，还可以起到一定的带动作用。

鉴于文物保护这项事业和文保产品本身具有的特殊性，政府适度参与是非常必要的。比如博物馆举办的展览，无论是馆内办展还是利用博物馆的文物来制作文创产品或者虚拟现实展览，都涉及对馆藏文物的使用。在深一层面则涉及展览的科学性和向公众传达的文化信息准确性。因此，想要确保文物保护在不同活动当中的有效利用，就需要政府指定特定场地、限定相应条件、选择特定经营者，

并且还要负责全面公开高效地进行监督。而在这种形势下，需要注意两个问题：一是政府部门不能过于强势，不能剥夺企业和个人参与文物保护活动的主动性和积极性，不能过分地干预专业人士的操作和行为。二是政府也不能忽视自身的监督管理作用，话语权和主导权不能被资本或企业控制，即便是企业出资占比较大，也只能负责场馆活动的维护运营以及宣传工作，而不能完全取代政府的监督管理职能，否则极容易出现文物过度利用等问题，造成不良社会影响。

二、鼓励多方参与，扩大文物保护经费供给规模和渠道

所谓的多方参与就是指在多元化的文物保护资金供给模式下，既可以加强由中央政府主导的文物保护经费供给规模，同时还可以发挥政府的政策指引以及主体优势。而在社会层面，多元化供给还可以引导企业资本向政府所支持的方向投资，借助公益组织的力量使得社会资金流向文化和文物体系中。从而充分地挖掘文博单位的自身优势，提高政府允许范围内的自身造血能力，这样就可以有效地强化公众参与文物保护的理念，并且实现文物保护和现代生活的良性结合，只有全员动员、发动社会力量才能扩大文物保护经费供给的规模。

对于中央政府而言，文物保护经费供给规模的增加主要包含三个维度：首先是增加文物保护经费的绝对规模；其次是整合现有资金，提高使用效率；最后是扩大文物保护经费供给范围，将更多文物保护项目纳入经费扶持范围中。

文物保护经费供给规模的拓展，要根据《中华人民共和国文物保护法》的相关内容，对各级财政部门对文物保护经费的供给标准进行进一步明确。财政部门和文物保护部门应该联合发起对文物保护经费供给规模的研究。该研究内容应当将不可移动文物和可移动文物进行区分，设定各级政府在文物本体保护中能够供给的最低标准，并且作出翔实有效的参考发给各省，让各省级政府能够将其作为有力的参考依据，对中央文物保护资金进行分配。除了相关文物行政管理部门之外，其他部门以及行业转移支付资金中，也有很多涉及文物保护的经费支出，将这些经费进行有机整合也能够拓展文物保护经费范畴。比如在工程建设环节，涉及历史文化名城的建设就会和国土资源、水利、农业、林业、环保等多个领域发生交集，而在上述部门的项目合作推动环节，就应该对涉及文物保护的内容进行明确并划分出一定比例，专门用于文物保护领域。

地方政府在文物保护经费供给中除了要增加投入，还需要完善重点省级单位的文物保护经费转移支付体系，这样才能更好地解决基层文物保护资金不足、设备不足、人力不足、投入不足等问题。虽然在一定程度上来讲，我国文物保护工

作是由中央政府直接领导的，但是绝大多数实际落地工作都是由基层政府直接负责，其中就包括文物保护产品供给，而在这一环节，如果大量文物得不到资金支持，那么保管运输、维护修复保养等多个环节都会出现问题。而在目前的实际操作中，各级政府文物保护经费转移支付完全取决于各省的地方财力，一些省份财力不足或者尚未设立转移支付体系，那么，应用于文物保护领域的经费和资金，就会出现迟滞或短缺。因此，省级以下文物保护经费转移支付需要由各省组织确定资金使用项目，并且要求各级单位进行匹配，形成上级决策下级执行的框架。这样才能确保管理文物试点更多、分布区域更广。各级政府分别承担管理职责，高级政府负责监管经费执行。省级以下文物保护经费支持项目虽然不像国家重点文物专项资金一样受到社会的广泛关注，但是在经费的分配使用、监督管理、公开透明等环节还需要进一步完善和提高。

三、激发文物部门自身造血能力

除了要依靠外部环境的投资之外，政府和相关文物部门还需要激发自身的造血能力，从市场经济的角度来讲文物，部门掌握大量的文物资源和文化，文化IP本身就具有潜在的强大市场和经济价值，因此想要解决文物保护经费的短缺，还需要站在文物部门自身的资源优势和人民群众对文物保护产品供给需求这一角度来优化自身活力。

首先，由国家文物部门以及财政和税务部门共同研究落实如何针对文物单位来构建成熟的文博创意产业体系，如何完成对文创产业人才的引入和政策落实。对很多文物部门而言，虽然能够完成极为困难的文物修复，但是却无法完成文创产品的研发。想要解决这些问题就需要充分考虑几个维度的核心要素，尤其是文创产业在建立初期所需要的经费投入，既可以由政府相关部门投资，也可以发动社会层面的企事业单位、组织机构和个人共同参与。对于研发人员应当构建可落实的激励制度，从而调动其工作激情。并且在全国范围内实现统一政策标准，避免由于单位等级不同或地域差异而产生的不公正、不公平、不公开行为。

其次，文物产权的研究和利用一直以来都是国家文保领域的一大难题。文物产权的归属所有权以及处置权应当如何确定，所有权的使用和收益是否应该分离。如何界定各级文物部门之间实际管理文物所享有的权利，这些问题都会直接影响文物产权研究和利用最终结果，以及产品面对市场之后所形成收益会带来的一系列矛盾冲突。对于很多文物部门的领导和工作人员而言，更倾向于做好自身的本职工作即可,甚至还有些领导不怕不赚钱,就怕文物产权的利用会产生盈利。尤其是对很多博物馆等非营利机构来说,自身日常运营的经费都来源于政府扶持,但是一旦文创部门产生盈利之后就会出现和非营利机构理念不符的问题。因此即便是党中央和国家文物局多次下放文件表示要让文物真正活起来,要充分地结合现代化技术来创造经济效益,但是仍然有很多相关部门的领导害怕担责任,而迟迟没有行动。

另外,想要充分发挥自身造血能力,还需要建立利用文物来反哺文物保护的有效机制。通过发挥文物自身的文化属性作用或者产品经济收入回馈文物保护事业,不仅可以让文物部门在日常运营资金更加充裕,同时也可以更好地融入市场经济的发展势头中。而想要配合这一操作,就需要文物单位机制体制进行改革,既要强化自身的治理能力,同时也要构建符合文物单位运作模式的治理体系。很多国家的文物单位是以企业化的管理模式在运营,针对人员的管理工资绩效考核,甚至职称的评定,也会给予文物单位一定的自主权,并且允许具备条件的文物事业单位变更为"公益"二类,这样才能确保相关单位在公共服务的前提下开展一定业务范围内的经营性活动,完成自身造血。

四、构建文物保护经费供给结构的优化体制

由于文物保护事业需要花费大量的资金,而其经费支出和收益远远不对等,因此才会出现部分地方政府宁愿舍弃或削减文物保护经费来保证经济增长的情况。这种选择对于地方政府领导而言无可厚非,但是这与时代的发展有着紧密关联,对于很多地区而言,优先保证人民的生活质量,在能力范围内保障文物保护经费的供给,这种选择是可以理解的。但是文物对于一个国家而言的重要性绝对不只体现在民用民生环境上,更是体现了一个国家最底层的文化内涵。因此中央文物保护经费供给范围需要进行调整,不仅要对供给对象进行评级,同时还要对供给方式进行梳理。国家文物部门如何实现文物保护、经费有效供给,如何确保公共财政的使用效率,如何和地方政府层面进行有效沟通都会影响到文物保护经费供给结构的合理性。而要优化这一结构和经费供给体制,就需要合理地划分中央与地方文物保护事权。根据修改后的《中华人民共和国文物保护法》相关内容,我们可以了解到改变现行以属地管理为原则的事权划分体系,确立以所承担的工作内容为原则的新型事权体系,就是我国政府对文物保护经费供给的一次有力调整。从公共财政支出公平有效的原则到文物保护公共产品有效供给原则,都说明了中央与地方正在不断调整双方在文物保护事务当中的责任,并且正在逐渐从以往的中央负责制，转向以绩效为最终目的的管理方式。这种管理方式在很多西方国家都得到了应用，该模式既便于实施又便于考核，在管理模式上更加灵活，工作目的也更加切合实际。而从责任制的角度来讲，哪些工作交由地方完成更加适合，哪些工作由中央政府进行管理，双方明确自身的责权利，会避免出现多级政府共同管理，上级政府应接不暇、下级政府无所事事的情况。

通常来讲，中央政府在文物保护工作中需要具备更强的权威性和指导性，并且中央政府更多地需要承担对全国文物保护工作具有全局性影响的事务。比如，在发展过程中，需要明确文物保护规划和工作的重点内容，这就需要中央政府来完成。再如制定全国文物行业发展的规划和标准，以及研究文物保护利用的方向性问题，上述内容都不是地方政府能够决定的。再或者需要涉及跨省或者国家重点工作有关的大型项目，需要中央政府牵头组织。最后地方政府遇到紧急问题或者需要援助时，需要中央政府出面协调，或者对各地区之间的资源进行统一调配，等等。

总的来讲，站在国家文物部门的角度而言，中央政府需要将自身从具体的事务性工作中解脱出来，转变自身职能做好协调和监督。而地方政府则需要在中央政府的领导下，对自身所辖区域内的文物保护以及产品利用和经费供给等相应职责一并承担。并按照中央与地方事权划分的模式，由高一级的政府来承担自身区域内文物保护和管理工作的宏观职能，而将具体事务和具体工作交由下一级政府来完成。只有形成这样的模式和体制才能使得我国文物保护经费供给制度和责任制度高度统一，形成离文物越近，政府职责越具体、越微观、越细致，离文物本体越远，越宏观、越调控、越管理这样的良性发展模式。而在制定了这样的事权结构后，所涉及的文物保护经费供给制度也就有了全新的体制。除了需要跨地区或者对国家有重大意义的极少部分工作，需要由上级政府进行协调和经费供给外，原则上都会交由文物所在地区的政府以及相关部门来进行负责和实施。

五、构建与事权相匹配的财权制度

在清晰地划分好中央政府和地方政府在文物保护工作上的事权之后，还需要建立起与之匹配的财权体系。这种体系建立的根本目的是避免出现经营收益上移，责任问题下移的情况。对于很多基层政府而言，在以往的文物保护工作中，都会出现承担远大预期收入的财政支出责任的情况，甚至有很多文物保护单位之所以入不敷出，都是因为自身在"小马拉大车"。每当出现珍贵的文物时，都需要上交给上一级部门，而自身只能保留其中的一小部分或者是复制品，而这样的操作模式就会直接影响这一级文物保护部门的经费和收益。鉴于中央与地方根据工作内容重新划分文物保护事权责任的体系，那么其公共财政支出以及可支配资金就需要能够和事权进行匹配。想要实现这个目标，首先就要建立起以事权为标准的文物保护经费支出模式，该模式下要改变按文物级别来限定资金支出范围的现行体制，对文物保护经费的管理机制进行优化，并根据中央与地方所承担事权的不同，来界定自身的支出费用和支出责任。简单来讲，作为国家文物部门及经费的支出方向，需要站在宏观统筹全局的角度，以规划性支出为主，并且承担宏观指导责任。

而地方文物部门则不同，其经费的支出方向需要站在具体事务的角度，以执行性的支出为主，并且承担具体事务责任。加大对地方财政转移支付的力度，即便是在保证现行财政体制的基础上，也需要将文物保护经费专项转移支付作为一般性支付条件，只要是由地方承担文物保护事权内的公共财政资金，都可以转移到地方财政当中。

根据财政部、国家文物局2019年出台的《国家文物保护专项补助资金管理办法》相关内容可以了解到，相较于地方政府所承担的文物支出职责，需要进一步地加大对地方资金份额的风格，既要强化地方部门的支出量产权，也要对实际的资金支出进行有效的明确，改变以往上级支出下级买单的情况，真正地实现谁支出谁买单。

需要注意的是加大地方文物保护经费可支配资金数额，并不意味着地方文物保护单位拥有更大的财政权力，而是指在现有的中央和地方财政分税体制下，需要对两者可支配的资金配额进行重新梳理。财力配额需要适当地进行集中，由中央政府进行宏观调控，同时还要避免出现财政支出盲目下放，导致财权失控的问题。由于文物保护经费供给本身属于公共财政体系，因此一旦文物保护经费可支配资金调配出现问题，那么地方公共财政体系就必然会受到破坏。从另一个角度来讲，文物是属于国家和全社会的共同财富，因此由所在地政府进行管理只是为了能够有效地提高公共财政的支出效率，能够为公众提供更好的文物产品和文化服务，而并非将文物和地方政府进行捆绑，国家必须要对此进行有效的管控并承担相应责任。而调配不同区域之间的文物保护经费也是为了能够站在全社会的角度为公众提供基本文物保护产品，避免出现地方政府一味追求经济利益而发生文物破坏的问题。想要实现这一目标，不仅需要中央政府能够做到公平公正、统一协调，同时还需要合理地规划中央与地方财政之间的管理职责，中央政府必须具备充足的资金来实现文物保护经费供给的区域性平衡，并且还需要准备一部分应急资金来面对突发事件。另外，地方政府还需要针对专门保护项目具有一定的自主权和经费支出活力，在利用可支配资金完成事权支出责任的同时，还有义务将文物保护产品供给与所在地区的城市发展进行高度融合统一。比如将古代遗址和城市公园项目相结合，既保障了文物的留存，又为城市增添了全新的景观，就属于其中的典型代表案例。最后，则是要构建一个强有力的透明监督体系，既要确保中央政府和地方政府能够各司其职履行事权，同时还要由公众完成监督各级政府是否依照事权承担支出责任，只有这样才能真正地实现支出责任和财政事权相匹配，才能使得我国文物保护领域的相应工作顺利开展，保障文物保护经费供给的平衡和高效。

六、构建第三方对文物部门支持的工作机制

鉴于我国公共财政体系在使用方面所制定的相关标准，对于非国有文物部门还可以采取第三方的方式对其进行支持，并实现共同管理。中央财政通过给予中国文物保护基金会一定支持的方式，由基金会来组织工作，对于重要的非国有文物部门进行一定比例的投资。在此模式之下，各省份也可以成立文物保护基金会，由省级财政部门定期定量向基金会拨付使用资金，由于各区域内非国有不可移动文物的数量、体量不同，需要用于修缮和保护的资金数量不同，因此基金会需要对自身所辖区域内的资金使用情况进行合理规划。同时基金会的金融优势及本身的融资能力，相比于其他政府部门而言更强。一方面基金会可以向社会开展资金募集，并且接受海内外的各种捐赠，所募集的资金用于国有以及非国有文物部门的投入。这样既可以在一定程度上强化文物保护经费供给的总量，同时也可以确保其作为第三方对基金会资金筹集以及使用状况进行有效的审计监督和管理。另一方面，基金会的职能相比于政府而言，有一定的自由度，这就使其在资金募捐以及开展公益活动时，不必受到政府职能部门的限制。在接受海内外资金募捐时，不仅可以充分地发动社会层面媒体的宣传推广，让更多的群众参与其中，同时也能够形成良好的宣传和舆论效应，对于我国文物保护领域工作的拓展产生积极的影响。

七、文物保护彩票和税收制度的建立

目前整个世界范围内，博物馆以及其他文物保护机构争取国际社会支持和援助的主要途径和方式无非是争取私人和企业的捐赠及各种形式的基金资助和发行文物彩票。目前，彩票发行在我国具有深厚的人民群众基础和较强的市场可操作性，不失为一条有效的筹措文物保护和发展经费的方法和途径。同时发起文物保护彩票制度，也能够变相地鼓励公众参与到文保领域的工作中，我国彩票行业的发展和文物保护行业的发展拥有着共同的目标，而且这种方式能够拉动文物利用

这一方向的发展。

我国自 1987 年开始发行福利彩票，经过几十年的积累和发展，形成了一支数量庞大的专业彩民和销售队伍，彩票的发行和销售监督管理相对比较成熟，与我国福利彩票业息息相关的金融服务行业也得到了较大程度的发展。全国已基本建立了以中国福利彩票的发行管理中心统一管理，省级发行中心统一承销，地（市）级发行机构管理为基础的福利彩票发行机构与销售监督管理网络。我国已经形成了强大的福利彩票销售监督管理网络。但是我国目前的彩票收入仅局限用于民政工作和体育事业发展，博物馆以及其他的文物保护管理单位不能享受彩票带来的资金支持。因此，当下可以增添一种彩票形式，由文物保护的管理部门主导，向国家申请，参照现有福利彩票的管理模式建立文物彩票发行和管理体制。文物保护彩票制度的建立能够在一定程度上缓解目前我国文物保护资金不足的问题，极大地减轻地方财政压力。但是在发行过程中也要注意，彩票发行最重要的就是要保证整个发行过程的合法性、资金流向透明性、收益使用明确性。应将文物保护彩票的发行作为一种持久的资金筹集和保障方式，因为文物保护彩票制度相较于政府拨款或者社会募集更加稳定，收益也更加可观。

应尽快建立一套企业或个人捐赠文物可享受税收优惠的专门法律制度。目前，我国针对捐赠文物的行为有专门的立法保护。但当前，我国针对文物保护领域的捐赠和个人税收政策还没有形成完全有效的链接关系，即便是专门针对个人捐赠文物这一领域，法律层面上仍然存在一片空白。但是鉴于文物本身的特殊属性，同时也为了更好地促进我国文物保护事业健康发展，相关部门需要大力推动这一体系的建立，并且在法律层面予以保护。尤其是在文物保护的立法工作中，我国应针对个人捐赠文物这一行为提供税收可扣除的相关额度，并且在一定程度上给予优惠，并且税收优惠的扣除率也需要作出明确规定。此外，在对税收可以扣除额度的递增年限上也应当给予充分说明，并且规定可以按照年度顺延税收超额的部分。这样就能够充分鼓励捐赠者以合法的方式加入文物保护事业中来，并且提高国民捐赠文物的积极性。

另外，对于文物捐赠的税收优惠主体资格同样需要在立法层面进行界定，相关法律法规必须对税收优惠主体资格应当具备的所有资质和条件逐一说明。对于海外华人是否和国民同等享受税收优惠也需要作出明确规定。其后还需要在国家层面建立统一的网上税收优惠信息平台，并且由官方媒体来发布合法的条件以及相关内容。这样才可以有效地防止某些利欲熏心的团体和个人打着税收优惠的旗号进行非法集资或网络诈骗。而对于税收实施优惠的主体，在设立其资格和审查条件之后，还需要由税务部门跟进接管，避免出现操作漏洞。另外，对于自我运作的各个方面还需要形成明确的要求以及规定，这样才能保障文物保护工作税收优惠政策有序执行，政府和相关部门才能够对其进行合理的监管和强力干预。

最后，完善对于文物捐赠税收激励的政策制定和实施的立法以及社会监督。在文物捐赠的税收和激励政策的实施上要真正做到公开透明，政府要建立和完善对社会的监督管理体系。因此，我国在今后的文物监督工作立法中，应当进一步设立专门的监督机构，对国内一些文物捐赠企业骗税或者偷税的不法行为进行严厉打击。同时，国家要进一步加大对国家有关部门实施文物捐赠的税收和激励政策的相关宣传活动，让公众积极参与，发挥政府和社会传播媒体积极的作用，让政府对社会的监督、国家文物捐赠税收和激励政策的制定及实施相协调，这才能真正地促进我国文物捐赠税收激励政策法律体系的完善。

八、强化制度建设，规范经费供给行为

我国公共财政体系属于法治财政，只有完善的制度建设才能够使得公共财政的供给行为变得更加规范。文物保护经费供给行为其自身属于公共财政体系，因此只有对其行为进行规范才能确保供给效率和公开公正。从某种层面上来讲，文物保护经费的供给和政府其他财政支出相比具有极大的不可控性，一件很小的文物在修复保护展出以及其他工作中都可能形成较大支出，因此这一方面的经费供给行为规范与否，直接决定了政府公共财政体系是否规范。可以说，法治建设是我国文物保护经费实现有效供给的必要保障，而文物保护经费供给制度的建设也必须要重视法治建设和标准建设。

在法治建设层面完善文物保护经费有效供给，需要修改《中华人民共和国文物保护法》，优先界定各级政府文物保护事权，并确立以文物保护工作内容为原则的事权划分体系，再根据事权的合理分配来建立责权利一致的文物管理模式。尤其是对于省级以下政府文物保护事权责任的划分更是需要重视避免基层政府承担不适应的情况，从而增加文物合理利用的专项内容，不断地调整和利用领域新出现的内容和形式，真正实现让文物活起来，并且为其提供法律依据，保驾护航。

另外，则是出台文物保护经费转移支付的相关条例，不仅要明确从中央到省市之间的转移支付责任，并且需要明确在文物保护经费转移过程中，涉及的一系列支付方式、支付标准、分配模式等，使得各级政府的公共财政文物保护支出能够形成明确的责任制。另外，还要制定政策规范政府文物保护的具体行为，尤其是下级政府需要明确自身在文物保护工作中的具体责任，这样才能避免出现非专业人士的非

理性行为，又或者是各级政府由于不履行自身职责而产生的失职行为。

在标准建设方面，要完善文物保护经费有效供给制度，就需要构建一定的依据和准则。文物行业标准建设的滞后性和非专业性，已经严重影响了我国文物保护工作的开展和推进。相关的工作内容不仅需要社会资本的参与，同时还需要公众的认可。在以政府资金为主、企事业单位和个人为辅的经费供给不足的情况下，只有确保公共财政资金充分发挥作用，并且有效地避免不规范的行为对文物造成伤害，才能使文物保护经费供给体制高效运行。而制定的相应标准，一方面，要充实文物保护技术标准，尤其是针对不同类型的文物，应制定明确的保护技术标准，构建可移动文物和不可移动文物不同的保护体系，规范针对文物自身保护的科学性。另一方面，要规范文物保护的工作程序，并充分发挥该程序的作用，规范工作人员的日常行为，避免出现因为程序的瑕疵而影响保护结果的情况。从以往的工作经验来看，无论是国家重点文物保护单位，如故宫文物修复事件和长城保护工程问题，还是地方性文物保护工作中出现的各种瑕疵问题，其背后都可以找到缺乏程序标准的影响因素。因此，相关部门需要尽快地根据我国文物保护领域的实际需求来制定清晰明了的标准，该标准应当注重可操作性以及科学性。同时需要通过制定文物保护的经济标准，来避免文物保护产品供给当中出现的一系列缺失。在以往的很长时间内，我国对于文物领域的工作过分强调保护，而忽视了对文物的利用。许多在其他行业中早已有明确市场标准的行为，在文物工作领域却仍然是一片空白，以及文物保护工程投资标准只能采用市政行业来进行标准测算，或者文物展览验收标准无法量化、没有可以参考的相关依据，而只能根据所谓的专家意见而进行模糊判断，这些情况都会使我国文物保护工作的推动出现迟缓或偏差，为了解决上述问题，就必须尽快地制定相应标准，尽快地将文物保护产品融入整个社会规范化管理体系中。

九、提高治理能力，增强供给效率

文物保护经费供给本身是政府决策行为的外在表现，而政府决策又是推动文物保护工作的主要内容，与其他工作内容相比，文物保护经费的问题贯穿整个文物保护工作的始终。为了适应新形势下我国文物保护事业的发展，以及新时代公众对于文物在历史文化等层面的内心需求，就需要各级政府重视文物保护经费供给效率的提高，同时还需要加强保护工作本身的监管能力和治理能力。

想要实现这些目标首先就要提高相关政府部门的管理水平，并通过优化自身管理水平来代替行政命令的控制。简单来讲，管理水平的提高可以确保文物保护行为的效果，如果为了保证效果，而将一切行为都置于严格的控制之下，那么就需要政府具备极高的专业能力。然而实际上绝大多数政府在文物保护方面的专业程度不高，因此一味地使用行政命令来进行控制，反而会容易导致文物受破坏或者保护效果不佳。而这也是在很长一段时间内，我国文物保护工作的推进一直都处于"一管就死，一放就乱"的情况中的原因。

从某种角度来讲，政府的行政命令具有一定的权威性，对于文物保护相关部门而言也能够通过经费供给制度进行有效控制。但是管理和治理不同，即便是以项目审批为资金分配主要的方式，也无法摆脱以往文物保护部门对政府资金审批管理模式过度依赖的问题。因此想要真正地使相关的行业及工作更加高效，就需要将以往的管理模式转变为治理模式，既要提高自身的治理能力，又要提高自己的治理水平，这样才能更加规范地管理，更加有效地监督❶。

想要解决上述问题首先就需要设计公开透明的经费供给决策执行程序，公共财政的决策机制公共化是政府公共财政有别于其他财政体系的本质因素，而文物保护经费供给的公开透明原则是公共财政对其的基本要求。文物资源属于国家和人民群众，因此文物保护经费的供给也可以算是一种公共需求，其决策程序继续要使公众认可，同时也需要在政府的充分监督管理下。在此规则中，公众的诉求表达越深刻、越充分、越全面，经费的供给模式和供给决策越公开，那么其供给效率和使用效果就越明显。而在公共财政体系下文物保护的相关项目越重大，就越需要在决策时强调程序的公开性。因此就有必要设计一套完善的决策机制，涵盖项目制定和项目执行两个环节，最忌讳出现重大决策的随意性或者单一部门的决策性。有效地改变模式应该尊重现有的文物保护经费供给审核制度，但在封闭模式的基础上，还需要让公众参与到费用供给审核的流程中，比如在文物保护项目申报时，应该对全社会公开，同时还需要发布相应的审核标准，并定期将审核决策借助公共平台进行广泛告知。

另外，在经费的使用过程中，还需要主动地接受公众监督，并且将费用的使用情况、使用单位、使用进度、使用人，定期向公众公开。具备条件的文物保护项目还可以向公众定期开放，并且由相关部门组织接受公众咨询。

最后，则是要将公费的使用结果进行定期公布。对于非重点项目而言，应当每年向公众公开全年的经费使用情况，并且在明细中分别阐述每一个项目的资金结算情况。这样既可以提高文物保护经费的资金使用效率，同时也有利于构建全方位的经费供给监督体系。

---

❶ 郭春媛.我国文物保护经费有效供给研究[D].西安：西北大学，2019.

第七章 虚拟技术在文物保护的应用

第一节 虚拟技术的概述

通常意义上来讲,虚拟现实技术也被称为仿真技术,简称 VR。该技术是一种集成计算机技术、图像学技术、多媒体技术、人工智能技术、传感技术、互联网技术等多种现代化科技全新计算机成果,是一种通过模拟的方式为使用者营造实时反馈实体对象变化以及相互作用的三维世界的技术。最初的虚拟技术应用是以视觉和听觉等感知,营造一种真实体验的方式来进行展现,其后相关技术人员又通过触觉甚至嗅觉等体验的增加,使这种感受变得更加真实。设计人员通过对真实世界物理形象的还原和营造,在设计虚拟环境时构建了不同的变化和作用。简单来讲,虚拟技术就是通过营造一个虚拟世界让参与者产生一种身临其境的互动感觉,而这种感觉也被称为虚拟现实技术的最核心特征,被称为沉浸式参与感。

虚拟现实技术作为近年来高科技领域最为引人入胜的高新技术之一,主要是利用电脑建模生成三维空间,结合感官体验进行模拟,其优势在于能够打破地域和时间的限制,是一门多学科的综合集成技术。概括来讲,虚拟现实就是人们利用计算机通过对复杂数据进行可视化的操作,而形成的全新一代人机交互方式。与传统的计算机界面视窗操作模式相比,虚拟现实技术在操作模式、技术逻辑上都有着极大的改变。

虚拟现实技术中描绘的现实并非在物理意义上的现实,而是在计算机领域以功能意义进行概念的,并不存在于真实世界上的环境和感受。虚拟是指通过计算机生成,是一种既可以实现但又根本无法实现的环境和事物。因此从底层逻辑上来讲,虚拟现实技术是指用计算机生成的一种特殊环境,而参与者则需要通过各种设备将自身的感知投射到相应的环境中进行操作。其中最为简单的应用模式是使用相应的计算机软件进行建模和动画制作。在当前各个领域中,利用虚拟现实技术制作虚拟建筑三维模拟是应用最为广泛且最为全面的虚拟现实技术,很多国家的虚拟建筑技术领域,都已经能够制作并展示较为复杂的建筑模型、城市模型甚至世界模型。而在建模的基础上，除了需要通过基础建模来营造虚拟环境之外，还需要配合多个摄像机对虚拟世界或虚拟环境进行记录，利用计算机视频技术对其中的虚拟事物和环境进行视频抽取，这样才能匹配参与者或者使用者的视觉感知。而在制作这些虚拟世界时通常还需要运用相应的图像处理技术，比如使用高清摄像头进行空间扫描，来生成为某一物体或某一地区的完整启动图像，再通过相应的投射技术将这些图像映射在虚拟屏幕上。而用户则需要通过佩戴眼镜或头盔显示器等方式来看到这种图像所形成的景物和环境。

一、虚拟现实技术的衍生产品

虚拟现实技术应用过程中所衍生的产品也被称为虚拟产品，其本质属于数字化产品，既具有真实产品所必需的各种特征，同时也有着一定的差异性。虚拟产品的本质是通过对产品实时性功能的仿真，让使用者有时可以像使用真实产品一样使用虚拟产品。但是由于该产品本身的设计流程是完全数字化的，因此相比于传统产品而言，减少了制造过程中的物理模型生产环节，在一定程度上节约了时间和物质成本。设计人员可以在计算机中，对想要设计的产品进行反复分析验证和设计，利用相关软件进行模型设计和绘图工作，这也使得虚拟产品的设计工作量相比于传统的产品设计更加简单便捷。在虚拟现实技术的影响下，很多文物保护单位的文创产品以及文创衍生品制作模式也发生了改变。

在以往，这些文创衍生品的制作需要由人工来进行设计和建模，并且通过复杂的工艺完成制作流程，这种生产和销售方式无疑会使得这些文化衍生品的设计和生产成本增加，以至于很多游客和群众无法接受过高的销售价格，甚至还会认为这些文物保护单位在以权谋私、非法营利。随着虚拟现实技术的应用，文化衍生品从设计到生产的流程得到了有效简化，只需要通过计算机软件对其进行建模并将制作好的模型交付给生产厂家即可。无论是在产品的生产周期还是生产成本上都有明显下降，同时产品的精度和文化属性等方面又有所增强，这也是我国文物衍生产品市场逐步扩大的有力佐证。

例如，通过虚拟现实技术完成设计并生产的最典型衍生品，应该属于"冰墩墩"和"雪容融"。这两件衍生品不仅迎合了冬奥会这一主题，同时也在世界范围内引起了强烈反响。而对于文物衍生品的设计，比较有代表性的应当属于故宫推出的文物保护系列作品，无论是以虚拟现实技术完成建模和设计发行的故宫古建筑玩具系列，还是结合现代人生活习惯设计的各种仿造文物设计的日常用品，都受到了全国人民的追捧，甚至一度打造了国货热潮。从这个角度来讲，虚拟现实技术作为一种实用性工具，帮助文物保护完成了从拯救性保护到资源利用的转变，而这种形式也更加符合当代人的日常生活节奏以及审美需求。利用虚拟现实技术来设计衍生品，已经成为当下时代文物保护资源利用的一个全新主题，对于设计人员和文物保护单位来讲，无疑是一种共赢。可想而知，我国拥有大量的文物珍宝，而目前能够真正利用起来的资源，只是其中的极少一部分，从这一层面能够看出虚拟现实技术在文物保护事业中仍然具有极大的发展前景，而在衍生品的设计生产和销售领域，同样有着巨大的市场潜力。正因如此，探讨虚拟现实技术和文物保护之间的关联以及应用，已成了很多新兴科技公司甚至动画公司的主要发展方向。

二、虚拟技术的应用领域

虚拟现实技术的本质是一种基于计算机技术衍生出的实用技术，因此其本身就拥有着极为广阔的市场发展前景。在相应的虚拟现实技术交流会上，有专家和学者对虚拟现实技术进行概括，认为其主要涵盖三大领域：三维计算机图形学技术、多种功能传感器的交互式接口装置、高清晰度显示装置。由此可知，虚拟现实技术在容纳了上述基本技术之后，其主要特征可以表现在多感知性方面。理想的虚拟现实技术能够在一定程度上反馈人所具有的全部感知功能。在存在感方面，通过各种硬件的配套可以使用户在虚拟合成的环境中获得感官体验，进入角色的深度体验。而在交互感方面，虚拟现实技术可以通过软件设置实现人机交互，这种交互的设计是基于人和周围真实世界的物理交流方式而形成的一种模拟信息传感。而在自主性方面，随着虚拟现实环境的不断扩大，以及在该环境中物体数量的增多，该技术能够持续不断地给用户提供全新的自主性操作体验。在当前的发展趋势下，很多国家在虚拟产品创新和制造环节都在充分发掘虚拟现实技术的可操作性，尤其是在军工、医疗、汽车、石化、会展等行业，更是不断地推陈出新，将虚拟现实技术在广度和精度方面推向新的高度。

第二节　虚拟技术在文物保护中的作用和应用

一、虚拟现实技术在文物展示方面的应用

虚拟现实技术在文物展示环节的应用和其三项基本技术有着极高的契合度，

首先，虚拟现实技术能够实现高精度模型结合数据库以及网络来实现对各种文物的全方位展示。众所周知，很多文物的特性决定了人们无法对其进行移动或者随意拿取，这就导致这些文物通常会有很多视觉死角，无法被人欣赏到，但是虚拟现实技术可以通过高清扫描仪的数据采集来形成三维立体高精度模型，虽然目前对于很多文物在材质、纹饰、颜色以及质量等方面的还原度还不能令人满意，但是随着虚拟现实技术的不断发展，以及硬件软件等方面匹配程度的不断增加，上述问题很快就将得到有效解决。其次，在展示环节中，虚拟现实技术可以使原本完全静态的文物形成平面连续影片或者动画，这种展现形式不仅可以使文物观察变得更加深入，也能够直观地提高文物产出效率和效果。

值得一提的是，次时代技术在脱离文物原件的前提下，已经能够表现出文物的非视觉特征，尤其是通过传感器陀螺仪等硬件的配合，能够对其重量和质感进行模拟。简单来说，在以往的虚拟现实技术应用中，虽然可以将文物通过高清扫描生成三维图像，并进行全方位展示，但是由于技术手段的限制，人们无法感受到不同文物的不同材质和不同重点，但是通过增加传感器的方式，可以通过触感、嗅觉等感官刺激的方式对这种效果进行模拟和还原。相关技术人员在参考了相关研究数据以及文献记载之后，就能够模拟出很多文物真实的样貌，并且形成视觉、听觉、触觉、嗅觉等全方位的感知和刺激。而虚拟现实技术的动画制作，相比于单纯的文物展示功能而言，更加丰富也更加立体，利用此技术，很多博物馆和科技公司联合打造了一种全新的文物展览方式。

例如，在我国非常知名的一个文物类别——青铜器的展示环节，就可以通过高清扫描仪对文物外形数据进行采集，再通过建模的方式对形成的模型进行切割和分解，将青铜器的每一个部件进行单独展示，配合上视频、音频、图片、文字等内容，形成一种全新的展示模式，让观众能够真切地看到这些文物背后所蕴藏的文化属性。同理，很多大型遗址或古墓的展示方式也可以借用虚拟现实技术，当公众参观大型遗址或者古代墓葬时，只能以第一视角对其进行观察而无法看到这种不可移动文物的全貌。但是通过虚拟现实技术的建模以及高清展示，就可以让人拥有上帝视角，通过不同的角度来观察和欣赏这些文物，为人们带来了一种全新的体验。目前还有一些网络科技公司在文物保护部门的介绍下，开始逐步尝试还原这些大型文物的历史演变过程，通过增加各种变量的方式，让人们感受这些文物在成百上千年的过程中都发生了哪些变化。

另外，通过互联网技术将各种资料进行统筹管理，不仅可以确保文物本身的安全，同时也便于向全社会和全世界进行传播，其本质不仅是一种文物展示手段，也是一种文物保护手段。目前很多博物馆会选择用实时更新的虚拟技术，通过预先设定模拟的文物修复图像来检验文物修复的最终结果和使用修复技术的可行性。在操作过程中，需要通过计算机虚拟技术对视图进行计算，通过数据模拟的方式来验证修复过程中可能出现的各种情况，甚至有些先进的软件还能够测算出使用不同修复技术修复的结果，其安全性和持久性有怎样的差异。可想而知，对于文物保护工作的开展而言，能够充分地结合虚拟现实技术的应用，不仅可以节省大量的人力物力解决一部分经费供给问题，同时还可以提前进行反复测试，以提高文物保护工作的安全性。这样在虚拟环境中所进行的测试，既不会对文物造成破坏，能延长文物寿命，同时还能够验证文物保护技术的可行性和匹配度，有一举两得的功效。

由于虚拟现实技术的本质涉及了计算机图形学、传感学以及很多其他学科，因此在软件和硬件的加持下，能够让电脑生成一种模拟视觉、味觉、听觉、触觉的综合性感知，这种感知虽然是在虚拟环境下生成的，但是却能让使用者产生一种接近于现实世界的感受。因此，在体验这项技术的过程中，人们可以对文物实现一些原本不可能的操作。

首先，文物保护工作的开展基础的要求就是减少外部环境对文物造成的影响，因此很多珍贵文物的展出时间、展出次数，都有极为严格的限制。但是在虚拟现实技术的加持下，可以使用信息采集的方式，对这些有严格展出时间要求的文物进行三维立体建模，而在展出时也可以用这种虚拟现实展出的技术来取代实物展出。其次，在文物或古迹的修复工作中，使用建模技术和虚拟现实技术，不仅可以有效地缩短修复工期，同时还可以提高文物修复的精确度，并且在计划之初就能够帮助文物保护工作人员或者设计师来进行预期预判。最后，虚拟现实技术在文物保护工作中的应用，最核心的理念在于帮助文物脱离时间和空间的束缚以及限制，这样才能够更加便于大众进行分享，从而使其成为全人类共同拥有的宝贵文化遗产。尤其是在文博事业和信息化时代进行融合的关键时间节点，虚拟现实技术更是其中不可取代的核心技术，不仅可以优化文物的保护和展示方式，同时也能在文物利用和文化创意上进行有效加持。

二、虚拟现实技术在文保工作中的应用案例

近年来，虚拟现实技术在我国文保领域发挥了越来越重要的作用，而其中最为典型的代表当属敦煌莫高窟。敦煌莫高窟是我国西北地区的一处珍贵的文物宝藏。不仅地处于古代丝绸之路的交通要道，同时还是中西方文明交融的历史象

征。但是莫高窟在存世千余年的历史当中，不断地受到自然环境的影响和人为的破坏，以至于莫高窟内的很多洞窟和佛像都存在不同程度的被破坏问题，甚至前些年，过度的旅游开发使这一现象变得越发严重。可是在近年来，敦煌研究院在文物保护方面做出了大量尝试，为了能够对莫高窟现存的各种彩塑、建筑和壁画进行有效保护而引入了虚拟现实技术。其中工作量最为巨大的要数对整个莫高窟482个洞窟和周围230余平方公里的地区进行全景三维模型制作。这一项目无论是在数量规模还是其他众多参数上，在世界范围内都首屈一指，而建模的内容不仅包括了室内文物和室外环境，还附加了大量有关于莫高窟的历史和文化资料，从而形成了一部以虚拟现实技术为核心的高精度资料档案。该模型建立之后，不仅可以供人参观，同时也是对敦煌莫高窟的一次资料整理，能够让更多文物保护工作拥有立足点。此外，利用虚拟现实技术的高清扫描和图像处理，还可以实现壁画重建以及色彩修复的验证。由于敦煌石窟的很多壁画所使用的颜料以及绘画手法，都没有明确的史料记载，因此在修复工作中遇到了很多难题。但是在虚拟现实技术的加持下，工作人员就可以通过数据模拟的方式来反复验证，直到找出最佳方案并实施。

此外，敦煌市在莫高窟文物保护工作中，着重提到了数字敦煌建设工程，利用虚拟现实技术将全新一代的信息技术和数字技术结合到敦煌遗产的保护工作中，使得敦煌相关的文物，包括建筑、彩塑、洞窟、壁画等内容形成高精度的数字图像。再利用图像学技术，将收集到的各种素材配合历史文献以及专家学者的研究成果，汇编成敦煌莫高窟电子档案。并在此档案的基础上，利用激光高清扫描技术、航拍技术、测绘技术等，构建三维数据库建立三维可视化模型，形成莫高窟的数字化展示环境，这样就能够最大限度地保留和展现莫高窟的原貌。

第三节 虚拟技术在文物保护和展示中的未来发展

虚拟现实技术在文物保护领域的应用，就成熟度来讲还处于初级阶段，在商业模式的拓展以及公众参与等角度仍然没有形成有机体系，尤其是在文物保护工作中，很多虚拟现实技术的应用还存在一些门槛。这种门槛的存在，一方面是由于虚拟现实技术的专业程度和文物保护工作的匹配度不高，另一方面则是由于文物自身的特性导致各级政府以及文保部门，无法将过于珍贵的文物拿出来与虚拟现实技术进行结合。而问题的本质就在于虚拟现实技术自身的应用体系，仍然无法达到人们的预期。随着虚拟现实技术的不断发展和成熟，其在文物保护工作的应用限制也会逐渐减少，尤其是随着党中央、国务院对于文化产业数字化这一理念的推广，也使得数字化保护工作在环保领域的重要性逐年提高。应用现代化信息技术来实现文物保护的目标，既可以提高我国文保专业能力，同时也可以使文物保护工作衍生出很多不同的路径。尤其在文物利用和文创产业这两个环节上，更是需要虚拟现实技术的深度助力。

一、丰富虚拟现实技术在文物保护过程中的应用

虚拟现实技术在文物保护过程中的应用，其中之一就是可以直接展示文物修复之后的影像。这种影像的展示可以帮助文物修复工作人员参照修复后的样本开展工作，同时也可以在网络展示环节让公众看到文物修复前后的对比。在文物修复过程中，参考文物修复之后的图像可以帮助文物修复人员对修复工作进行更好的判断，从而提高工作效率和工作质量。在实际修复过程中，传统的纹路修复更加考验修复人员的个人技术，但是在虚拟现实的应用环境下，利用计算机技术和视图技术的结合，就可以对文物修复过程中的各个环节进行推敲和反复验证。这样就可以使文物修复工作的容错率大大提高，更好地保护文物安全，避免其在修复过程中受到意外损伤。

此外，文物保护工作的开展和虚拟现实技术的结合，还会受到相关单位思想理念的影响。有一些管理人员的理念过于传统，对于虚拟现实技术的认知不够充分。还有一些文保单位则是由于资金相对匮乏，缺少具备专业技术的工作人员。相比之下，我国故宫博物院在虚拟现实技术方面的应用和探索一直都处于全国领先地位，因此在探究虚拟现实技术在文物保护工作中的发展和应用时也可以以此为借鉴，对其进行探究和分析。首先，我国在虚拟现实技术文物保护领域的发展时间较短，和一些国外的研究机构或者博物馆相比有着一定差距。但我国的优势在于文物数量众多，可参考、可借鉴、可对比的案例丰富，这样就为文物保护工作人员提供了大量的素材，通过对虚拟现实技术不断进行分析和尝试，能够使这一技术的应用效果快速提升。

二、丰富在文物展出环节的相应保护措施

除了在文物修复工作中的应用之外，文物展出过程中的保护也是文保领域的

重要课题。在实际应用的过程中，虚拟现实技术不仅可以有效地解决当前文物保护过程中所存在的各种现实问题，同时也可以对我国文物保护以及展出工作进行有机丰富。相比于文物的实物产出而言，利用虚拟现实技术不仅可以使文物展出由原本单一的实物展出转变为虚拟展出，提高文物的展出率和展出效果，最为重要的是可以有效地保证文物自身的安全性，从根本上避免展出对文物造成的不同程度的损毁情况。文物保护工作人员可以直接利用虚拟现实技术制作代替实体文物的相关影像，包括立体成像技术、动画技术、平面连续技术等，有效地还原文物的原貌，从而在虚拟现实技术的加持下，现实展出或线上展出就不需要对文物原件进行长距离的转移或者异地保存。

三、利用虚拟现实技术对文物进行创新性的应用探索

在文物保护工作中，直接利用虚拟现实技术和网络技术对文物进行处理，不仅能够实现一定程度的文物保护，同时还可以拓展不同类别的创新性应用，更好地推进文物的保护和传播，最大限度地发挥文物的价值和作用。

在文物保护和推广领域，可以使用虚拟现实技术，利用数据采集建立文物模型数据库，既保存了文物的外观形象，又可以通过文字和文献综述对其进行文化梳理。这种文物保护的模式相比于文物的实物保护而言更加长久，甚至可以做到对资料的永久性保存。利用相关建模数据能够提高文物的修复精度，让文物保护工作在修复文物的过程中，减少文物修复的时间并提高文物修复质量。同时虚拟现实技术还可以更加生动全面地对文物进行展示，还原文物的真实样貌，即便脱离时间和空间的限制仍然能够实现文物的资源共享。

虚拟现实技术的未来应用还可以根据我国目前的文博行业现状进行针对化调整。我国拥有着极为悠久的历史，同样也拥有着丰富的文化遗产，但是由于我国文博行业的发展时间较短，仍然面临着资金短缺、人才匮乏等多方面的问题，因此想要在新时代满足公众对文物保护和利用的实际需求，就需要充分地结合虚拟现实技术进行针对化调整。例如，目前我国各省以及相关博物馆能够展出的文物数量较少，虽然每年有大量的文物出土，但是想要举办展览或者进行文物复原都需要花费大量的资金和时间成本。结合虚拟现实技术不仅可以将线下实体展出转变成线上虚拟展出，节省大量的场地费用设计费用，同时还可以增加一部分文物的展出率，避免出现很多博物馆的陈列形式常年不变，影响观众感受等问题。另外，很多文物的保护和复原手段较为复杂，这也是影响我国文保事业发展最为核心的问题。尤其是大量容易损坏的文物，如纸制品、织物以及石窟壁画等文物在

面临长时期的自然环境侵蚀以及人为破坏之后，大多出现各种残损或氧化现象。而我国当前所使用的修复手段。包括人工临摹以及人工修复的方式，不仅需要花费大量的时间，同时还存在修复失败的风险。根据各大博物院和研究所的相关报告，修复一件古代文物，经常需要耗费数人几个月甚至几年的时间。但是在虚拟现实技术的加持下，修复方式得到了有效转变，通过数据采集及数据模拟等方式，可以借助计算机的强大算法来对文物进行直观的外形还原，这就节省了大量的人力和物力。

我国很多博物馆还存在陈列方式落后、陈列设计不够引人入胜等问题，有很多博物馆或者展览长期使用展柜和文字说明这种方式。这样的展览只是让观众能够看到文物而已，缺乏对文物、历史文化等内涵的诠释，在信息化时代很难吸引观众。因此还需要借助虚拟现实技术的强大设计能力，比如构建三维立体动画来丰富文物展示方式，甚至加入声光电的特效，让文物重新焕发生机。近年来，受到疫情的影响，很多博物馆无法正常开放，但是也有一些博物馆选择利用虚拟现实技术搭建线上展示平台、虚拟场馆，以这样的方式对文物进行展示，不仅可以打破时间限制，让观众24小时不间断地欣赏文物，同时还可以打破地域限制，让全国各地的观众能够随时随地游览线上博物馆。

四、虚拟现实技术的未来发展趋势

虚拟现实技术的未来发展趋势会呈现出高精度、高科技、高融合性。高精度，顾名思义是随着高精度扫描仪以及计算机成像技术的不断发展，对于文物的信息采集、图像采集、图像处理等环节，将会随着硬件技术的匹配而达到全新的高度。在虚拟现实技术诞生之初，很多模型的建立精度不高，甚至还会给人一种模糊的感觉，其后随着光影技术、纹理技术的不断发展，虚拟现实的建模技术已经可以完整地模拟出不同材质文物的肌理和质感。而在未来，虚拟现实技术在信息采集这一模块将会突破原有的软件和硬件限制，对文物的相关数据通过基础元素的录入来实现其自身特征的展现。例如，不同时期的造纸技术有着细微的差别，而这种差别体现在各种书画文物上是肉眼很难分辨的，除了极为专业的文物或考古专家之外，大众难以感受其细微的变化和奇特的美感。但是随着虚拟技术的应用，则能够将这种细微差异进行完整还原，并在展示过程中放大，真正做到既做好文物保护工作，又做好文物展示工作，让观众能够身临其境，像专业人士一样了解我国博大精深的艺术体系和文物之美。

虚拟现实在文物保护工作中的应用，还可以借助元宇宙以及区块链技术。尤其是区块链技术中的 NFT 技术已经逐渐成为世界各国强化文物保护以及文物利用的有效手段之一。目前我国对该项技术的应用已经逐步从民间工艺美术大师和非物质文化遗产传承项目，延伸到了各级博物馆当中。通过区块链技术对素材采集后的文物项目进行身份认证，再结合网络发行和二级市场交易，已经逐步形成了一套完善的二级市场数字化藏品交易体系。

对于很多博物馆而言，由于自身的公益属性，以至于需要依靠政府财政拨款来维持日常运营。但是在新时代下，这种运营模式本身就存在一定弊端，博物馆想要更新设备、更换陈列方式、增加很多吸引人的服务项目，都缺少足够的资金，但是通过该技术的应用和发行，可以有效地拓展博物馆自身的文化创意板块，实现一定的营收。这样就能够在传统的文物保护经费供给制度模式上，开辟一条全新的道路，然后使文物真正走进人民群众中，有效地实现全民参与、公众参与。同时，这种模式还深度结合了国家当前宣传的文化产业数字化理念，是针对国外区块链技术快速发展的一种有效应对方式，将文化产品形成数字产品进行海外发售，也将是虚拟现实技术在文物保护领域未来最为关键的一种应用方式和渠道。同时，这一技术的应用也能够帮助文物保护工作在实现文化自信、实现中华民族伟大复兴的伟大道路上作出贡献，让文物从准确性的保护变成可以拓展的利用。

未来文化遗产的虚拟在线，还有可能转化为一种全新的娱乐化产品，这种产品的形式介于电视节目以及电子游戏之间，能够让观众真正地感受到文物的魅力。相关研究人员曾经对这种虚拟现实技术的应用做出了形象比喻。比如，观众在观看野生动物纪录片时，可以通过虚拟现实技术真正走入动物的真实生活环境，而在面对向你扑来的野生动物时，甚至你还可能会被吓跑。数字化文物保护技术，实际上就是创意产业中的一个重要组成部分，不仅拥有着极为广阔的市场前景，同时也符合当前年轻人的心理需求。将文物保护工作和文化遗产充分利用，将现实虚拟再现技术进行优化，不仅能够充分挖掘文物自身所蕴含的历史意义，同时还可以通过设计人员的视角来丰富其趣味性。比如，在义务教育阶段的历史课程中，就可以使用虚拟现实技术将教材内容中涉及文化遗产、文物保护的相关部分，通过数据记录、素材收集、虚拟环境打造、三维模型渲染，甚至数据捕捉和动作捕捉等方式，构建成全新的网络化虚拟现实课堂，让学生从线下实体课堂转入到线上虚拟教学环境中，这样既可以有效地推动文物保护的数字化工作，同时也能够在考古学、历史学和其他众多学科中，充分发挥文物在美学、历史、文化人文等多方面的意义❶。

可以说通过次世代技术和虚拟现实技术的结合，不仅能够将文物保护工作和文物展示方式提升到一个全新的层次。同时虚拟现实技术的应用也为文物利用的后续发展，创造出了一条全新的途径。简单来讲，只需要创建一个文物的三维模型，就可以打破文物自身不易保存、不易移动的弊端，再结合不同的使用方式，就能够营造出更多的可利用价值。其一，帮助文物的各种数据以及自身影像更加精准地永久保存；其二，利用相应技术可以帮助文物保护工作者来加强文物修复的精准性，避免出现在修复过程中对文物造成二次破坏；其三，就是通过计算机以及数据库能够大范围地收录各种文化遗产资源，使文物的集中化管理得以实现，同时，这些资源也可以共享，让文物成为真正具备公众属性的文化遗产。

---

❶ 叶满珠，廖世芳，包富华.三维建模技术在文物保护中的应用［J］.信息与电脑，2017（15）：3.

第八章　文物保护规划与文物保护宣传教育

第一节　文物保护规划研究

文物从主体概念上来讲，堪称为人类在社会各项生产、生活活动中所遗留下来的极具历史、艺术、科学价值的遗迹与遗物。文物堪称为人类最宝贵、最稀有、最具欣赏与传承价值的历史文化遗产。中国的文物是完美综合地体现了中华民族与中华文明起源和发展的各种物化载体，极具研究与保护价值和意义。

文物不仅承载着我国灿烂的历史文明，维系与凝聚着伟大的民族精神，同时也承载与传播着中国五千年历史的悠久文化。文物是弘扬中华优秀传统文化的一笔极为珍贵且稀有的财富，同时也是新时期促进我国经济社会迅速进步与发展的一种优势的资源。而文物保护规划这一极为重要的工作，隶属于新时期文化遗产保护规划设计的工作领域与工作范畴内。文物保护可作为科学化、合理化、有效化保护文物、管理文物以及利用文物的一项重要实践性工作。这项工作能够完美地实现文物价值，并且对我国宝贵的文物资源形成完美传承与大力弘扬，以及做好文物保护工作的区域性发展。文物保护规划的相关研究工作必须要在科学性、系统性、整体性、协同性、创新性方面同步提升，进而真正意义地促进文物保护与区域经济社会等形成完美合作与协调发展，让文物能够在弘扬与传承中华民族优秀历史文化的实践过程中，展现出完美价值，发挥出重要作用❶。

一、解读新时期文物保护规划工作主体特点与内容

（一）文物保护规划具有独特性、唯一性及不可复制性特点

从客观角度展开分析与探究不难发现，在新时期社会发展背景下，文物保护规划隶属于一种资源限定型的重要规划。众多历史文化遗产无疑是一种不可再生化的重要社会文化遗产与宝贵资源，因此，文物保护规划工作的具体内容与对象必然涵盖了独特性、唯一性及不可复制性等鲜明特点。当前阶段，我国在编制

---

❶ 刘卫红，杜金鹏.考古学与文物保护规划设计［J］.自然与文化遗产研究，2021（6S1）：20-28.

文物保护规划的实践过程中，必须要结合文物保护工作的相关具体程序与相关要求，并且能够详细勘察、调查、梳理与研究相关文物资源的具体现状与保护情况。并且要精心收集和全面整合相关的各项资料，进而针对相关文物的文化价值和保护现状展开精准合理的评估与预测，并且能够细致化地分析与研究当前所存在的各种问题与困难，进而提出有效的解决计划和方案。

国家文物局在2015年就已经针对《中国文物古迹保护准则》进行了精细化、完善化的修订。新的"准则"能够完美借鉴、吸收与彰显当前国际、国内的历史文化遗产的主体发展理念与发展方向，并且结合本国文物保护工作的开展现状创设与建立基于遗产价值的全新文物保护工作方法与体系。总体来讲，基于历史文化遗产的鲜明化特性与重要保护价值，我国文物保护规划在日常工作中所面对的对象必然是多种多样且各具特色的。基于此，新时期我国文物保护规划同样展现出极强的研究性与延展性，这项工作应真正建立在针对具体规划对象的文化价值和所保护规划的文物具体构成展开深入评估与研究的基础上。也就是说，对历史文化遗产价值的认知程度与理解度，无疑是新时期影响和决定某一个文物保护规划成功或者失败的关键所在。

（二）新时期文物保护规划工作的主要内容

新时期社会发展大环境下，我国文物保护规划的主体目标设定基础与传承和保护历史文化遗产的国家需求密不可分。其主体保护规划的思想必须要高度契合我国文物工作"保护为主、抢救第一、合理利用、加强管理"16字主体方针。与此同时，文物保护规划的具体保护原则与规划策略也基于新时期国际遗产保护理念和中国遗产保护实践之间的完美结合。高度重视与不断强调文物遗产的完整性、真实性、延续性。并且能够全面、真实、科学、完善地保存并完美延续相关文物的全面价值与历史信息，坚持整体保护遗产文化价值为主要工作方向与工作指导。

当前阶段，我国在文物保护规划工作的全面开展过程中，所面临的一些主要问题涵盖了为什么要进行文物保护规划、文物管理与保护的具体内容是什么、怎样实施科学化的管理与保护等。对于新时期文物保护规划涵盖的主要内容则可以具体划分为保护、利用、管理以及研究这四项。而这项工作中，对于各类文物保护规划的文件构成、陈述体例、编制结构以及规划设计图具体表现等不同项目与不同内容，必须要认真参照城市规划学科的展现技能与基本体例，进而达到科学、细致、精准、高效的文物保护规划实施效果。由此可见，新时期我国文物保护规划工作在某种程度上也堪称当代历史文化遗产的一种创新化保护理念。

二、全面回顾我国文物保护规划的历史发展进程

（一）回顾中国文物保护规划的初始阶段发展状况

全面回顾我国文物保护规划的历史发展整体进程能够充分感受到，在三十多年的历史发展过程中，我国文物保护规划从艰难起步、摸索发展到创新实践经过了三大重要发展阶段的淬炼。1990年至1996年，堪称新时期中国文物保护规划工作的起步阶段与初始阶段。翻看中国文物保护规划编制的历史簿能够发现，针对文物保护规划工作的全面开展始于20世纪90年代。在这段时间之前，我国并未形成专业、独立且全面的文物保护规划。

自从1990年开始，我国对于文物保护工程相关工作给予了高度的重视与全面的关注，并且开始不断地加大对于文物保护工程的资金投入以及人力、物力支持。在这一时间段中，我国政府也开始主动组织申报世界文化遗产，与此同时，与这一工作密切相关的修缮工程规划以及世界文化遗产保护管理规划正式创建。实事求是地讲，在中国文物保护规划的初始阶段，我国文物保护规划相关工作并未形成较为系统化、独立化、科学化的规划体例与各项规范内容。并且缺乏先进、创新的规划理论支持以及科学化、高效化的文物保护理念辅助。当时的具体文物保护规划工作主要就是对各类文物以及文化遗址进行各项修缮工作以及创建相应的修缮计划。

此外，一些工作内容为服务当时的旅游行业以及相关展示规定与要求而编制的各项展示方案。因此文物保护规划工作开展初期的规划方向、规划内容、规划文件以及规划深度，由于表达方式、规划方向、成果形式各不相同，结果导致文物保护工作不具备应有的统一性、规范性与合理性。在当时这种较为初始化的工作大环境下，文物保护规划编制者涵盖了多个部门与多个职业。例如，各地文物管理部门、考古工作者、建筑师、设计师、文物修复专业人士等。由于各地人员的专业背景以及管理职能不同，因此，对文物保护规划所关注的侧重点也必然产生各种差异性。

（二）盘点中国文物保护规划的探索发展状况

1996年至2004年这八年时间，中国文物保护规划工作获得了一个宝贵且重要的探索发展阶段。1996年，国家文物局正式提出了大遗址保护问题，随后，在1997年10月，国际古迹遗址保护理事会中国委员会与美国盖蒂保护所以及澳大利亚遗产委员会展开积极全面的合作，正式开始编制《中国文物古迹保护准则》这一重要文物保护规划"准则"。在这一"准则"中首次全面、细致且系统

地陈述与展现了当时文物保护规划在中国文物保护总体工作体系中所占据的重要位置和发挥出的积极作用，并且正式地确定了文物保护规划的具体规划策略与各项基本的工作方法。

步入21世纪后，2001年，我国对文物保护规划，特别是大遗址保护的相关工作高度重视，并且进一步突出了上述工作的重要性与关键性。国家文物局结合文物工作发展现状以及未来发展方向所制定出的《文物事业"十五"发展规划和2015年远景目标纲要》中，已经正式将"全国重点文物保护单位和部分省级文物保护单位制定的保护规划"正式划定在"重点加强的基础工作"中。在当时，整个文物保护规划工作受到了国家与社会的全面关注与高度重视，在国家文物保护事业重点发展项目的工作所提出的各项具体要求视域下，文物保护规划的编制人员与相关从业人员在国家文物局、历史学家、考古学家、遗产保护专家以及规划专家等多领域、多学科专家学者的直接指导以及积极参与背景下，全面开展一系列以大遗址为工作重点的规划编制。并且在大遗址保护规划的文本体例、规划技能以及规划方法等方面进行了深入、系统、全面的探索与研究，为我国此后的文物保护规划规范的科学化制定，提前打下了的坚实的地基，同时也积累了极为丰富的专业经验。

（三）解读中国文物保护规划的创新发展阶段现状

2004年至今，中国文物保护规划可谓步入了一个不断创新发展的历史阶段。在这一极为关键且重要的历史时段中，我国国内科研院所已经开始进行跨国合作。不仅针对文物保护规划相关工作展开科学化的探索研究与创新实践，而且也在同一时间段与美国盖蒂保护所及澳大利亚遗产委员会积极展开合作，在文物保护规划的国际合作领域主动开始初步的尝试与探索。在这一时间段，中国文物保护规划已经开始进行自身创新发展，在主动与国际沟通、交流、借鉴、学习的基础上不断开阔视野、创新思维、提升效率。让新时期中国文物保护规划工作开始逐步迈入法制化、规范化、精细化这一成熟稳定的发展阶段。

国家文物局在2003年便开始全面对文物保护规划工作创设一个规范化、成熟化的体系。此后的2004年，国家文物局结合文物保护规划工作的具体开展状况和未来发展方向正式公布并且全面实施了《全国重点文物保护单位保护规划编制要求》。与这一文件形成默契配合所编制的《全国重点文物保护单位保护规划编制审批办法》也开始正式实施。在接下来的2005年，国家文物局对文物保护规划工作实践过程中的一些问题与不足进行深入研究，并且正式发文：要求在新时期的文物保护工作中必须要认真学习与深入贯彻实施"准则"。随着这一文件的正式推行，也真正意义上标志着我国文物保护规划各项工作已经开始正式走上了一个目标清晰、理念明确、规范统一的发展成熟阶段和不断创新阶段。在这一"黄金发展时期"我国已经正式形成了以历史文化遗产资源保护为主体基础，依靠新时期城市规划的创新技术手段，充分结合与利用生态资源保护模式与要求的专业文物保护规划工作类型与模式。在这一发展阶段，为了积极配合文物保护工程的各项管理要求以及健康推进，国家文物局也正式创建了规划资质管理制度。

结合相关数据资料显示：在2004年起至2015年这一时间段，经国家文物局核准的甲级规划资质单位达到了66家之多。此期间我国全国重点文物保护单位的数量已经由过去的750处迅速增长到4296处。并且通过"三普"登录的不可移动文物总数超过了76万处。结合相应的规范要求以及规章制度，在原则上，所有的国保单位均应当编制保护规划，其他文保单位视具体需要编制相应的保护规划。除此之外，我国各级政府也开始对申报世界文化遗产进行关注与高度重视，截至2022年4月，我国共有42个非物质文化遗产项目被列入联合国教科文组织非物质文化遗产名录（册），位列世界第一，这些非物质文化遗产也是中华民族悠久文化历史与璀璨文明的最佳见证。由此可见，在新时期社会发展大环境下，配合世界文化遗产的积极申报以及高效管理等工作全面开展，我国文物保护规划的具体编制也开始步入了一个成果丰富且工作繁忙的黄金时期。

三、解读我国文物保护规划所面临的问题与困境

（一）文物保护规划与发展、建设之间仍旧存在突出矛盾

客观而言，我国社会经济在近年来获得不断创新发展，并且经历了一个令人惊讶与惊喜与最快城市化过程，并且在未来若干年的发展时间中还会保持一个迅猛发展的良好态势。这种情况下，文物保护规划的保护工作与发展现状在许多地区还是存在一些难以调和与解决的突出矛盾。尽管各级政府在近年来对文物保护规划工作高度重视且全面关注，但各种各样破坏历史文化遗产的活动还是在各地经常发生且屡禁不止。各种因建设性破坏文物的事件经常在新闻媒体以及网络平台上被曝光。

过去30年的时间里，据不完全统计，中国消失了大约4万处极为重要的不可移动文物。这些文物中，一半数量是在各地城市化建设发展过程中消失在推土机与挖掘机之下的。众所周知，文物保护规划的首要任务与目标就是文物保护的"两划"具体控制范围，也就是文物保护的保护范围以及建设控制地带范围。与此同时，也需要制定相应的合理化、科学化管控要求。这种情况必然会对各地的

用地性质、用地指标等工作形成各种限制与约束，导致各地在发展建设过程中损失巨大的经济利益。因此，在建设压力以及经济利益压力下，在多方利益的激烈博弈过程中，文物经常会成为最终的"牺牲品"。当前阶段，我国城乡建设用地处于一种高度紧张的状态，在这种情况下，文物保护规划与各地发展建设之间的矛盾仍旧会在一个较长的时间段中突出展现。

（二）历史文化遗产类型的发展所带来各种问题

新时期社会发展大环境下，与传统的文物保护规划工作相较而言，我国历史文化遗产的概念与范畴在近年来始终不断地变化与扩展。站在历史文化遗产主体类型上展开分析能够发现：新型文化遗产保护在中国文化遗产保护中已经逐渐占据着更加关键且重要的地位。无论是21世纪遗产、文化景观、工业遗产、遗产运河或者是文化线路的具体保护策略与方式，都具有传统文物保护规划自身所不具备的鲜明特点。从具体的保护范围上来分析，我国的文物保护单位已经由过去的单个（组）遗产点，逐渐创新发展与升级成为具有一个整体关联性的群体组合遗产或者是系列遗产模式。比如说，当前我国各地相当一部分历史城区以及历史村落已经被整体公布为文物保护单位，获得了当地政府部门的高度重视与大力支持。对遗产类型的创新发展变化层面展开分析，当前阶段业内对各种新型遗产类型的保护策略与有效措施仍旧缺乏合理性与科学性，并未能做出充分应对的各项准备，具体的保护研究工作力度仍需提升。针对具体内容与范围的变化展开分析能够发现，当前文物保护规划与各地的名城保护工作内容和方式必须要创新升级、与时俱进，要能够结合我国新时期历史文化遗产的保护理念与发展方向做出合理的调整。

由此可见，当前阶段，我国历史文化遗产保护还处于一个初步发展亟待完善的初始阶段，同时也处于一个学习、借鉴与总结国外先进观念与先进方法，以及进行多学科融合的初步发展阶段。必须要结合历史文化遗产的具体变化，不断增强文物保护规划理论知识的基础研究力度与深度，并且要不断地修正与完善各项规划理念与规划策略，这些工作无疑对文物保护规划在新时期的可持续性发展极具推动与促进价值。

（三）社会发展对合理利用文物所提出的各项挑战

在新时期社会发展的大环境下，文化遗产保护和整个社会创新发展已经形成了更加紧密的融合。文化遗产能够成为新时期推动社会经济可持续性健康发展的一种重要且强大的力量，在整个社会发展历程中凸显出积极的影响力。当前阶段，如何从传统理念上单纯地对各种文物形成应有的保护，逐渐创新发展为保护、展示、利用相互融合、完美并重，充分地发挥出历史文化遗产自身的重要的社会效益，强调文物保护规划工作对于新时期社会发展的积极促进与推动作用，并且全面创新发展文化创意产业，让相关工作能够与新时期旅游休闲等各项产业完美结合，展现出巨大经济效益，无疑成为当前阶段文化遗产保护工作必须要有效解决的重点问题。合理利用堪称我国文物保护工作方针中一项极为重要且关键的内容，然而在这项工作的具体实践过程中，仍旧长期面临着相对固化且单一的各种问题。随着当前整个社会对于文化遗产的重视程度与关注程度日益提升，如对各类文物古迹形成合理利用，已然成为我国文化遗产保护工作所面临的一大关键且重要的挑战。

四、解读新时期文物保护规划工作的创新策略与有效路径

（一）不断提升自身学科建设工作的合理性与科学性

新时期社会发展大环境下，我国文物保护体系的主体理论框架在某种程度上来讲仍未完整化、精确化确立，并且文物保护规划人才队伍的构建以及该项工作的学科发展也缺乏完善性与创新性。当前，我国各地具有文物保护规划资质的单位数量比较多，但具体的从业人员类型涵盖了城市建筑设计师、城市规划设计师和高校教师与学生。其中文物保护专业技术人员所占据的比例仅仅是少数，这就会导致相应的问题与弊端产生。一方面，各种类型的从业人员由于自身专业知识以及专业技术水平存在客观差异性。在具体规划编制过程中对文物保护规划形成的具体工作认识与工作理念良莠不齐，并且所关注的问题也缺乏集中性。结果必然会致使文物保护规划的一次性通过率明显偏低。另一方面，新时期文物保护规划工作的工作成果在当前仍旧存在较多的抄袭与照搬现象，对具体的文物保护规划对象的内容与价值缺乏深入化的研究与探索。部分文物保护规划工作的从业人员自身缺乏历史文化遗产保护的专业素养，结果致使规划成果价值取向存在着较为严重的偏离。由此可见，文物保护规划从业人员优秀人才的匮乏、规划理论框架建构工作的不合理和优秀专业人才的缺乏等问题，在当前已经严重制约了学科专业水平的发展以及规划设计水平的有效提升。因此，当前阶段，必须要不断地提升文物保护规划学科建设工作的合理性与科学性，积极地引入与招募更多专业能力突出、实践工作经验丰富的优秀人才。并且要坚决杜绝文物保护规划从业人员的"学术研究造假"现象，力争让这项工作能够获得一个质的提升。

（二）应充分发挥科技的引领与辅助作用

显而易见，新时期社会发展大环境下，文物保护规划想要获得创新发展与深入推进，就必须要高度重视科技支撑效果，能够充分地发挥出科技的引领与辅助等重要作用。当前阶段，文物保护规划工作专业人员可以主动探索大数据、云计算等现代信息技术的先进性与辅助运用，不断地加强向城市规划编制技术的研究与学习工作力度。并且要重视多学科合作，不断提升和增强新时期空间信息技术在具体规划编制过程中的创新运用范围与途径，不断地提升数字信息管理平台在文物保护规划实施管理中各个细节中合理运用。文物保护规划专业人员可以在具体的规划工作实施与研究过程中，将侧重点集中在探索文物价值认知、大遗址的创新化展示利用、传统工艺科学化、文物保护修复和文物预防性保护等工作内容与具体项目上。与此同时，国家层面上也需要主动积极地创设文物保护规划的分级别、分层次、分深度的全新编制机制，能够对规划成果进行进一步的合理细化，并且不断地提高新时期不同遗产类别、标准制修订和编制的工作力度，确保这项工作能够更符合行业规范与创新化技术标准。

（三）应展开科学规划协调形成多部门协同管理

实事求是地讲，新时期社会发展大环境下，我国文物保护规划必然与国民经济发展规划、土地利用总体规划、城乡建设总体规划、旅游事业发展规划等存在相互促进、相互协调的密切联系。因此，多元的管理模式与方法对文物保护规划各项工作的深入开展与创新实施存在较大的不利之处。我国文物行政部门应作为城乡规划协调决策机制成员单位，充分结合"多规合一、一张蓝图"的具体要求，进而将文物保护规划各项相关内容正式纳入城乡规划相关工作中。并且应主动积极探索与实践，力争将此前的多元管理模式与管理方法完美统一到一个管理操作大平台中。能够将历史文化遗产相关信息正式引入城乡管理数字化网络平台中，并且与时俱进地全面纳入智慧城市 OA 管理系统，真正意义上实现对文物保护规划相关工作的具体建设活动实时化、全面化的监控与管理❶。

五、新时期文物保护规划研究的主体方向

新时期，对我国文物保护规划研究的主体方向展开深入分析能够得出以下重要内容。具体来讲，文物作为我国一种宝贵且稀缺的历史文化遗产，自身拥有极高的历史价值、科学价值与艺术价值，并且文物属于一种不可再生的宝贵资源。近年来，随着我国社会经济水平的日益提高，文物保护规划这项工作也备受全

---

❶ 梁伟. 文物保护规划的现状与发展研究［J］. 遗产与保护研究，2018，307：14-19.

社会重视与关注。例如，文物古迹保护工作的具体开展过程通常分为六个主体步骤，分别为文物调查、评估、确定各级保护单位、制订保护规划、实施保护规划及定期检查规划。因此，我国各地的文物保护单位在日常文物保护规划工作全面开展过程中，必须要进行总体保护规划的科学化、合理化、完善化创设与制定，确保各类文物不受各种外界因素的损坏与影响。

当前中国文物保护单位级别主体涵盖了六个级别：文物保护点、区级文物保护单位、县级文物保护单位、市级文物保护单位、省级文物保护单位及全国重点文物保护单位。对于各个级别而言，文物保护规划的具体研究与实施相关工作都是一个动态化、全面化、深入化的研究过程。因此，必须要从多个学科、多个角度进行创新化。例如，展现出历史学、考古学、工艺学、建筑学等各个学科的优势特色，让文物保护规划研究结果能够更加精准、科学、严谨、创新。在深入化、多元化地挖掘文物自身价值与内涵的同时，确保我国文物保护相关工作能够健康稳定地可持续发展。

新时期社会背景下，想要做好文物保护的各项工作，必然离不开对该项工作的科学管理。例如，在新时期对我国博物馆文物保护进行规划管理的实践工作开展过程中，专业人员必须要全面遵循文物特性分库分级进行管理，进而充分明确账目、确定具体的鉴定结果，并充分保障各类文物保护的合理性与科学性。我国当前各地博物馆自身都拥有数量极为丰富的馆藏。但鉴于各种客观因素的束缚与制约，在日常管理过程中，文物损害现象经常会出现。由此可见，积极创设一个健全化、科学化的文物保护管理体系便显得极为重要。文物保护管理实践过程中所应当遵循与秉承的具体流程通常为文物接收、文物鉴定、文物登录以及文物分类等内容。相关专业工作人员只有真正地做到有条不紊、认真负责、一丝不苟，才能真正意义上确保文物保护相关工作能够顺利、平稳、精准地进行。这就需要各地将计算机技术作为新时期文物管理信息化建设的一大主要载体与重要途径。文物保护专业工作人员自身需要积极学习并且具备较高的信息化技术专业素养与实践能力。

在不断熟练掌握文物保护规划工作相关专业知识与专业技能的同时，专业工作人员自身需要拥有良好的信息加工处理经验与信息技术应用实践水平，进而确保各项管理工作能够高效、有序、精准地创新进行。最后，各地文物保护规划的专业部门以及相关机构，在新时期必须不断增强专业管理人员自身对于文物保护的思想意识与积极态度。目前，我国相当一部分群众自身文物保护意识极为薄弱。例如，在部分地区的城市基础建设工作开展过程中，相当一部分建设工程未走法律审批程序，也未能制定合理、完善的文物保护策略与具体措施，结果导致在建设工作中文物损坏的现象屡见不鲜。这种情况不但会让整个工程建设进程受到延缓与阻碍，而且也会对各种珍贵文物以及文化遗址等造成不同程度的损坏。因此，各地政府必须要在全面确保博物馆馆藏不受任何外界因素损坏的同时，针对当地文物保护规划工作的开展现状，尽快出台科学化的管理条例。尤其是在新时期必须要有效地协调和处理好文物保护工作与城市发展建设工作二者之间的具体关系。能够让各地所保留下来的历史文化遗产能够得以永久传承与发扬下去。

结合上述分析得出以下结论，随着新时期知识经济时代的大幕开启，中国社会经济已经获得了前所未有的发展。在这一全新时代背景与社会背景下，文物保护规划这项工作自身具有极为重要的历史意义、社会意义与实践意义。全社会必须要对这项工作形成高度重视与全面关注，并且动用各方资源，形成多点合力，真正意义上做好文物保护规划相关工作的科学化完善与健康化发展，让这一工作完美实现应有的社会价值与文化价值。

第二节　文物保护宣传教育的必要性

随着传统媒体与新兴媒介之间的不断融合发展与携手共赢，新媒体时代的大幕正式开启。在新媒体时代背景下，人们只要拥有智能手机等移动智能终端的支持，便能随时随地、随心所欲地接受信息、发布信息、传播信息。这种全新媒体环境也能让人们与文物有了更多的接触渠道和途径，也能够充分地感受到文物保护宣传的重要意义与社会价值。现如今，我国文物保护单位在日常开展文物保护宣传实践的各个流程、各个环节中，应积极发挥新媒体的传播优势，积极引进微博、微信、官方客户端，并在今日头条、抖音、快手等新媒体平台上创设公共账号，进而全面增强新时期文物保护宣传与推广工作的效果。并且要积极动员与提倡全社会成员主动积极地参与到与文物保护工作中。进而通过良好的媒体宣传与引导，让人们能够发自内心地充分了解与感悟到文物保护工作的必要性与重要性。真正做到文物保护"内化于心、外化于行"，进而保护好中华民族最美好的民族记忆，弘扬与传承我国优秀的传统文化。

从主体内涵上来讲，文物是一种极为珍贵且稀有的历史遗存，是先人在日常劳作与生活中所形成的劳动智慧结晶，文物能够完美地展现出灿烂悠久的中华文明与历史文化，并且能够生动、立体、多元地搭建出不同社会制度以及文明形态之间的"对话桥梁"。基于此，在我国新时期精神文明建设各项工作全面开展的过程中，文物保护宣传教育工作向来都是一项极为关键且重要的内容。

群众应主动积极地接受文物保护宣传教育，并且树立起积极保护文物的责任意识，对这笔弥足珍贵的文化遗产进行妥善保管、有效管理与合理应用。我国各地的文物保护部门在文物保护宣传教育工作的开展与推进过程中虽然取得了一定的成绩，但还是面临着许多问题与不足，许多宣传工作仍需加强、完善与升级。因此，新媒体时代背景下，各地文物保护部门应当创新思想转变观念，开辟出特色化、创新化的宣传推广方式与路径，让群众能够充分地认识到文物保护宣传教育的必要性，并且通过不断健全与提升全社会各方力量，构建出一个更为科学化、合理化、高效化的文物保护利用机制，让全民文物保护思想与保护意识得到质的提升[1]。

一、解析文物的重要价值

文物，是人类长期社会活动过程中所创作与遗留下来的极具历史价值、艺术价值与科学价值的遗迹与遗物，堪称人类宝贵历史文化中的一笔璀璨遗产。文物不但是人类文明的一种客观且鲜明的印记，同时也是历史文化在发展过程中的见证与记录。平心而论，不同类型、不同历史底蕴、不同风格特色的文物能够让人们站在不同的角度与层面上去窥视各个历史时期、各个社会发展阶段的社会关系、社会活动、审美情趣、艺术品位，以及当时人们如何利用自然、改造自然进行创新发展的不同情境与状态。站在另外一个角度展开分析与研究能够发现，文物是一种极为宝贵的不可再生资源。时代所留下的各种印记让文物自身展现出独一无二、与众不同的优秀文化基因与特色。新时期社会发展大环境下，针对文物的科学研究以及妥善保护管理与应用，无疑能够让人类更加深入、详细、全面地了解整个社会的发展进程以及先人超乎寻常的创造能力与创新意识。对于现在以及未来社会的可持续性健康、创新发展同样拥有极为关键且重要的现实意义。

文物从类型上来讲，可谓内容丰富、品类繁杂、各具特色。因此，不同地域、不同时期、不同质地、不同形态、不同功用等都能够成为文物的具体分类标准与参考范例。然而广义上来讲，无论采用哪一种标准进行文物划分，同类文物自身必然存在诸多内在且密切的联系。在人类不同的生产生活时期，人类日常劳

---

[1] 金研.文物保护工作的重要意义和要求探讨[J].文物鉴定与鉴赏，2020（15）：100-101.

动和生活所创造与使用的器械、物品、工具等都隶属于文物的划定范畴。其中涵盖了较长历史时期内的金银首饰、珠宝器皿、名人字画等。按照文物自身不同特征进行系统化的划分，文物能够体现出一定的差异性表现。例如，文物若以形态为划分主题，涵盖了不可移动与可移动两大类型。具体来讲，可移动的文物自身往往拥有较小的体积与形态，这些文物能够利用各种交通工具进行运输，而不可移动的文物通常是指各地的古建筑群、古墓葬和其他类的大型文物，此类文物无法用交通工具进行运输，只能在当地做好相应的最佳保护与管理应用。若从文物自身价值进行分类，文物的区别在于其历史价值、科学研究价值以及艺术价值等方面。

文物能综合、客观地反映出不同历史阶段与时期人类的生活状态、社会关系以及行为方式等内容。中国文物的可谓极为丰富且种类繁多，许多文物都极具研究价值且价格不菲。各种文物对于研究中国历史文化具有关键且不可或缺的重要作用。例如，山东作为中国的文物大省，在曲阜鲁国故城遗址上，坐落着闻名世界的孔府、孔庙。20世纪70年代，我国的考古专家也在相关文化遗址中发现了周人冶铁、冶铜、居住等各种遗迹。与此同时，在试掘的二百余座周代墓葬中也全面出土了数量丰富的各种精美青铜器、陶器以及玉器等宝贵文物。毫无疑问，上述各种文物不仅自身极具历史价值与研究价值，而且能够为后人深入分析与了解两周时期的历史事件与历史人物提供诸多宝贵的历史实物资料。

二、新时期全面开展文物保护宣传工作的必要性

毋庸置疑，文物自身极为独特的地位以及与众不同的属性在客观上决定了新时期对其进行系统化、全面化保护宣传教育的必要性。新时期社会发展大环境下，我国已经在各地积极创设与建立了专门的文物保护机构，并且结合当地发展状况创建了各种规模不同、用途不同的博物馆与文物陈列室等。确保更加系统、科学、合理地展开文物保护与文物开发等各项工作。仍旧以山东曲阜市为例，作为中国文物大省中的重要城市，曲阜市多年来对于文物保护宣传工作极为关注，并且各项工作得到了国家层面的高度重视与大力支持。现如今，孔子博物馆、鲁国故城国家遗址考古公园等重要工程项目已经全面落成。近年来，曲阜市正式提出了"文物安则全市安"的战略指导思想。现阶段，曲阜市拥有重要馆藏文物达到70万余件。2022年年初的一则新闻报道显示：曲阜市全国重点文物保护单位已经达到13处，曲阜市文物保护单位131处。下一步，曲阜市将依照《中华人民共和国文物保护法》等法律法规，深入贯彻"保护为主、抢救第一、合理利

用、加强管理"的工作方针，认真做好各级文物保护、管理和利用工作，努力推进文物事业高质量发展。

由上述新闻报道能够发现，作为山东文物重点城市，在新时期如何深入地做好各类文物的保管、陈列以及文物保护宣传教育工作，无疑成为当前文物保护工作者必须要认真思考与深入分析的一大专业问题。客观而言，全国各地在近年来经常发生性质较为恶劣且严重的文物破坏与损失事件。结果造成各种文物的灭失、毁损与破坏，为整个社会带来不可估计的巨大损失。由此可见，当前我国文物保护形势已经开始变得严峻，并且需要全社会对于这一工作加以高度重视与大力支持。这就需要当前的文物保护工作者必须要与时俱进地全面加强与提升文物保护宣传教育工作的力度，进而让更多群众能够深刻认识与领悟到保护文物的必要性以及所产生的重要意义。

总而言之，在新时期社会创新化发展大环境下，文物保护工作绝非某一单个主体或者部门的职责与任务。这项工作与全社会所有成员密不可分、息息相关。某种程度上来讲，保护文物、爱护文物、关心文物就是一种对社会公共利益的最佳维护与支持。当前我国相当一部分文物在大众生活的场所中全面分布，因此，文物管理的领导层以及相关工作人员不仅要自身树立起良好、积极、认真的保护意识与宣传教育思想，而且这项工作需要社会每一名公民的主动参与。只有这样，才能让全社会在新时期社会发展背景下形成一种共同保护文物、爱护文物的良好社会风气。鉴于当前相当一部分群众对于文物自身所产生的理解、认知较为有限且狭窄，并且无论是对于文物保护法律法规以及与文物有关的各种历史信息与资料，群众们仍旧了解有限，甚至处于一种未知的状态。基于此，想要实现既定的目标与成效，当前必然需要开展科学、有效、深入的文物保护宣传教育工作。只有让群众能够从多角度、多层面、多维度认识与理解文物形态以及文物价值，并且充分地感受与理解保护文物的社会意义与必要性，他们才能真正遵守文物保护法律以及相关规定，发自内心地主动构建出一种深刻全面的文物保护思想与理念。

三、剖析文物保护宣传教育工作蕴含的当代价值

（一）能够引导与激励群众参与文物保护相关工作

某种程度上来讲，新时期文物保护宣传工作是坚定民族文化自信、做好文物保护各项工作的一个主要内容以及关键环节，同时也是全面增强群众对于文物形成良好保护意识的基本工作和重要基础。当前，我国各地的文物保护宣传

部门结合当地实际情况，主动积极地开展多元化、多渠道、系列化、生动化的文物宣传教育各项活动，并且对群众合理地开放一些重要的文物历史遗迹，能够有效地引导与激励群众关注文物保护工作以及身体力行地参与到文物保护工作中。进而全面提升群众自身的文物保护意识与保护思想境界。在新时期社会发展大环境下，各地结合自身文物保护现状为群众开放一些历史遗址和展示一些文物藏品，也能够让群众近距离与文物进行"亲密接触"，进而对各种文物的历史文化、历史背景以及历史价值进行深入理解和掌握。比如，当前各地可以针对自身历史文物景点展开合理化、创意化的包装，进而构建与打造各种新型的旅游景点，让各地游客以及本地群众进行参观游览。

与此同时，利用多种途径、多种渠道不断地加强对文物的宣传教育。尤其是在旅游景点中的文物区域内，政府部门的专业工作人员和文物保护工作者需要为群众竖立起明确的警示牌以及提醒标语。进而有效地提高群众对于文物保护工作的重视度与关注度。并且也需要向全社会公众积极地传达文物自身不可复制的稀有特征。此外，各地也需要结合自身文物保护宣传教育开展的热度与影响力，组织各类宣传活动，并且大力地引导与吸收各类社会资金、资本向文物保护部门和相关行业进行财力投入。并且引导和鼓励全社会各方力量主动参与文物的发掘、保护、管理与应用等工作，力争创设一个全员保护文物的优质宣传教育以及管理机制❶。

（二）优质的文物保护宣传教育能有效提升城市知名度

优质的、高效的文物保护宣传教育工作和相关活动，无疑能够在新时期有效地提升各个城市的知名度与影响力。各地政府部门必然会对文物保护工作高度重视，并且拨付一定数量的资金和投入更多的人力、物力，主动积极地帮助文物保护单位针对当地文物遗址进行合理开发与有效利用。当然，在这一过程中，各地政府部门也可以在文物开发、保护、利用实践过程中积极开展文化旅游活动，进而让文旅产业有效地提升和促进当地经济水平与旅游行业的创新、健康、可持续发展。而基层政府部门充分借助与利用文物保护宣传教育活动的组织与开展，对本地著名文化旅游景点进行大力宣传与推广，必然也能迅速提高城市的知名度，增强城市旅游行业的影响力。开发文物与保护文物在当前已成为我国文物事业以及文化事业结合的一个重要发展方向与融合策略，积极开展与组织各类文物保护宣传教育优质活动，必然能够有效地提升群众的文物保护思想意识，促进与推动我国文物保护事业创新化、高速化发展。

---

❶ 赵文韬.加强文物保护宣传教育提高文物保护意识［J］.文物鉴定与鉴赏，2019（4）：76-77.

四、新时期有效增强文物保护宣传教育思想意识的主体路径

（一）各级领导必须不断增强文物保护意识与思想

新时期社会发展大环境下，有效增强文物保护宣传教育思想意识需要采取多种主体途径。当前阶段，想要有效地增强文物保护宣传教育的思想意识，各级党和政府相关领导干部首要任务就是不断地增强自身文物保护意识与思想。各级领导干部在社会发展的各个方面无疑处于较为重要的决策与领导地位。领导干部自身所具有和展现出的思想意识必然在很大程度上会影响到文物保护宣传教育工作的开展效果与深入性。由此可见，只有各级领导干部形成良好的文物保护和文物保护宣传教育思想意识，才能够真正意义上发挥与展现出文物保护工作的时效性与全面性，进而让全社会也能够逐渐对国家文物财产产生强烈的保护与传承意识。

新时期社会发展大环境下，想要不断地强化各级领导干部对文物产生的良好保护意识，可以借助传统媒体以及新媒体等不同渠道，或者邀请党政领导和文物保护的专家学者进行专业讲座。让各级领导干部能够接受最新的文物保护相关理念与要求，并且在讲座与学习过程中提升自身文物保护主体意识。接下来在日常文物保护宣传教育工作的开展过程中能够有的放矢地创新化、深入化、完善化地组织各项活动。

（二）积极构建完善科学的文物保护宣传教育体系

我国文物保护工作的开展与实施主要依据的法律基础就是《中华人民共和国文物保护法》。该法律堪称一部有力支撑文物保护各项工作顺利、有效开展的根本性法律，也是在我国文物保护工作开展过程中结合正反两方面各种经验的基础上正式制定的。《中华人民共和国文物保护法》能够展现出新时期我国对文物保护政策方针的连续性与深入性，并且在其中也规定了新的文物保护措施以及文化保护指导方法，使新时期我国文化保护工作的创新化、顺利化开展有了强力的法律支持与法律保障。由此可见，当前想要积极创设和构建出一个完善且科学的文物保护宣传教育体系，就应当以《中华人民共和国文物保护法》为主要指导思想，并且要积极地调动社会全员积极参与其中，确保文物保护宣传教育工作能够更加流畅、顺利、深入地开展与进行。

中国拥有广袤的领土以及丰富的资源，我们祖先为后人所留下的各类传世宝藏与大量文明遗迹，不仅是全体中国人的宝贵财富，也必然是全世界人类共同的珍贵文化遗产。创设完善且科学的文物保护宣传教育体系不仅极具人文意义与历

史意义，同时也事关整个人类文明未来可持续性健康稳定发展。

新时期社会创新化发展大环境下，想要真正构建出一个合理、完善且科学的文物保护宣传教育体系；首先各级政府以及各地文物保护单位应当起主导作用，主动构建出一个标准、统一且健全的管理体系。并且各个部门应当做到职能明确、分工明确、目的明确，能够结合日常文物保护主体内容与方向，合理化设置与安排具体的保护宣传与推广等各项工作，有效地避免在工作中出现各种不应有的社会矛盾。

与此同时，各地文物保护单位与机构需要结合自身实际情况，真正做到文物保护宣传教育工作有针对性、有组织性、有目的性，达到因地制宜的最佳效果。并且针对各项工作做好认真总结与深刻反思，能够做到鼓励先进、带动落后，确保新时期文物保护宣传教育事业能够获得创新化的全面发展。各地应当精心构建与打造一支专业能力突出且思想素质过硬的优秀文物保护宣传教育团队。团队中的各个成员必须要经过专业化的文物保护技能教学与培训，并且要对国家最新的法律法规以及相关文物保护政策熟记于心，在工作中展现出积极主动的态度，并且能够进行持续性的自主学习与自我提升。最后，必须要不断地完善与升级各地文物保护工作体系。

文物保护工作是一项具有综合性和深入性的工作，这一工作不仅内容琐碎、烦冗、复杂，而且需要投入大量的时间与全部的精力。想要不断地提升新时期文物保护的整体工作效率与工作质量，现阶段仅依靠少量的专业文物保护工作者显然无法达到最佳成效。因此，这项工作的开展过程中，必须要充分依靠各级领导、各级组织以及广大干部群众，尤其是必须充分激发文物保护专业工作人员的主动性与积极性，让其能够在日常文物保护工作中创新理念、创新方式，进而在文物保护宣传教育的过程中，提升对文物保护工作的热情与能动性。

（三）依靠多样化公益活动激发全民参与文物保护工作

随着新媒体时代的大幕开启，想要不断地提升与加强文物保护宣传教育工作的水平与质量，当前各地政府部门以及文物保护部门应当始终秉承"以人民为中心"的理念，充分认识到群众在这项工作中的重要性。激发群众全面参与文物保护工作，并且接受良好的文物保护宣传教育，能有效地提升各地文物保护部门的公共文化服务整体质量与水平。各地文物保护宣传教育机构可以充分利用新媒体等平台主动积极为媒体用户传播丰富多彩、生动有趣的文物知识，进而让各类文物知识与文物信息能够与群众日常所关注的各类话题形成一定程度的密切联系。进而让社会公众能够在日常休闲生活中主动积极地了解更多的文物信息以及与文物有关的新闻报道。例如，在每年"七夕"等特殊且有意义的节日前夕，各地文物保护部门的专业人员完全可以结合博物馆中一些与古人爱情有关的珍贵文物进行宣传。在各类新媒体平台为受众和媒体用户进行详细化、生动化的图文解释与实物欣赏。例如，孔子博物馆馆藏的经典文物"清凤冠"，其自身蕴含着"凤冠霞帔，永结同心"的美好爱情寓意。这一文物中的凤冠是由细金累丝所精心编织而成，冠的上面盘绕一只栩栩如生的金龙，并且由九只金凤点翠。其周边还精心装饰了各种翠花珍珠、精美宝石以及翠云等点缀物。在这一文物的历史意义与历史价值研究方面，凤冠属于古代皇帝后妃的精美冠饰，在我国明清时期，民间极为推崇凤冠的尊贵，为了添加节日喜庆气氛以及显示尊贵地位，民间女子在出嫁时所用彩冠通常也被称为"凤冠"，我国古代女子在出嫁之日所身着的凤冠霞帔堪称传统出嫁装束的代表，这也意味着女子将一生正式托付给丈夫，夫妇二人应当"永结同心"。

显而易见，这种文化传承一直延续至今，在我国现阶段各类中式婚礼举办过程中，凤冠霞帔同样也是一个备受青睐与喜爱的重要元素。通过上述的详细论述能够总结出这一观点：新时期各地文物保护中心需要在各个重要节日时间"应景"化地展示自身馆藏文物的文化意蕴与历史价值，进而让更多的受众与媒体用户通过不同渠道、不同方式获取信息与资讯，并且深受感染与熏陶，在良好的文物保护宣传教育体验与感受过程中形成积极、正向的文物保护思想意识。此外，各地文物保护部门与机构在当前也需要结合各地经济发展以及旅游行业发展现状，广泛、全面地创设文物保护教育宣传的跨领域合作平台。进而让文物保护工作能够与旅游、教育、文化、艺术等各个领域完美结合，为这项工作自身的重要价值与保护意义赋能。

（四）夯实青少年文物保护宣传教育，激发其文物保护意识

毋庸置疑，青少年是我们国家与民族的希望与未来，青少年自身的思想意识与价值观念必然会影响到整个社会的未来创新发展方向。针对新时期文物保护宣传教育相关工作的开展与实施过程而言，不断夯实与提高青少年自身的文物保护意识极为重要且不可或缺，同时这项工作也是一个长期化的系统性教育工作。

客观来讲，青少年阶段是一个人形成正确"三观"的重要时间段。因此，在这一重要时间节点展开针对青少年群体的优质文物保护宣传教育，不仅能够激发青少年学生对于文物的浓厚兴趣和探究欲望，而且能够增强青少年学生对于文物的热爱之情，以及自身养成文物保护的良好习惯，是新时期有效地提升全民文物保护意识的一个重要举措与关键内容。在新时期社会发展大环境下，各地的文物保护部门与机构可以主动地联手各个中小学学校，组织学校学生利用节假日以及寒暑假参观当地的历史文物古迹以及博物馆。与此同时，各中小学也需要结合文物保护宣传教育的热度与关注度，积极地举办相关文物保护教育宣传专题讲座，充分培养新时期我国青少年群体对于文物的热爱之情，增强他们对优秀传统文化的理解与感悟。

第三节　文物保护宣传教育的特点

正所谓"岁月失语，唯石能言"。某种程度上来讲，文物是一个国家与一个民族历史的结晶与文化的沉淀。比如说，中国大多数博物馆中都拥有许多历史悠久且精美绝伦的文物馆藏珍品，但在新时期的社会发展大环境下，由于对这些珍贵文物藏品的宣传与推广极为刻板化、单一化、模式化，结果致使许多精美的文物被深深地尘封于博物馆之中，被人们所淡忘，并且逐渐淡出了公众的视线。现如今，我国已经正式迈入了"互联网2.0"时代，在这一时代背景下，新媒体行业的超级巨浪开始席卷社会的各行各业与各个领域，许多行业也充分利用与借助新媒体的传播能力完美形成了对同行的"弯道超越"，让自身得到多元化、创新化、全面化发展。针对我国的博物馆来讲，自身在文物保护宣传教育工作方面也需要充分地展现出自身鲜明特点与优势，并且能够真正地踏上新媒体热潮，用一种生动化、创新化、趣味化的方式为人们去展现各种文物的艺术价值、社会价值与文化内涵，并且利用新媒体时代文物保护宣传教育多元化的途径与渠道为受众和媒体用户讲述经典文物背后的故事。❶

由此可见，新媒体时代背景下，文物保护宣传教育工作者自身不仅要充分利用好传统媒体的宣传报道以及展示功能，同时也需要积极搭乘新媒体的"顺风车"，让文物保护宣传教育能够冲出传统宣传教育理念和模式的束缚和羁绊，迅速地迈上一个更加创新、更加高效的媒体平台，进而让传统媒体与新兴媒介之间在文物保护宣传教育方面形成完美融合。这种全新方式不仅能够促进我国文物保护宣传教育工作获得创新化的深入发展，而且能够让文物保护观念真正地"飞入寻常百姓家"。让更多的群众能够了解、认识更多的经典文物，并且通过学习文

---

❶ 刘雁，付强．文物保护与利用中的问题与对策研究[J]．文化产业，2022，09：122-124．

物背后的历史故事提升自身的文化自信。

一、凸显创新化宣传教育特点，让珍贵文物藏品能够完美"恢复"生命

针对新时期文物保护宣传教育工作应体现出的各种教育特点而言，就是让各种珍贵文物能够在某种程度上完美地"恢复"生命，让文物保护宣传教育凸显出创新化、生动化的教育特色。微博以及微信公众号堪称新媒体领域中拥有众多用户与粉丝基数的社交平台。越来越多的受众习惯利用微博以及微信公众号发布与推送的信息去接受新闻、开阔视野、了解社会。例如，各地文博单位在官方微博以及自身微信公众号上的粉丝数量不断提升，并且与媒体用户之间形成的交流、互动与沟通也日益频繁与密切。微博新媒体现如今已经成为完美彰显各地博物馆以及馆内藏品文化艺术内涵的一大重要媒体宣传平台。新时期社会发展大环境下，我国各地许多著名博物馆都会主动积极地选择微博这一新媒体平台对馆内文物藏品进行宣传与推广，并且深入挖掘与全面展示各种文物藏品背后隐藏的历史故事。这种全新的文物保护宣传教育方式完美突出了创新化、创意化特点，让曾经冷冰冰且极为神秘莫测的各种文物能够从历史的长河中完美"复活"，并且更加立体、鲜活、生动地展示在人们眼前。故宫微博运营团队的负责人张林曾经说过这样一句话："要给社交媒体以中华文明，而不是给中华文明以社交媒体。"

由此可见，只有在新时期文物保护宣传教育实践过程中凸显创新化这一宣传教育特色，才能让我国珍贵文物"恢复"生命，被注入更多的时代内涵，展现出全新的社会意义与历史价值。

二、展现多元化宣传教育特点，让文物满足群众不同需求越来越"潮"

在新媒体时代视域下开展文物保护宣传教育，还应当让这项工作充分地展现出多元化的宣传教育特点，就是让各类文物藏品能够充分满足新时期群众的不同需求以及更高要求。以我国各地博物馆为例，在日常文物保护宣传教育各项活动的开展与推广过程中，博物馆完全可以借助和利用各种新媒体理念与新媒体工具与设备，让文物保护宣传教育不仅仅拘泥于内容方面的宣传教育，而是能够为当前群众与媒体用户提供更加多样化的优质服务。

传统媒体时代的文物保护宣传教育工作往往是一种单向化的对外宣传，基本形式是某博物馆拥有多少文物藏品、艺术藏品和其他展品的新闻报道、将在近期

举办哪一类主题的艺术展览、具体邀请哪些专家学者进行专题讲座等。这种文物保护宣传教育活动的组织与开展不仅形式固化且内容单一，更重要的是对博物馆等主办机构提出极高的专业性要求，导致门槛过高，让许多群众和媒体用户只能"望而却步"。

现如今，博物馆完全可以利用自身的抖音、快手、今日头条等新媒体公众号，采用图文并茂或者短视频宣传报道的方式大量、反复、及时、创新地向媒体用户传播与推广关于文物展示和文物保护方面的各种知识与信息。进而引导文博爱好者以及更多的媒体用户对各种文物藏品产生浓厚兴趣，并且在接受各类信息的实践过程中也能够逐渐形成良好的文物保护思想意识。与此同时，各地博物馆也应当充分利用新媒体平台为群众提供多元化的系列服务。例如，线上虚拟展厅导览、线上门票购置服务、场馆指南等，让各种优质的服务能够及时提供、服务到位，进而有效弥补博物馆日常文物保护宣传教育工作中经常出现的服务方面上的各种不足与缺陷，让文物保护宣传教育工作能够在多元化的媒体渠道和途径中进行广泛传播❶。

三、彰显融合化宣传教育特点，让各类宣传教育形成新旧媒体融合

文物保护教育宣传工作在开展过程中也需要彰显出媒体融合化的鲜明宣传特色，进而让各类宣传教育活动以及媒体报道形成传统媒体与新媒体之间的完美融合。各地文物保护部门在新时期宣传教育活动开展过程中需要选择最为适合自身现状的媒介手段与宣传方式，无论是利用传统媒体广播电视、报刊，或者利用新媒体互联网信息技术等，都要始终确保文物保护宣传教育各项工作能够展现出趣味性与专业性优势。例如，纪录片《如果国宝会说话》这一经典文物宝藏纪录片能够融合传统媒体的纪录片讲解方式和手段，以及新媒体时代创新且专业的多媒体技术与信息化技术为观众带来强烈的视觉体验与全新的文化体验。彻底改变了文物藏品以及传统博物馆在百姓心中的严肃且刻板的印象。在此节目的播出展示过程中，不仅能够让受众激发自身的文物保护思想意识，而且能够让受众在观看节目、欣赏各种文物珍品时，由衷地产生文化自信与民族自豪感。

随着新媒体时代的大幕开启，各类新兴媒介的迅猛发展让整个媒体市场发生了巨大变化。传统媒体广播、电视、报纸、杂志等面临着来自新媒体的强势冲击与巨大挑战，并且在一定程度上无法充分满足受众与媒体用户的多元化需求。因此，站在新时期文物保护宣传教育这一视角，传统媒体与新媒体二者之间的宣传

---

❶ 孙胜利.加强文物保护宣传教育提高文物保护意识的思考[J].文物鉴定与鉴赏，2021，18：121-123.

融合必然成为一种全新发展趋势与发展方向。在新旧媒体之间的融合报道与宣传过程中，从多个层面、多个角度、多个平台为受众传播文物保护宣传教育的各类新闻报道与信息资讯，并且确保将文物保护宣传教育的主体理念与思想通过两大途径高效率、高质量地推广与传播出去，在新媒体时代背景下充分满足群众对于文物多层次、多方面的理解与认知。

第四节 文物保护宣传教育的困境

文物堪称经历了数百年甚至几千年的风雨洗礼、时代变迁多保留下珍贵且稀有的物质遗存。文物也无疑是人类历史发展不同阶段、不同过程中极为宝贵与不可多得的历史财富。每一件文物不仅无法重生，同时也无法复制。基于此，文物保护宣传教育工作的重要性便陡然提升。随着我国群众文化素养的不断提升，对文物保护宣传教育给予了更多的关注度与热议度。新时期社会发展大环境下，文物保护宣传教育工作全面开展过程中，出现的一些困境、问题与不足亟待解决。这就需要文物保护宣传教育专业工作人员能够在日常工作中及时寻找各种困境与不足产生的根本原因，并且创新理念与思维，采用行之有效的应对策略与方式寻找到最佳的发展出路，确保新时期文物保护工作能够可持续性健康稳定地发展。

一、解析当前文物保护工作所面临的现实困境

（一）群众自身缺乏良好的文物保护主体意识

我国文物保护工作虽然获得可喜进步与优异的成绩，但还是面临一些现实困境与问题亟待解决。新时期社会发展大环境下，对普通的群众来讲，文物必然与自身日常工作与生活距离较远。群众通常会认为，想要观看到文物等历史宝藏与遗物，只能到博物馆以及通过电视、报刊等媒体获取相关的信息。大多数群众并未从真正意义上对文物保护工作形成一个主体意识。例如，博物馆通常不会免费对外全面开放，而是需要群众购票进入。

与其他展览类场馆不同，各地博物馆通常在宣传方面极为低调且内敛，这也导致群众对博物馆形成一种较为模糊的印象，往往也缺乏参观博物馆的兴趣与热情。尽管当前绝大多数群众都曾经接受过与文物相关的宣传教育，但相关

的认知与理解往往也局限在一个较为久远的年代。群众往往对于新时代背景下的文物艺术价值、文化价值、考古价值缺乏深刻且明确的认识。即便是在日常生活与劳动过程中，不经意地发现一些历史文物或者疑似历史文物时，往往在主观上也未能充分考虑到文物的重要意义与真实价值，导致经常出现出卖文物、损坏文物、遗失文物等现象，为新时代文物保护相关工作造成无法弥补的巨大损失❶。

（二）当前文物保护法律、法规制订缺乏完善性

众所周知，中国是一个法治社会，拥有科学、成熟的法律体系。针对文物保护工作各个方面，我国也给予该项工作极大的关注与足够的重视。1982年，我国正式颁布了《中华人民共和国文物保护法》，对文物保护各项工作进行了法律约束与司法解释，并且该法律文献在此后经过了数次的完善化修订，堪称是我国新时期文物保护的一大重要法律文献。然而，结合这部法律文献进行深入分析与全面总结能够发现：《中华人民共和国文物保护法》中所涉及主体内容往往是围绕文物保护工作人员，以及从业者自身工作原则以及工作行为展开各种规范、要求与约束。但针对文物保护具体的内容涉及极为有限，并且在法律的具体可操作性与实用性角度来看，还缺乏科学性与完善性。这种情况也会对新时期相关文物保护执法部门日常各项工作的深入开展形成一定的影响与阻碍。也就是说，文物保护执法部门在面临各种违法违规行为时往往缺少足够的法律依据与法律支持，结果致使具体的执法力度明显减弱。在日常执法过程中，还需要公安部门以及工商部门等不同部门进行联合执法。

（三）现阶段各文物保护团体自身素质普遍较弱

新时期社会发展大环境下，结合我国新时期文物保护工作的具体开展实际情况来分析不难发现：现阶段的文物保护工作某种程度上仍旧是一个项目较为小众化的工作。新时期主动积极参与到文物保护工作中的专业人员仍旧人数有限，并且各文物保护团队成员自身的素质普遍较弱，实践工作经验良莠不齐，这也导致各地的文物保护团体往往无法高质量、高效率地开展文物保护工作。

新时期文物保护工作涵盖了多项内容，其中涉及文物发现、文物挖掘、文物修复、文物研究、文物保护以及文物宣传教育等众多事项。上述工作内容必然对工作人员自身的文物专业知识与专业技能提出了极高的专业要求。结合当前我国

---

❶ 王建忠.我国当前文物保护的困境及出路探究[J].文物鉴定与鉴赏，2020（5）：106-107.

高校教育规划以及新时期整体就业形势而言，文物考古专业的应届毕业生数量普遍较少，而且这些毕业生往往会面临巨大的就业困难。这种情况也导致了新时期文物考古专业学生的整体数量呈现出减少趋势，甚至相当一部分文物考古专业学生在大学毕业后也没有选择对口的文物保护工作。

我国各地文物保护团体的组成成员往往是由一些拥有丰富文物保护工作经验的专业人士"牵头"，从当地各级文物保护部门录取或者征调一些专业工作人员。然而这些所录取与征调的工作人员通常都是文物考古专业毕业的大学生，自身虽然拥有较多的理论知识，但往往缺少文物保护实践工作经验。在具体人员构成中，部分工作人员也属于"中途转岗"，自身对于文物保护工作的专业知识、专业技术都缺乏应有的掌握与了解，导致在文物保护工作日常开展过程中，无法发挥出自身优势，整体工作能力和水平差强人意。

二、新时期文物保护工作创新发展有效对策

（一）不断加大各地文物保护宣传整体力度

新时期社会发展大环境下，想要创新化、高效化地开展文物保护宣传教育工作，仅仅依靠文物保护工作者的拼搏努力以及依靠法律、法规的建立与完善显然无法达到最佳成效，这项工作必须要获得全社会群众的共同关注与共同支持。只有每一名群众付出自己的一份努力，才能让文物保护工作获得真正意义上的创新化、高效化发展与实施。鉴于此，国家以及各级文物保护单位必须不断加大各地针对文物保护宣传的整体力度与广度，能够让更多的群众以及媒体用户通过多种方式与渠道深入认知与了解各种文物。通过良好的宣传教育指导与熏陶，充分了解文物自身的历史意义与文化价值，并且能够感受到文物保护工作所占据的神圣地位，进而全面增强群众个人的文物保护思想意识与崇高觉悟。

一方面，我国各级文物保护机构应当在各地政府部门的指挥与支持下，定期定点或者不定时积极开展全社会范围的文物保护宣传教育工作，力争让不同层次的群众都能在宣传教育的体验与学习过程中，获取更加丰富的与文物保护工作息息相关的专业知识及生动素材，发自内心地充分感受到新时期文物保护工作在开展过程中面临的各种困难与阻碍。与此同时，群众也能在具体的宣传教育体验过程中为文物保护机构与组织提供各类与文物相关的有效线索与信息，推动文物保护工作的深入化、创新化实施效果。

另一方面，我国各地的博物馆完全可以利用广播电视、报刊以及互联网新媒体等多个平台、多项渠道展示自身的丰富馆藏。让受众能够积极获取更多有关新

时期各种文物的专业知识，能够充分了解到每一件文物自身的来源、背景、历史与价值等重要内容。真正意义上提高文物馆藏在百姓心目中的地位，并且激发群众对文物产生强烈的保护观念与意识。

（二）制订出科学完善的文物保护法律法规

文物保护工作是新时期我国文化事业创新发展过程中重点关注与创新开展的重要工作项目之一，不仅要提升文物保护专业工作人员自身的责任意识与保护意识，而且应全面落实与文物保护有关的法律法规，及时制定出台一套更加完善的文物保护法律法规。也就是说，针对文物保护的相关法律法规应更加具体化、明确化、精准化，能够针对新时期与文物保护相关的文物保护工作操作规范、企业行为、个人行为等各项内容进行全面精准的叙述，确保新时期文物保护工作在开展过程中能够有法可依、有法必依。

（三）应不断提升新时期文物保护队伍建设效果

新时期社会创新化发展大环境下，文物保护工作在我国仍旧是以国家为绝对主体，以各地各级文物保护机构为辅助客体，主要负责各类文物的发现、发掘、修复、保管以及宣传等各项工作。而文物保护队伍建设水平和质量无疑是这项工作能否有序化、高效化开展的一个重要基础与关键前提。各地文物保护单位必须要与时俱进重视队伍建设的力度与效果，并且要针对现有文物保护队伍的整体实力和水平进行综合评定。及时找到自身工作人员的不足之处以及薄弱环节，有的放矢地加以专业培训与专业教育指导，迅速提升文物保护队伍的综合技能水平与综合素养，让专业工作人员在面临各种情况以及各种工作困难时能够成竹在胸、从容稳定❶。

三、新媒体时代文物宣传教育面临的主要问题与困境解析

（一）文物保护宣传教育途径和渠道相对狭窄

新媒体时代背景下，对我国文物保护宣传教育工作的具体开展现状进行分析与研究能够发现，当前文物宣传教育面临的主要问题与困境可谓比比皆是，并且需要得到相关部门的高度重视与关注。客观而言，新时期我国文物保护宣传驾驭的主体途径和渠道还是集中在电视媒体宣传、广播电台媒体宣传和各种报刊等纸质媒体的宣传和推广。具体来讲，电视宣传渠道通常指的是中央电视台的科教频道相关报道。科教频道对于文物保护宣传教育极为重视与关注，该频道所播出的《中华揭秘》《指尖下的文明》以及《探索发现》等节目都涵盖了众多优质的文

---

❶ 常平.试谈基层文物保护工作的困境及对策［J］.文物鉴定与鉴赏，2018（3）：156-157.

物保护宣传元素与内容。但是央视科教频道在日常播放与文物保护宣传教育的节目过程中，播放频次及所安排的时间段较少，加之各地的省级电视台以及市县电视台对此类节目也很少进行转播和推广。由此可见，新时期广大群众能够通过电视媒体这一渠道所获取的文物保护宣传教育机会仍旧寥寥无几。广播电台宣传这一主体渠道通常是指国家及地方级广播电台在日常所播放的与文物保护宣传教育有关的各类专题节目与新闻报道。然而，新媒体时代背景下，互联网技术的创新发展和新媒体平台的强势崛起，导致现如今收听广播节目的听众日益减少，这也让广播电台即便是宣传报道一些文物保护方面的各种信息与资讯，也无法获得广泛而深入的传播效果。

对报刊等纸质资料这一宣传渠道通常指的是国家和各地文物保护部门通过报刊和各种文物保护宣传教育活动中所发放的宣传册、宣传单、宣传画等内容，以及各地报纸媒体所报道与刊登的文物宣传保护专题报道等内容，在新媒体时代背景下，报纸自身由于新闻时效性和缺乏一定的生动性、趣味性已经在不断地减版与压缩。因此文物保护宣传教育在报刊等媒体中的传播频率与次数必然更加有限，读者想要通过这种渠道获取优质的宣传教育往往只能是"一纸空谈"。

（二）文物保护宣传教育渠道和路径较为单一

新时期社会发展大环境下，文物保护教育宣传工作的具体开展与实施途径涵盖了广播电视媒体、报刊出版单位、宣传栏、公益广告等。上述宣传途径和渠道不仅较为固化且单一，而且受众面与关注度较低。更重要的是宣传推广工作更加缺乏创意性与创新性。经常会出现文物保护宣传教育在自身形式与途径上与现代信息传播手段"渐行渐远"，导致实际宣传质量较弱，对受众和媒体用户产生的吸引力极为不足。而此前各电视媒体为了吸引观众眼球所制作的民间收藏和鉴宝类节目通常都是将侧重点集中在文物自身的经济价值方面。这无疑会让观众产生一种错觉：文物珍宝具有极大的经济效益，只要淘到"真"宝便可以"一夜暴富"。此类鉴宝类节目并未广泛宣传与推广文物自身的历史价值、文化价值与艺术价值，甚至在一定程度上成了"盗墓猖獗"的幕后推手，无疑将新时期文物保护宣传教育工作引入了一个歧路。此外，各地针对文物保护宣传教育工作缺乏应有的关注度与重视度，并且相当一部分文物保护单位的工作人员自身不具备优秀的文物保护专业知识与专业素养，对于文物保护工作的相关法律法规具体内容同样也是知之甚少。这些元素都在一定程度上严重影响了文物保护宣传教育工作的创新化、深入化进行。

（三）文物保护宣传工作未能倚重互联网平台

现如今，互联网技术、信息化技术、大数据技术以及新媒体技术已经深入延展到我国社会经济的各个领域与各个行业。受众与媒体用户能够通过互联网以及移动通信网络利用"碎片化"时间获取"海量化"的信息内容，并且能够发表自己的观点、看法与感受，与其他媒体用户形成直观上的交流、沟通与互动。网络媒体全新的传播理念和传播方式在当前拥有不计其数的受众和粉丝用户大力支持。例如，中央电视总台以及央视网在自身互联网平台上播放《指尖下的文明》这部极具宣传教育意义的文物保护纪录片的实践过程中，仅仅一个月时间，通过互联网的收看媒体用户已达到了 756 万人左右。尽管这类文物保护类型纪录片与其他热门影视作品、综艺节目之间拥有客观上的收视差距，但这种互联网传播方式已经在受众和媒体用户心目中形成了一种根深蒂固的影响力，并且网络媒体的传播效应与传播力度必然会轻松超越电视媒体这一传统媒体平台。

当前，中国已经成为世界上拥有网民最多的国家。而互联网在过去多年来的创新发展与不断完善已经让其成为新时期人们接受信息与发布信息的主要渠道与重要桥梁。与传统媒体相比而言，互联网媒体自身拥有更加迅速的传播速度，以及更加广泛的媒体影响力。尤其是新媒体时代背景下，只要拥有一部智能手机，受众和媒体用户完全能够不受任何客观环境与时间、空间的影响搜索自己喜欢的信息内容以及发布新闻、传播消息、评论新闻，成为一名"自媒体人"。这种情况下，作为我国文物保护宣传教育"主阵地"与"排头兵"的电视媒体仍旧在势单力薄地承担着宣传报道的各项重任。这种方式与做法显然有些不合时宜。因此，必须要在充分发挥电视媒体针对文物保护宣传教育主力作用的基础上，充分利用互联网媒体以及各类新媒体平台的联合宣传与大力推广，实现传统媒体与新兴媒介在新媒体时代的完美融合。

第五节　文物保护宣传教育的有效策略

悠悠华夏，灿灿文明。拥有五千年悠久文化历史的中国在全世界的影响力已经达到一个全新高度。我国不仅拥有极为深远悠久的历史，而且也是全世界出土各类珍稀文物最多的国家。我国社会经济迅速发展，人民生活水平不断提升，但这种社会发展大环境下，我国的文物保护工作却面临诸多压力、困难与挑战，各类文物遗址以及珍稀文物屡遭破坏的现象日益增多，这种情况不仅对于中华民族来讲是巨大的损失，同时也是世界文明的一种嗟叹。由此可见，新媒体时代背景下，我国文物保护宣传教育工作必须要加大力度，并且各项工作已经迫在眉睫[1]。

新时期的文物保护工作想要顺利化、创新化、深入化全面开展，首先就应当从文物保护宣传教育这项重要工作做起。也就是说，只有广大群众能够发自内心地真正认识与重视文物保护的公德性、公益性、重要性与必要性，才能在思想意识上真正关注与重视，进而在自身日常行动中采取实际行动，让我国文物保护工作获得一个质的提升。

一、新媒体时代文物保护宣传教育工作的主体理念与方针

（一）与时俱进拓展文物保护宣传教育主体渠道

新时期市场经济大环境下，各个行业以及各个领域的宣传工作必然需要大量的人力、物力以及财力的投入。尽管文物保护工作隶属于国家一项公益事业，国家以及各地政府每年都会给予相应的专项拨款，但毕竟拨款数量有限，无法真正达到文物保护宣传工作全渠道、全平台的更高要求。由此可见，新时期想要真正意义上妥善做好文物保护宣传教育各项工作，首先，从政府层面分析，各地政府部门应当每年不断增加与提升对文物保护单位进行宣传教育工作的资金拨付力度与数量；其次，从各地文物保护部门层面分析，文物保护单位以及相关机构每年应当将具体的资金合理、切实、科学地用于电视媒体宣传、互联网媒体宣传、户外公益广告宣传和各类文物专题展会宣传项目之中（见表8-1）。

表8-1 文物保护宣传教育的媒体宣传主要方向

宣传方式	宣传方向
电视媒体宣传	投入相应的资金与各大主流媒体进行合作
网络媒体宣传	创设网页以及视频链接，积极携手新媒体
户外广告宣传	公益广告简明扼要，宣传语言应具感染力
专题展会宣传	借助主题展会及宣传纪念册发放提升效果

第一，对电视媒体宣传而言，当前阶段，从国家文物局到地方文物局，应当积极投入相应的资金，进而买断央视及各地方卫视某一频道中的固定栏目。在每一天较为固定的黄金时间段，持续播放各类与新时期文物保护宣传教育密切相关

---

[1] 孙胜利. 加强文物保护宣传教育提高文物保护意识的思考[J]. 文物鉴定与鉴赏，2021（18）：121-123.

的电视节目，进而拉近观众与文物保护宣传教育电视节目之间的距离。

第二，对互联网媒体宣传而言，当前各地文物保护部门应主动积极与各大网络媒体平台以及新媒体平台展开创新合作。例如，在互联网平台上创建一些文物保护宣传教育的相关网页及视频连接，或者是在抖音、快手、今日头条以及微信公众号、微博上发布各类最新文物保护宣传教育的动态信息，或者是短视频内容，让受众和媒体用户在浏览互联网平台以及日常接受各类新媒体信息推送过程中，能够较为轻易、简约地获取和搜索到文物保护宣传教育方面的各种最新资讯与动态。

第三，对户外广告宣传而言，新时期社会创新化发展大环境下，各市县文物局在各市县交通要道应当主动设置一些大型的户外广告，并且在城市的公交站点、公交车车厢内外合理化投放一些文物保护宣传的公益广告。在公益广告的内容设定上应确保寓意深刻且简单明了。能够让人在观看过程中一目了然并且获得极为深刻的印象。例如，在公交站点宣传栏上投放"做高尚的人，从保护文物开始""保护文物就是爱国"等优质公益广告，让群众能够每天接受文物保护宣传教育的熏陶和感染。

第四，对文物专题展会宣传而言。文物专题展会的宣传教育与全面推广同样极具重要性与必要性。当前阶段，各省市及国家文物局举办的各类文物主题展会，不仅能够让更多群众欣赏各种国宝珍品、大开眼界，受到文物的艺术熏陶与历史熏陶，而且文物局也能够借助这些专题展会活动的开展为群众以及参会者现场发放一些与文物保护宣传教育息息相关的宣传纪念册。这种方式必然也会让群众自身产生更加主动积极的文物保护意识，并且对新时期文物保护宣传教育产生浓厚的参与兴趣。

（二）不断加强文物保护工作人员培训考核力度

我国文物保护宣传教育工作主要针对社会两大群体：一是文物保护单位的所有专业工作人员；二是新时期所有的在校学生。针对新时期文物保护单位专业工作人员的宣传教育必须要做到重点关注，全面考核。

首先，文物保护单位的主管领导必须要结合自身单位工作现状制定好相应的宣传教育具体内容，并且为所有工作人员准备好最新的学习教材。在学习内容构建过程中，应当涵盖文物保护的专业知识以及操作技能，还需涵盖与文物保护相关的最新法律法规内容等。

其次，对文物保护单位专业工作人员的培训应当合理划分批次展开。也就是说，每年至少要设置两个月的专业培训安排。并且每个月的专业培训次数不得少于4次，达到平均每周培训一次，培训时间每次不得低于2小时。

再次，对文物保护单位专业工作人员进行专业培训之后必须要进行相应的严格考核。一旦专业人员自身考核成绩不合格，其仍将需继续进行两个月的专业培训，直至完成所有培训项目，达到成绩合格为止。与此同时，因成绩不合格而再次接受培训的工作人员应当取消相应的福利发放。累计两次培训考核不合格者相关单位应做出待岗处置，直到第二年再次进行专业培训考核及格为止。

最后对新时期在校学生展开积极的文物保护宣传教育工作。当前各地的教育部门应当与时俱进，在学生道德与法治教材以及思政课教材中多增加文物保护宣传教育方面的教学内容与比例。将文物保护宣传教育相关教学内容渗透与布置在学生期中考试、期末考试以及各类升学考试中，进而让中小学生能够形成高度重视与认真对待，让高校学生能够通过相关专业知识的学习加强对于文物保护工作的主体意识与积极性。进而让新时期每一名学生都能够成为懂得文物保护常识知识、遵守社会公德的守法公民❶。

（三）创新提升网络媒体以及新媒体的宣传成效

新时期社会发展大环境下，想要在文物保护宣传教育实践过程中获得最佳的成效，当前各地文物保护单位与机构还需要创新化提升网络媒体以及新媒体的宣传推广质量与效率。充分利用互联网媒体庞大的媒体用户数量和新媒体多元化、多平台、多渠道的宣传途径做好各项宣传推广工作。这项工作也堪称新媒体时代充分做好文物保护宣传教育的一项极为关键且重要的策略与措施。

国家文物局作为文物保护工作的主要发起者与责任承担者，自身必须要主动积极与当前各大网络媒体平台和新媒体平台展开联手协作。具体的合作内容应涵盖各主流互联网平台，为文物保护宣传教育工作留下较为重要的位置，并且能够让媒体用户能够较为轻易地发现与浏览到相应宣传报道内容与视频链接。

国家文物局在当前应不收取任何网络媒体平台针对文物保护宣传教育的节目播放费用，但同时各网络媒体平台以及新媒体平台也不能针对文物保护宣传教育节目内容进行任何删减改动以及在视频播放过程中插播各类广告。在具体的节目播放前或者播放之后才能进行相应的广告播放，原则上广告时间应当控制在3分钟之内。

当前阶段，国家文物局要针对其合作网络媒体平台的相关舆论进行有效监督。鉴于国家文物局需要在新时期与国内诸多的网络媒体平台以及新媒体平台展开积极主动的多元化合作，因此，必须要对网络媒体平台的播放情况是否符合相关规定，以及各类宣传教育内容在播放之后所产生的社会舆论等做好充分、高

---

❶ 高杰.浅谈文旅融合背景下文物保护利用工作的创新[J].记者摇篮，2022（3）：27-29.

效、精准的监管工作。

众所周知，几乎每一个网络媒体在视频播放下方都创建了网友评论打分等功能。这种情况下，一些别有用心之人经常会采用一些较为过激且偏颇的语言去煽动不明真相受众的情绪，结果形成各种极为不良的舆论导向与评论内容。此类舆论导向倘若过多并且出现失控状态，必然会对新时期文物保护宣传教育工作的整体质量和效果产生各种负面影响。

由此可见，国家文物局在新时期必须对合作的各大网络媒体平台以及新媒体平台做好督促与协调，做好各种网络舆论的有效监控。一旦在各类文物保护网络宣传过程中出现各种舆论导向问题或者是差错，影响到新时期文物保护宣传教育的具体效果，必须要让相关合作的媒体平台承担相应责任。倘若产生的舆论引导极为恶劣且后果极为严重，国家文物局必须要及时停止相关合作❶。

二、新媒体时代文物保护宣传教育效果全面提升的有效途径

（一）创建新媒体管理机制，帮助公众树立文物保护意识

新媒体时代背景下，新闻舆论已经凸显出极为重要的信息传播与舆论引导作用。由此可见，在这一全新大环境下，文物保护宣传效果应更加创新化、创意化。当前阶段，文物保护部门与机构针对新媒体的利用，已经让新时期文物保护宣传的渠道与途径更为多元化、多样化且创新化。文物保护部门与机构能够借助各类新媒体平台的新闻报道以及信息资讯等推送与传播，对文物保护宣传教育相关工作展开生动化、趣味化、亲民化的宣传，帮助公众树立优秀的文物保护意识。鉴于此，相关部门与单位必须在当前构建一个较为合理化、科学化的工作制度，创设出一个有效协调的宏观调控新机制。

首先，必须要针对当前文物保护宣传教育的新闻热点与焦点话题进行及时关注，并且能够精准分析研判舆情，进而结合不同内容、不同类型、不同主题的文物保护相关新闻报道展开网络新闻宣传以及网络评论，做好舆论监督和引导。能够针对互联网上传播的各类信息进行细致、严格、综合的审核，并且有效地甄别与整合网友与媒体用户所发布的各种信息，避免出现错误信息、虚假新闻以及不良导向，对文物保护宣传教育产生严重且负面的影响。

其次，应积极组建一支高素质、高水平的专业工作队伍，完善、调整、升级文物系统信息员的采编队伍，进而能够与时俱进地培养一批高素质且采编能力突出的新闻通讯员、网络评论员以及舆情监管员。提升文物保护宣传教育新闻报道

---

❶ 刘敏.论信息时代下完善博物馆文物保护的措施[J].文物鉴定与鉴赏，2020（24）：147-149.

与媒体评论的整体质量与水平。每年举办相应的新媒体专业培训教育活动，有效增强文物保护宣传教育媒体人员信息甄别、舆情分析以及危机公关处理的综合媒体实践能力。

最后，不断加强与受众和媒体用户的互动、交流与沟通。文物保护宣传教育部门与机构可以积极邀请领导、专家、学者展开专题讲话以及专题讲座。也可以结合每年的5·18国际博物馆日以及文化和自然遗产日等重要节日，推出各种文物保护宣传教育专题展览以及相关宣传活动。此外，也需要积极配合中央电视台、新华社、《中国文化报》等主流新闻媒体的专题报道以及相关采访，进而及时、精准、深入地回应社会关注的文物保护宣传教育相关的各种突出问题。引导社会公众主动积极参与到文物保护各项活动之中。

（二）应充分借助"互联网+"模式创新媒体宣传手段

在当前"互联网+"模式全面推广与应用视域下，完全可以让文物保护新媒体宣传教育服务的体验全面升级与进一步优化。例如，现阶段的VR技术已然获得了一个创新化的进步，并且实现了质的提升。在当前文物遗产导览宣传教育各项工作中完全可以积极引入先进的VR技术。对一些经典文物馆藏或者文化遗址利用VR方式完美呈现，对一些文物的建造工业采用VR技术进行模拟展示。与此同时，在各类文化遗址的宣传展示过程中，同样可以通过新时期极为先进的体感交互设备，让参观者能够获得一种"身历其境"的完美与生动的观看体验。

（三）精准挑选宣传视角，设计民生化文物保护宣传内容

众所周知，新媒体时代背景下，现实生活中必然存在各种优质的宣传报道的线索与素材。因此，文物保护部门与机构应当在主动积极采集现实生活中各种线索与素材的基础上，注重新闻报道与信息传播的创新性与创造性。在日常进行文物保护宣传教育各项工作时，可以结合真实生活中的各种场景，选择一个最佳的宣传视角，利用真人真事加以艺术手段的渲染拍摄相应的电视纪录片或者专题片。继而不断地提升文物保护宣传教育的范畴与成效。这种民生化的文物保护宣传题材与内容必然会引发观众的强烈观看兴趣与探究欲望，并且能够在全社会范围内形成一种浓厚积极的文物保护氛围。

例如，中央电视台推出的文物保护教育宣传纪录片《我在故宫修文物》，不仅题材内容极为引人注目，而且内容丰富、画面精美，具有文化内涵与历史文化价值。纪录片的拍摄手法与百姓日常生活极为贴近的生活场景以及生活细节密切相关；画面精美流畅，人物主角都以普通人的角色为主。不仅充分激发了观众与媒体用户的情感共鸣与审美共鸣，而且让观众在观看纪录片的过程中潜移默化地形成了热爱文物、保护文物的理念与思想，完美达成了文物保护宣传教育的培养目标。整部纪录片尽管只有三集内容，但能够在有限的时间内清晰、精妙、生动地展现出师傅们修复故宫文物的每一个流程以及每一处细节，能够将原本观众几乎无法观察与领悟到的文物修复过程直接且完美地呈现出来。与此同时，纪录片也营造出了陌生问题生活化、神秘问题熟悉化的各种经典场景，让观众对于各种较为神秘的事物产生的探索心理得到充分满足，并且发自内心地感受到文物保护宣传教育的重要性与必要性。

三、文旅融合视野下文物保护宣传教育的创新路径

（一）结合先进的现代科技理念不断加强物联网技术应用

文旅融合是当前我国一大热词。文旅融合的创新发展与文物保护部门、文化与旅游管理机构等多方密切相关。与此配套的管理体制决定着融合能否顺利进行，也决定着融合的广度与深度。政府管理层是文旅融合的引导者，企业是文旅融合的实践者，企业的综合实力也会影响文旅融合的进程快慢以及最终的效果，同时也决定着产品实力以及整个市场发展格局。

文旅融合视野下文物保护宣传教育同样需要获得创新的途径与最佳渠道。现如今，市场优质的环境为文旅融合提供了更加广阔的发展空间。物联网堪称以互联网技术为基础延伸扩展的网络，将各种先进的信息传感设备与互联网进行完美结合，最终形成一个巨大网络体系，在任何时间、任何地点实现"人、事、物"三者间的互通互联。

物联网与传统的互联网存在巨大的本质差异。倘若说互联网技术能够完美实现"人与人"之间的有效沟通、交流与联系，那么，先进的物联网便创新化构建了出"人、事、物"三方协作的创新互联系统。

新媒体时代背景下，与互联网单纯意义上的宣传报道以及信息推广相比，物联网无疑更加适用于文物保护利用相关工作，堪称新时期文旅融合视域下文物保护宣传与利用的最具创新意识的重要途径。文物保护部门的专业工作人员应不断加强针对物联网技术的学习与应用，进而充分依靠现代化科技手段加强对各类文物的宣传效果与保护力度。新媒体时代，依靠先进物联网技术的有效应用，能够对各类文物信息展开实时化追踪与研究。由此可见，想要在文物保护宣传教育以及利用工作中用好先进的物联网技术，当前文物保护部门与机构需要主动积极引入和招募一些优秀的物联网技术人才，进而创设一个物联网技术研发团队，并且要在这项工作中不断加大资金、人力、物力的投入力度，购置一些先进的设施

设备，做好软件和硬件上的各种准备。与此同时，文物保护部门也应针对内部专业工作人员展开物联网技术的专业培训。全面提升工作人员自身物联网技术综合实践水平与应用技能，能够不断研发物联网技术应用的各种全新功能，进而合理化、科学化地展开文物保护各项工作。

（二）提升文物保护教育宣传力度，彰显当地历史文化内涵

文旅融合视域下，想要提升各地文物保护宣传教育质量与效果，各地文物保护专业工作人员必须要提升和加大文物保护教育宣传力度，能够让文物完美地渗透与融入百姓日常生活中，让文物能够真正地"活"起来。众所周知，文物堪称历史的一面独特镜子。文物自身所具有的各种宝贵价值绝不仅仅展现在"独特性"上，同时也体现在文物自身内涵的"深刻性"上。中国是一个具有五千年灿烂历史文化的文明古国。而某种程度上来讲，文物的学习教育意义必然要远远高于文物的自身价值。

我国地域辽阔、物产丰富，不同的地方文化必然展现出较为强烈的差异性，在文旅融合背景下，最吸引游客的必然还是当地所特有的历史文化内涵。文物保护部门以及相关机构的专业工作人员应当通过互联网以及各类新媒体让更多的游客能够知道与领悟当地各类经典文物背后隐藏的历史故事与历史文化。在文旅融合的视域下，对文物保护宣传教育的渠道与途径不断增多，相关专业工作人员完全可以利用较为流行的微信公众号以及新媒体短视频平台进行各种宣传。游客以及受众扫描二维码后，便能够立体化、直观化、生动化了解当地各类文物馆藏以及文化遗址。与此同时，当地的博物馆、文化馆也应为游客以及当地群众提供更加亲民化、生动化、趣味化的讲解服务，真正意义上地发挥文物自身的教育价值与教育作用，全面提升游客的参观体验以及民族自豪感，让游客能够形成良好的文物保护意识。❶

（三）充分发挥政府主导作用，不断增强各类文物保护力度

文物自身具有独特性、唯一性，是不同历史阶段发展遗留与保存的极具各种宝贵价值的产物。每一个文物都不可复制，拥有自身独具特色的风格与特点。加强文物保护工作的整体水平与力度不仅是国家的责任，更是每一个公民的责任与义务。文旅融合的真正内涵是有效促进文化与旅游两大行业的完美融合，是文化产业积极转型发展的一个新概念、新趋势与新内容。在具体的转型实践过程中，这一工作必须始终秉承文化产业、公共文化服务以及文物保护三项内容"三位一体"的主体宗旨，进而有效地确保文旅融合各个项目能够获得可持续性健康稳定

---

❶ 张伟明.社会力量参与文物保护的现状、问题与长效机制研究［J］.东南文化，2020（2）：21-26.

的综合发展。

在具体的文物保护工作全面开展过程中，必须要充分发挥出政府部门的主导作用。各地政府部门出台的各项扶持政策以及各种支持能够为新时期文物保护宣传教育各项工作提供强有力的保障。因此，在文旅融合视域下，政府部门应不断加强与各地博物馆之间的联系与沟通，不断提升对各地重点文物的保护与宣传力度，不断增加相应的资金支持与财力投入，还需要协调好社会各方面力量积极携手合作，共同开展科学化、创新化的文物保护工作。政府部门应作为"领头人"，定期组织与开展一些以文物保护为主题的宣传教育活动以及社会实践活动，进而不断提升与强化群众自身的文物保护意识。各地政府部门应积极倡导社会各类企业能够慷慨解囊，将更多的资金投入新时期文物保护以及文物修复场所的修缮与项目创建中。例如，创设各种民俗博物馆，不断强化文物与地区之间的密切联系，提升旅客的游览体验，不断增强群众的民族自豪感与家国情怀。

四、以博物馆为例论述新媒体时代文物保护宣传教育的多元化途径

（一）做好日常各类宣传展示

博物馆作为当前我国各地最主要的文物展示的载体与场所，其自身主体功能无疑是充分做好展示与宣传各类文物等日常工作。因此，博物馆在新媒体时代想要创新文物保护宣传教育的途径和渠道，并且让这项平凡的工作获得更加灿烂、可喜的效果，就应当充分地结合当前广大群众的不同喜好与不同需求，做好日常各类文物保护的宣传展示。各地博物馆可以配备一些专业且经验丰富的讲解员，也可以为部分经典文物配备专门的语音介绍，进而让博物馆参观的群众能够个性化、自主化地选择自己喜欢的方式了解与观赏各种文物。

博物馆应当结合自身实际发展情况，合理化、科学化地引入较为前沿化的科技产品。例如，导航触屏、电子触摸屏以及立体式搜索引擎等先进设备。利用先进的科技手段让参观者能够针对各类文物的全息投影图进行放大、旋转以及"触摸"，能够站在各个角度去细致化、深入地观看各种文物。此外，博物馆在日常针对文物保护宣传教育活动的开展过程中，同样也可以采用文物保护宣传教育"进社区"的创新化形式提升宣传教育效果。文物本体无法进入社区，但文物保护宣传教育完全能够进入当地各个社区。文物保护宣传教育"进社区"的形式与途径可谓多样且丰富。例如，博物馆成立"文物入社区"专业讲解团，或者举办

一些社区文物大讲堂等专业讲座，也可以为社区群众发放一些博物馆宣传单、宣传册等，通过生动有趣以及多样化的展示形式与宣传策略激发群众对文物保护的热情与积极性。

（二）注重线上宣传教育推广

对新媒体时代背景下的文物保护宣传教育而言，博物馆开展的相关宣传工作需要充分考虑到文物自身的文化媒介性。历史发展的不同轨迹完美造就了不同的历史文化，并且这些历史文化也能够展现出中华民族文化的融合性与多元性特色。新媒体时代全面开展博物馆文物保护宣传教育各项工作，必须要与时俱进，紧随时代潮流与时代脚步。在"互联网+"背景下注重线上宣传教育的推广，是增强文物保护教育宣传效果，弘扬与传播民族精神的一条重要途径与必经之路。例如，博物馆可以充分发挥新媒体平台优势，创设自身官方网站、微信公众号、微博账号，以及抖音、快手等短视频平台公众号。通过互联网多个平台、多种渠道地为受众推送优质的文物保护宣传教育新闻信息、资讯报道、媒体服务以及文物介绍等新媒体信息，不断地提高受众与媒体用户的关注度与热议度，达到互联网全平台宣传教育的最佳目的。❶

（三）创设各种丰富多彩活动

新媒体时代，对于各地博物馆而言，在文物保护宣传教育的创新化实践过程中，必须要确保"各类文物要真正走出去，不能仅在馆内被参观"的主体原则与宣传宗旨，应当让馆内经典文物获得更多公众的关注与喜爱。因此，当前各地博物馆应结合群众兴趣爱好、观赏需要，组织和举办各种丰富多彩的宣传活动。

各地博物馆完全可以借鉴《典籍里的中国》《国家宝藏》等优秀文物保护宣传教育专题栏目，展开本地化的创新改良，充分满足本土群众的不同需要，进行各类生活化、趣味化的主题活动。例如，在传统元宵节到来之际，组织"元宵节古诗词大会以及文物鉴赏交流会"；也可以在端午节、重阳节、中秋节等传统节日对极具文化价值与代表性的经典文物进行专题策划报道；博物馆也可以积极地邀请文物保护专家学者在固定时间段来博物馆进行客座解说与文物保护宣传教育讲座，并且在有条件的情况下力邀各类专家与嘉宾共同举办讲堂、论坛，与群众共同享受"文物盛筵"，让新媒体时代背景下的文物保护宣传教育水平迈上一个新的台阶。

综上所述，本章主要针对新媒体时代背景下文物保护规划与文物保护宣传教育两方面内容进行了深入、细致、具体的论述与研究。平心而论，文物保护工作

---

❶ 木拉提别克·胡山.民族文物保护存在的问题及解决措施[J].文物鉴定与鉴赏，2020（6）：51-53.

自身具有长期性、复杂性、综合性等诸多特点，这一工作极具社会意义与实践价值。因此，各地政府部门以及文物保护部门与相关机构必须不断地增强文物保护宣传工作的关注度与重视度，利用先进的互联网技术以及新媒体平台进行多渠道、多途径、多元化的新闻报道与宣传教育。积极组织社会各界以及各个行业的有生力量，形成多方协作，创新化地开展文物保护宣传教育工作，不断地增强群众自身的文物保护意识，为我国文物保护工作可持续性健康发展打下坚实的基础。

参考文献

[1] 付海涛,李瑛,魏无际.古代青铜文物保护研究现状及AMT的应用[C]//全国腐蚀电化学进展与应用学术研讨会,2000.

[2] 陈相阳.数字化科技时代下博物馆的文物保护研究[J].新丝路:中旬,2021(1):1-2.

[3] 黄志荣.试谈古代青铜文物保护研究现状及AMT的应用[J].精品,2020(9):1.

[4] 崔丽娟.加强文物保护利用,促进古村落文化传承——齐长城古村落活化保护研究[J].山东青年,2018(2):143.

[5] 黄金星,王慧,袁文吉.浅析博物馆文物保护研究[J].中国科技博览,2015(2):1.

[6] 袁晶晶.浅谈博物馆的文物保护研究[J].传播力研究,2017(1):2.

[7] Stefano,De,Caro.国际文物保护与修复研究中心贺《遗产与保护研究》创刊[J].遗产与保护研究,2016(1):1.

[8] 张睿智.浅谈基于设计伦理的革命文物保护和利用——评《红色革命遗址保护研究:工农革命军第一军第一师师部及团部旧址保护设计实践》[J].中国教育学刊,2020(2):1.

[9] 刘建成,肖林芝,谢振斌.我国石质文物保护研究进展——基于国家自然科学基金资助项目的分析[J].文物保护与考古科学,2019,31(2):8.

[10] 陈志涛.哈尔滨铁路枢纽改造与霁虹桥文物保护研究[J].哈尔滨铁道科技,2021(1):6.

[11] 孙震宇.贵州民族民间传统技艺和民族文物保护研究[J].文化产业,2021(16):3.

[12] 刘婧奕.景观设计视角下的不可移动文物保护研究——以太原市文物保护单位为例[J].文物鉴定与鉴赏,2021.

[13] 史延东.博物馆文物管理中的文物保护研究[J].中国民族博览,2021.

[14] 孙胜利.加强文物保护宣传教育提高文物保护意识的思考[J].文物鉴定与鉴赏,2021(18):3.

[15] 郑碧军.浅析文物保护宣传教育对提高全社会文物保护意识的价值[J].文物鉴定与鉴赏,2020(5):2.

[16] 王海涛.文旅融合背景下的文物保护研究[J].艺术品鉴,2020.

[17] 刘泽文.文旅融合背景下的文物保护研究[J].大众文艺,2020,484(10):72-73.

[18] 刘彩霞,黄玲,方必基.2010—2019年我国文物保护研究的文献计量学分析[J].山西青年,2020(9):20-22.

[19] 苏继明.广西文物保护研究设计中心:夯实文保工程质量助力文旅融合发展[J].文化月刊,2020(6):2.

[20] 摆小龙.博物馆文物管理中的文物保护研究[J].区域治理,2020(22):1.

[21] 陈国民.以桑植县烈士陵园为例探讨文物保护宣传教育的作用[J].文物鉴定与鉴赏,2021(23):3.

[22] 武子龙.浅析文物保护宣传教育及其在提高全社会文物保护意识的价值[J].中国民族博览,2017(1):2.

[23] 林剑清.在古建修缮过程中的文物保护研究[J].建筑技术开发,2019,46(23):2.

[24] 李玮.可移动文物普查中的文物保护研究[J].中国文艺家,2018(12):2.

[25] 弓春梅.考古发掘与历史文物保护研究[J].饮食科学,2017(11):1.

[26] 闫智培.不同类型文物照片的保存与保护[J].遗产与保护研究,2018,3(5):6.

[27] 耿碧徽.北京市西城区腾退文物建筑的保护与利用研究[D].北京:北京建筑大学,2020.

[28] 胡颖.壁画类文物保护技术研究[J].东方收藏,2022(5):3.

[29] 黄建华,杨璐,刘成.辽宁义县奉国寺主殿壁画彩绘胶料的气相色谱质谱联用分析研究[J].文物保护与考古科学,2021,33(5):85-92.

[30] 徐伟,罗志东.城市建筑工程中地下古墓原址保护技术[J].建筑技术,2018(3):2.

[31] 李妮.中小博物馆文物保护与修复浅探[J].中国民族博览,2021(18):3.

[32] 朱安俊.浅谈博物馆文物保护和修复人才的培养[J].文物修复与研究,2016.

[33] 王成.浅谈馆藏金属类文物的修复和保护[J].文物鉴定与鉴赏,2020(2):2.

[34] 赤银忠.金属类文物保护修复方案编写标准化实施过程中的若干问题[J].文物修复与研究,2016:43-47.

[35] 程廉.重庆红岩革命历史博物馆馆藏纸质和纺织品文物保护修复[J].文物天地,2022(6):1.

[36] 苏琪.纺织品文物保护修复与研究现状[J].文化产业,2018(7):2.

[37] 周瑞旎.论金属器与陶瓷之间文物保护技术的借鉴——关于脱盐的器物保护手段[J].美与时代:创意(上),2018(7):2.

[38] 张兴伟.近现代纸质文物保护与修复技术探索[J].文物修复与研究,2016:328-332.

[39] 李耀华.纸质文物保护修复的传统及现代技术研究［J］.文物鉴定与鉴赏,2021（4）：88-90.

[40] 王金莹.我国文物保护的法律问题研究［D］.昆明：云南师范大学，2020.

[41] 张莹.关于文物的种类划分与文物保护利用的探究［J］.大众文艺：学术版，2018（94）：1.

[42] 郭春媛.我国文物保护经费有效供给研究［D］.西安：西北大学，2019.

[43] 桑声明.博物馆文物保护研究［J］.办公室业务，2021（8）：2.

[44] 可红娟.革命文物保护利用成效及面临的问题研究与分析［J］.2020.

[45] 张文.虚拟现实技术在文物保护中的应用探讨［J］.文物鉴定与鉴赏，2021（11）：3.

[46] 高元峰.探讨虚拟现实技术在文物保护中的应用［J］.明日风尚，2018（18）：1.

[47] 次仁玉珍.虚拟现实技术在文物保护方面的应用研究［J］.西藏艺术研究，2018（3）：6.

[48] 张杰，庞骏.旅游视野下文物保护单位保护规划常态抗辩——兼论文物保护单位保护规划的制度创新［J］.规划师，2011，27（11）：6.